MACMILLAN
WORK OUT
SERIES

Work Out

Spanish

GCSE

The titles in this series

MACMILLAN
WORK OUT
SERIES

Work Out

Spanish

GCSE

R. Taylor

Editorial Consultant

BETTY PARR

MACMILLAN

First published 1986
Reprinted 1986 (with corrections)
This edition 1987
Reprinted 1988, 1989, 1990

Published by
MACMILLAN EDUCATION LTD
Houndmills, Basingstoke, Hampshire RG21 2XS
and London
Companies and representatives
throughout the world

Typeset by TecSet Ltd,
Wallington, Surrey
Printed in Hong Kong

British Library Cataloguing in Publication Data
Taylor, R. J. (Robert John) *1941–*
Work out Spanish : GCSE.—(Macmillan
work out series)
1. Spanish language—Examinations, questions, etc.
I. Title
468   PC4112
ISBN 0–333–44008–0

Contents

Series Editor's Preface

This new Series has been designed for students with some knowledge of spoken and written Spanish, and with a wish to become more proficient in the language and better informed about Spain and the Spanish people. The book and its accompanying cassette are intended for those working, with or without a teacher, to attain a standard broadly similar to that required for a good grade in the higher or extended level of the General Certificate of Secondary Education. Students with more modest objectives should also be able to devise an appropriate learning strategy, for the material is carefully graded to suit a wide range of ability.

Work Out Spanish has two main objectives. The first is to provide a sound and coherent programme, in which the study of authentic materials will give an insight into different aspects of Spanish life and also serve as a basis for practising the language in a realistic context. The second aim is to give specific help to students preparing for the General Certificate of Secondary Education, with the implication that the development of good standards in all the language skills will bring success in examinations for those who seek and work for it.

The Series has certain distinctive features which should help students to study at their own level. All the teaching, including the grammatical explanations and exercises, is based on carefully devised texts and recorded dialogues, which exemplify the correct use of the contemporary language and illustrate different elements of grammar and syntax; the latter are then explained and practised by means of graded exercises, for which a key is provided. Every care has been taken to use the language in sensible situations, avoiding as far as possible the pointless statements so often worked by ill-judged questions in work-books. An important feature is a substantial grammar summary, in which the basic structures of Spanish are clearly explained and practical examples are quoted from the texts or dialogues, so that theory is always associated with the practical use of language in a familiar context.

The author's introduction gives details of the book and cassette, as well as valuable suggestions for their use. This section merits the most careful attention from all students who wish to gain the full benefit of this new and helpful course.

Yeovil, 1987   Betty Parr

Acknowledgements

The author would like to thank Angel Palomo for his help in checking the proofs, his son, Philip, for his help in typing the manuscript, and both his son, Chris, and Mrs Kim Wooldridge, for their help with some of the artwork.

Organisations Responsible for GCSE Examinations

In the United Kingdom, examinations are administered by the following organisations. Syllabuses and examination papers can be ordered from the addresses given here:

Northern Examining Association (NEA)

Joint Matriculation Board (JMB)
Publications available from:
John Sherratt & Son Ltd
78 Park Road, Altrincham
Cheshire WA14 5QQ

North Regional Examinations Board
Wheatfield Road, Westerhope
Newcastle upon Tyne NE5 5JZ

Yorkshire and Humberside Regional Examinations Board (YREB)
Scarsdale House
136 Derbyside Lane
Sheffield S8 8SE

Associated Lancashire Schools Examining Board
12 Harter Street
Manchester M1 6HL

North West Regional Examinations Board (NWREB)
Orbit House, Albert Street
Eccles, Manchester M30 0WL

Midland Examining Group (MEG)

University of Cambridge Local Examinations Syndicate (UCLES)
Syndicate Buildings, Hills Road
Cambridge CB1 2EU

Oxford and Cambridge Schools Examination Board (O & C)
10 Trumpington Street
Cambridge CB2 1QB

Southern Universities' Joint Board (SUJB)
Cotham Road
Bristol BS6 6DD

East Midland Regional Examinations Board (EMREB)
Robins Wood House, Robins Wood Road
Aspley, Nottingham NG8 3NR

West Midlands Examinations Board (WMEB)
Norfolk House, Smallbrook
Queensway, Birmingham B5 4NJ

London and East Anglian Group (LEAG)

University of London School Examinations Board (L)
University of London Publications Office
52 Gordon Square
London WC1E 6EE

London Regional Examining Board (LREB)
Lyon House
104 Wandsworth High Street
London SW18 4LF

East Anglian Examinations Board (EAEB)
The Lindens, Lexden Road
Colchester, Essex CO3 3RL

Southern Examining Group (SEG)

The Associated Examining Board (AEB)
Stag Hill House
Guildford, Surrey GU2 5XJ

University of Oxford Delegacy of Local Examinations (OLE)
Ewert Place, Banbury Road
Summertown, Oxford OX2 7BZ

Southern Regional Examinations Board (SREB)
Avondale House, 33 Carlton Crescent
Southampton, Hants SO9 4YL

South-East Regional Examinations Board (SEREB)
Beloe House, 2–10 Mount Ephraim Road
Royal Tunbridge Wells, Kent TN1 1EU

Scottish Examination Board (SEB)

Publications available from:
Robert Gibson and Sons (Glasgow) Ltd
17 Fitzroy Place, Glasgow G3 7SF

Welsh Joint Education Committee (WJEC)

245 Western Avenue
Cardiff CF5 2YX

Northern Ireland Schools Examinations Council (NISEC)

Examinations Office
Beechill House, Beechill Road
Belfast BT8 4RS

The author and publishers wish to thank The Associated Examining Board, the University of London School Examinations Board and the University of Oxford Delegacy of Local Examinations for permission to use questions from past examination papers.

Every effort has been made to trace all the copyright holders but if any have been inadvertently overlooked the publishers will be pleased to make the necessary arrangement at the first opportunity.

The University of London School Examinations Board accepts no responsibility whatsoever for the accuracy or method in the answers given in this book to actual questions set by the London Board.

The Associated Examining Board and the University of Oxford Delegacy of Local Examinations wish to point out that worked examples included in the text are entirely the responsibility of the author and have neither been provided nor approved by the Board.

Introduction

The aims of this book are to allow the student who wishes to work either on his own or with the help of a tutor to advance his knowledge of spoken and written Spanish and of Spain and the Spaniards.

The course assumes an elementary knowledge of Spanish such as that obtained from studying a course like *Mastering Spanish* by R. Clarke (Macmillan, 1982) and should help the student to attain a standard broadly similar to that required in the new GCSE examination or Grade 1 of the Institute of Linguists.

There are twenty-one chapters, each of which is centred on a particular theme designed to reflect the life and people of Spain. Within each chapter there are usually three key texts. The first one is intended to convey useful and interesting information about present-day Spain. The second is a narrative passage linked to the theme and the third is a conversation which might arise from it. In each chapter certain elements of grammar and syntax are systematically exemplified in the key passages and exercises. Reference is made to the relevant section of the grammar summary, where explanations are given.

The conversations and the oral exercises are recorded on cassette tape by native speakers; this allows the student the opportunity to develop oral and aural skills by using it on a play-back machine or in a language laboratory. In order to have time to supply answers in the role-play oral exercises the student will need gaps of suitable length to be put in before the model answers. This can be achieved by use of the pause button on the play-back machine or by insertion of gaps in the tape, preferably in the language laboratory. Also, if required, gaps could be put after each speech in the conversations to enable the student to practise intonation and pronunciation by repetition. The conversations and role-play exercises which are to be found on the tape are marked in the book by the following symbol .

Also, a pronunciation guide is included at the beginning of the book. As the course is centred on Spain, with only brief reference to Latin America, this encourages the student to concentrate on the lexis and prononication of the peninsula.

Each chapter has two series of exercises. In Series A they are easier and designed to help the student to gain confidence. In Series B the exercises are more demanding and are intended to give more intensive practice of the kind suitable for students seeking the stimulus of more challenging work.

In Chapters 15–20 the series B exercises include examples of the kind which are likely to be set in the new GCSE examination. The key texts of Chapter 21 have been carefully devised to reflect the tone of the written and listening passages of the new examination, with an emphasis on authenticity.

Some of the exercises are designed to help the student prepare for an oral examination; these include typical 'open-ended' questions. In the key there are worked examples to these questions, but, clearly, they should be seen as only a helpful guide to study. Similarly, the worked answers to the compositions set in the exercises should not be regarded as definitive, for compositions can be rendered in many different ways. However, they do provide the student with a model which the author hopes will prove useful. Dictation practice can be obtained by using the dialogues which are on tape and writing them down without using the text. There is no dictation test in the new GCSE examination, but it can be a useful exercise.

The vocabulary lists at the end of the key passages of the first twenty chapters are selective rather than comprehensive, because the author assumes that the student will have a good knowledge of basic words and will have access to a good dictionary. It is for this reason that it has been decided not to include a glossary at the end of the course. The bibliography in the appendix includes the names of some suitable dictionaries.

The book has been compiled on the basis of thirty years of close contact with Spain, and the themes reflect the author's own experience. He hopes that the knowledge gained from studying this book will encourage the student to discover more about this fascinating country and its hospitable people.

GCSE

Students will sit the new GCSE examination in the summer of 1988 for the first time. It is designed to replace the GCE 'O' level and CSE with one examination.

There are two levels in the examination — basic and extended. There are seven different grades of assessment, grade A being the highest and grade G being the lowest. The four skills of listening, speaking, reading and writing are tested separately at both basic and extended levels, so there are eight papers altogether which may be taken. However, students need not take all eight papers in order to qualify for certain grades, but, clearly, a student would have to take all eight and reach a good standard to qualify for a grade A. There must be some writing to qualify for grade C and above, but grades D–G can be achieved without writing in the target language. Details of the various combinations can be obtained from the examination boards.

The emphasis in GCSE is on communication in real life. It is to be hoped that a student who has achieved a high grade in GCSE Spanish would be able to go to Spain and cope adequately with normal social situations. It is a practical, rather than a theoretical, examination.

Pronunciation Guide

The Vowels

a Like 'a' in 'cat'
e Like 'e' in 'pet'
i Like 'ee' in 'keep'
o Between the 'o' in 'pot' and the 'o' in 'dose'
u Like 'oo' in 'boot'
y When acting as a vowel in the word for 'and', pronounce it like 'i'

The Consonants

The consonants are pronounced approximately the same as in English, except in the following cases:

b and *v*   They are pronounced the same as each other. When 'b' or 'v' come at the beginning of a sound group, they are pronounced like a soft 'b'. When they come in the middle of a sound group they are pronounced like a slightly exploded 'v'

c	Before 'e' and 'i', like 'th' in 'thick'; before anything else, like the 'c' in 'coat'
d	Much softer than 'd' in English. More like 'th' in 'the'
g	Before 'e' and 'i', like the 'ch' in 'loch'; before anything else, like the 'g' in 'get'
h	Always silent
j	Like the 'ch' in 'loch'
ll	Like 'lli' in 'million'
ñ	Like 'ni' in 'opinion'
q	Always followed by 'u' and pronounced like 'c' in 'can'
r	Slightly rolled or trilled
rr	Strongly rolled
v	See 'b'
w	Not a proper Spanish letter and found only in imported words. Pronounced like 'v'
x	Between vowels, like 'gs'. Otherwise like 's'
y	Stronger than an English 'y', so that it almost sounds like 'g' in 'giant'
z	Like 'th' in 'thick'

Using the guide above, you should now be able to pronounce the Spanish alphabet by saying the following sounds: *a, be, ce, che, de, e, efe, ge, hache, i, jota, ka, ele, elle, eme, ene, eñe, o, pe, cu, ere, ese, te, u, uve, uve doble, equis, i griega, zeta.*

Stress

If a word ends in a vowel or *n* or *s* the stress is naturally on the last but one syllable. If a word ends in a consonant (apart from *n* or *s*) the stress is naturally on the last syllable. If the word requires either of these rules to be changed, you must put a stress mark on the syllable which is stressed. (See Section 45 of the Grammar Summary.)

Part I

Texts and Exercises

1 La Vida de la Ciudad

Spain as it has been said many times is a country of contrast and contrasts are very good in urban life

España como se ha dicho muchas veces es un país de contrastes y los contrastes se ven muy bien en la vida urbana. En Madrid, la capital, con una población de más de tres millones, hay avenidas magníficas como el Paseo de la Castellana donde se han construido muchos nuevos edificios impresionantes, especialmente bancos. La Gran Vía con sus almacenes modernos, sus cines que estrenan las últimas películas y sus cafés concurridos se parece a una calle principal de cualquier capital de Europa. También hay zonas residenciales nuevas que son muy prósperas con altos bloques de viviendas donde vive la gente de la clase media. Los almacenes y tiendas están llenos de géneros para satisfacer las exigencias de la población madrileña. Se ven en los escaparates de las tiendas de modas vestidos para las mujeres elegantes que se pasean por las calles céntricas de la capital.

Sin embargo en los alrededores hay chabolas donde viven los que han acudido a la capital para encontrar trabajo. Las chabolas son viviendas muy humildes con pocas comodidades, aunque algunas tienen luz eléctrica hoy en día. El problema más grave que se plantea es sin duda la falta de saneamiento. Afortunadamente las Asociaciones de Vecinos han conseguido mejorar las condiciones de estos barrios en los últimos años.

Mr. Rodríguez and Mr. Hierro go to a café for a lunch time drink. They sit on the terrace and enjoy the fresh air.

El Sr. Alfonso Rodríguez sale de su oficina en el barrio de Chamartín en el norte de Madrid para almorzar en un restaurante cercano. Antes de ir al restaurante va con su colega, Martín Hierro, a tomar unas tapas en un bar de la plaza. La plaza está rodeada de bares y cafés con mesas y sillas en las terrazas. Los señores encuentran un bar que les gusta y como hace buen tiempo se sientan al aire libre. Un camarero se acerca y piden dos cañas y unas tapas. El Sr. Rodríguez pide boquerones y el Sr. Hierro pide calamares en su tinta. Mientras están bebiendo su cerveza miran a los transeúntes que pasan. Escuchan a la mujer ciega en la esquina que está vendiendo cupones de ciegos. Estos cupones son billetes de lotería que son distintos de los de la Lotería Nacional.

Después de tomar sus cañas Martín invita a Alfonso a tomar otra. Sin embargo Alfonso dice que no tiene tiempo y que es hora de comer. Llama al camarero, Alfonso paga dejando una propina pequeña. Al levantarse Martín va hacia un quiosco donde venden periódicos y revistas y compra su diario favorito. Luego van hacia el restaurante que está al otro lado de la plaza para almorzar.

Conversation 🔊

Alfonso y Martín hablan mientras toman un refresco.

Alfonso: Martín, vamos a sentarnos aquí en la terraza. Hace bastante calor.
Martín: Muy bien. Alfonso, ¿Qué vas a tomar?
Alfonso: Para mí una caña y boquerones.
Martín: Camarero, dos cañas, calamares en su tinta y boquerones, por favor.

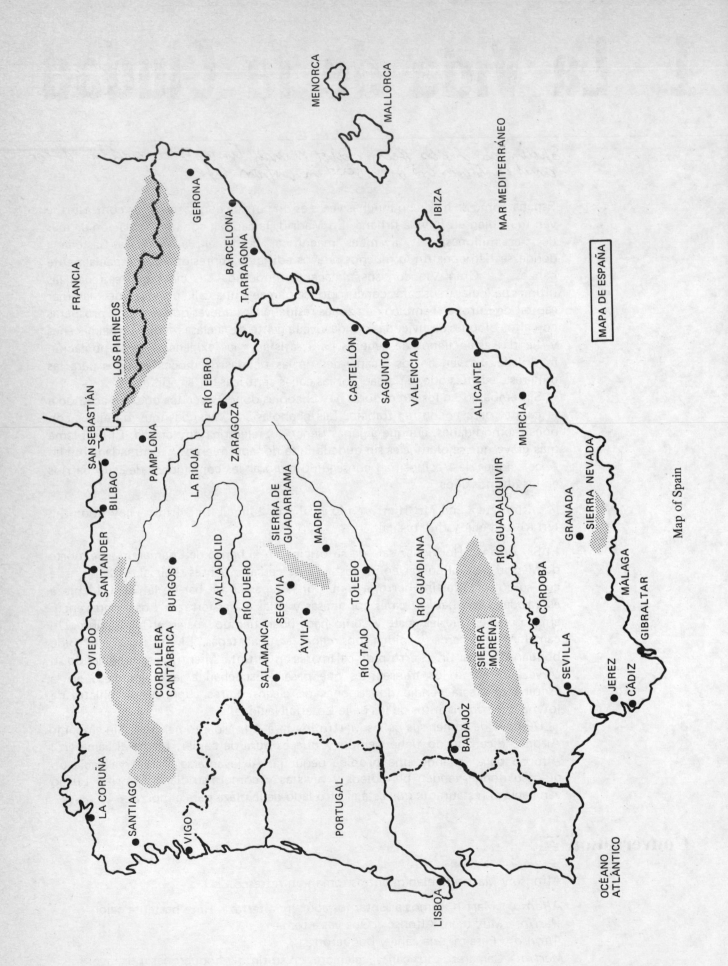

MAPA DE ESPAÑA

Map of Spain

MENORCA

MALLORCA

IBIZA

MAR MEDITERRÁNEO

FRANCIA

LOS PIRINEOS

GERONA

BARCELONA

TARRAGONA

RÍO EBRO

SAN SEBASTIÁN

PAMPLONA

ZARAGOZA

CASTELLÓN

SAGUNTO

VALENCIA

ALICANTE

MURCIA

BILBAO

SANTANDER

LA RIOJA

OVIEDO

CORDILLERA CANTÁBRICA

BURGOS

VALLADOLID

RÍO DUERO

SEGOVIA

SIERRA DE GUADARRAMA

MADRID

TOLEDO

SIERRA NEVADA

GRANADA

MÁLAGA

GIBRALTAR

CÓRDOBA

RÍO GUADALQUIVIR

RÍO GUADIANA

SIERRA MORENA

SEVILLA

JEREZ

CÁDIZ

BADAJOZ

LA CORUÑA

SANTIAGO

VIGO

SALAMANCA

ÁVILA

RÍO TAJO

PORTUGAL

LISBOA

OCÉANO ATLÁNTICO

8

Exercises

(a) Series A

A. Complete the sentences without looking at the text.

  1. Madrid tiene una población de . . .
  2. La Gran Vía tiene . . . modernos.
  3. Los cines estrenan . . .
  4. Las zonas residenciales son . . .
  5. Las chabolas son viviendas muy . . .
  6. El problema más grave es . . .
  7. La oficina del Sr. Rodríguez está en . . .
  8. Va a un restaurante con su colega para . . .
  9. Antes de comer van a . . .
 10. Se sientan al . . .
 11. Piden . . .
 12. La vendedora de billetes de lotería es . . .
 13. Cuando Alfonso paga deja . . .
 14. Va a un quiosco para comprar . . .
 15. El restaurante está al . . .

B. ¿Verdadero o falso?
Listen to the conversation and write down whether the following statements
are true or false.

  1. Los dos hombres se sientan dentro del café.
  2. Martín toma una caña y calamares.
  3. Alfonso toma vino.
  4. Martín se sentía bien ayer.
  5. La vendedora no vende muchos billetes hoy.
  6. Alfonso prefiere la lotería.
  7. Alfonso va a tomar otra cerveza.
  8. Martín pide la cuenta.

C. Listen to the tape and respond orally as if you are Alfonso. The English trans-
lation is there to help you.

Martín: ¿Qué vas a tomar?
(A glass of beer and some whitebait.)
Martín: Camarero, dos cañas, calamares y boquerones, por favor.
Camarero: Sí, señor, en seguida.
(Well, Martin, how are things going?)

11

Martín: No van mal. No me sentía muy bien ayer pero hoy estoy mucho mejor.
(I'm glad)
Martín: ¿Vas a tomar otra cerveza?
(Eh, no. The fact is I don't have much time today.)
Martín: Bueno. Vamos a comer entonces. Camarero, la cuenta, por favor.
(No, no, I'm treating you.)
Martín: Muchas gracias.
(Don't mention it.)

D. Put the verb into the present continuous.

    1. Toman unas cervezas.
    2. Martín compra un diario.
    3. ¿Qué hacen los señores?
    4. Escuchan a la vendedora.
    5. Vende billetes de lotería.
    6. Comen tapas.

E. Put the correct form of *gusta* or *gustan* in the following sentences.

    1. Me . . . los calamares.
    2. ¿Te . . . la cerveza?
    3. Me . . . sentarme al aire libre.
    4. Me . . . las quinielas.
    5. ¿Te . . . los boquerones?
    6. Me . . . comer en un restaurante.

F. Revise the first text, then, without looking at it, write five sentences about city life in Spain.

(b) Series B

A. Write answers in Spanish to the following questions, using complete sentences.

    1. ¿Cuál es la población de Madrid?
    2. ¿Qué se ha construido en el Paseo de la Castellana?
    3. ¿Cómo están los cafés en la Gran Vía?
    4. ¿Dónde vive la gente de la clase media?
    5. ¿Dónde se ven vestidos para las mujeres elegantes?
    6. ¿Dónde hay chabolas?
    7. ¿Qué tienen algunas de las chabolas hoy en día?
    8. ¿Qué han hecho las Asociaciones recientemente?

B. Listen to the conversation and say the answers to these questions.

    1. ¿Dónde se sientan los señores?
    2. ¿Qué tiempo hace?
    3. ¿Qué toma Martín?
    4. ¿Qué toma Alfonso?
    5. ¿Cómo estaba Martín ayer?
    6. ¿Cómo está hoy?
    7. ¿Por qué no tiene tiempo Alfonso?
    8. ¿Qué pide Martín?

C. Express in Spanish:

1. As has been said many times, Spain is a country of contrasts.
2. Many new buildings have been constructed.
3. Cinemas put on release the latest films.
4. The stores and shops are full of goods.
5. However on the outskirts there are shanties.
6. Fortunately Neighbourhood Groups have managed to improve the conditions.

D. Write a composition about two men who go to a bar and have drinks and appetisers before lunch. Describe the things they see. Finally say how they pay and go on to a restaurant. Use the following scheme to help you.

Sentarse — la terraza — hacer calor — tomar tapas — tomar bebidas — ver a la vendedora ciega — pagar la cuenta — ir a comer.　　　　(80 words)

2 La Vida del Campo

El paisaje de España es muy diverso. En Galicia y Norte Cantábrico, en las zonas que se llaman la España Húmeda, hay campos verdes como en Inglaterra con ganados vacunos pastando en las laderas de las colinas. Es aquí donde se pueden notar las vivendas típicas de aquella región. Las casonas y, al lado, los graneros que se llaman 'hórreos' están construidos sobre columnas de piedra o madera.

En el centro del país hay la meseta, una zona llana y alta donde la tierra es muy árida y la agricultura difícil, aunque se cultiva trigo en las tierras menos pedregosas. Hasta bastante recientemente se veían arados tirados por bueyes o caballos pero van desapareciendo rápidamente. En su lugar aparecen tractores y cosechadoras. El uso de tal maquinaria resulta en una disminución de la mano de obra.

En Levante, especialmente en la huerta de Valencia, hay cosechas de arroz, naranjas y todo tipo de hortalizas. En muchas de las parcelas de tierra, cruzadas por las famosas acequias, construidas por los moros, hay una barraca con sus paredes enjalbegadas y su techumbre de paja.

En el sur los pueblos de Andalucía están rodeados de olivares que producen el famoso aceite de oliva.

En España la producción vitícola se ha hecho una industria muy importante con viñedos por muchas partes pero especialmente en la España Seca donde el clima cálido favorece el cultivo de la vid. Los vinos de Valdepeñas y la Rioja son famosos por todo el mundo.

Muchos de los pueblos del interior parecen bastante tristes hoy en día porque faltan los jóvenes varones. Han ido a las ciudades o al extranjero para encontrar un trabajo menos exigente. Entramos en un típico pueblo español y encontramos primero la plaza sencilla. Es el día del mercado y hay puestos al aire libre cargados de frutas y verduras que son muy buenas y baratas. Hay bares alrededor y allí los viejos están jugando a las cartas o al dominó mientras las mujeres sacan sus sillas a las puertas de sus casas para charlar.

Mr. Quintana has decided to retire and is in the process of selling his farm.

Alonso Quintana, que tiene sesenta y cinco años, está a punto de jubilarse. Ha sido granjero toda su vida en una granja en el norte de España. Aunque es una granja bastante próspera su hijo único, Mario, no está interesado. Tiene planes para ir a la ciudad a trabajar porque cree que es más fácil ganar dinero allí pero su padre no está tan convencido. De mala gana Alonso ha decidido que es necesario vender la granja. Delante de la puerta hay un letrero que dice 'En venta'.

Un día a fines de septiembre un hombre bastante joven llega a la puerta y toca el timbre. Alonso mira por la ventana para ver quien es porque está esperando a su hermana menor. No reconoce al hombre que está vestido elegantemente. Alonso abre la puerta y le invita a entrar. Van al salón para hablar. Primero el hombre que se llama Alejandro Ruiz quiere saber por qué el Sr. Quintana piensa vender la granja. Alonso le asegura que es simplemente porque su hijo no quiere ser granjero. El Sr. Ruiz, que ha trabajado para otro granjero en Galicia, sabe que una granja en el norte de España, donde las lluvias son abundantes y la tierra es fértil, tiene grandes posibilidades. Después de hacer unas preguntas le dice al Sr. Quintana que le gustaría ver la propiedad.

Una barraca (Spanish National Tourist Office)

Conversation 📼

El Sr. Quintana recibe al Sr. Ruiz, que piensa comprar la granja.

—Buenos días. Yo soy Alejandro Ruiz.
—Ah sí, Sr. Ruiz. Pase. ¿Vd. está interesado en comprar la granja?
—Sí, pero primero quisiera hacerle algunas preguntas.
—¡Con mucho gusto!
—¿Quién es el hombre que vi al entrar?
—Es mi hijo Mario.
—Me lo imaginé. ¿Cuántos años tiene?
—Veintidós.
—¿Por qué no quiere trabajar en la granja?
—Cree que puede ganar dinero más fácilmente en la ciudad.
—No es cierto. Hay tanto desempleo en las ciudades hoy en día.
—Eso digo yo.
—¿Cuándo quiere Vd. vender la granja?
—Antes del fin del año si es posible.
—¿Qué productos hay?
—Principalmente leche. Tengo un ganado de doscientas cincuenta vacas.
—¿Dónde vende Vd. la leche?
—En la ciudad. Allí en las fábricas producen leche condensada, mantequilla y queso.
—¿Qué otros productos hay?
—Tenemos unos manzanos para la fabricación de sidra.

—¿Cuál de los dos es más rentable?

—Sin duda la leche. Los manzanares no son muy extensos.

—Mi esposa quiere saber como es la casa.

—Es una casa de tamaño mediano. Hay este salón, un comedor y una cocina moderna. Arriba hay cuatro habitaciones, tres dormitorios y un cuarto de baño. Soy viudo y para mí y mi hijo es demasiado grande.

—¿Cuántas personas trabajan en la granja?

—Cinco, y son todos buenos labradores.

—Si su hijo quiere cambiar de idea estoy preparado a ofrecerle un empleo.

—No sé. En este momento está seguro que quiere trabajar y vivir en la ciudad. Pero si no encuentra trabajo allí . . . .

—Bueno, nada más por el momento. Quisiera ver la granja.

—Venga conmigo.

—Gracias.

Explanations

(a) Vocabulary

el aceite de oliva — olive oil	la vid — vine
la acequia — irrigation channel	el viñedo — vineyard
el arado — plough	el viudo — widower
el arroz — rice	la vivienda — house, dwelling
la barraca — cottage	asegurar — to assure
el buey — ox	cambiar de idea — to change one's mind
la casona — large house	estar a punto de — to be about to
la cosecha — harvest	faltar — to be lacking
la cosechadora — combine harvester	hacer preguntas — to ask questions
el desempleo — unemployment	jubilarse — to retire
la disminución — reduction	pastar — to graze
el ganado vacuno — herd of cows	sacar — to take out
el granero — barn	tocar el timbre — to ring the bell
la granja — farm	
las hortalizas — market garden produce	alto — tall
la huerta — cultivated plain	árido — dry
la ladera — mountainside	barato — cheap
el letrero — sign	cálido — hot
la madera — wood	enjalbegado — whitewashed
la mano de obra — work force	exigente — demanding
la mantequilla — butter	húmedo — damp, wet
el manzanar — apple orchard	llano — flat
la maquinaria — machinery	mediano — average
la meseta — table land, plateau	pedregoso — stony
el moro — Moor	rentable — profitable
la paja — straw	varón — male
la parcela — plot of land	vitícola — vine growing (adj.)
la piedra — stone	
el queso — cheese	a fines de — at the end of
la sidra — cider	alrededor — around
el tamaño — size	arriba — upstairs
la techumbre — roof	de mala gana — reluctantly
el trigo — wheat	en venta — for sale
	hoy en día — nowadays

(b) Notes

1. Although Spain is not as famous as France for wine production, the standard of its wine is improving and its popularity is increasing. Although there are many vineyards throughout Spain, the best-known are probably those of **Valdepeñas** and **La Rioja**. It should not be forgotten that the famous sherry is a wine (*vino de Jerez*) produced in **Jerez de la Frontera (Andalusia)**.

2. One of Spain's greatest demographic problems is that of rural depopulation. Particularly the young men are unwilling to undertake a career in agriculture, as they believe work is easier in the cities. The government has plans to stop this trend. The problem is particularly acute in the inhospitable areas of the central **meseta**, where many villages are abandoned.

3. The Moors invaded Spain from North Africa in A.D. 711. They were not finally conquered by the Christians until 1492, when the Alhambra palace in Granada fell to the Catholic monarchs, Fernando and Isabel. The Moors left many legacies of their long occupation of Spain. One of these is the system of irrigation channels in the **huerta** of Valencia. It is described more fully in Note 1 of Chapter 20.

(c) Grammar

1. Revise the rules for the agreements of adjectives.

   e.g.: *La tierra es árida.*
   Los vinos son famosos.

   See Section 4 of the Grammar Summary.

2. The personal *a*.

   e.g.: *Está esperando a su hermana.*

   See Section 5 of the Grammar Summary.

3. Question words.

   e.g.: *¿Quién es ese hombre?*
   ¿Dónde vende Vd. la leche?

   See Section 6 of the Grammar Summary.

Exercises

(a) Series A

A. ¿Verdadero o falso?
Write down whether the following statements are true or false.

1. Galicia es una región húmeda.
2. Galicia está en el noreste de España.

3. La meseta es un terreno árido.
4. La maquinaria aumenta la mano de obra.
5. En Valencia cultivan arroz.
6. Los moros construyeron las acequias.
7. La mayoría de los viñedos se encuentran en las zonas húmedas.
8. Muchos de los jóvenes que vivían en el campo se han ido a las ciudades.

B. Write down and complete the following sentences.

1. Alonso Quintana ha decidido jubilarse porque . . .
2. Mario se va a la ciudad porque cree que . . .
3. Alonso va a vender la granja de . . .
4. Cuando llega el joven a la puerta . . .
5. Alonso explica que va a vender la granja porque su hijo . . .
6. Después de hacer unas preguntas el Sr. Ruiz quiere . . .

C. Listen to the questions on tape and say the answers as if you are Alonso Quintana.

¿Quién es el hombre?
(He is my son)
¿Por qué no quiere trabajar en la granja?
(Because he thinks he can earn more money in town)
¿Cuándo quiere Vd. vender la granja?
(Before the end of the year)
¿Qué productos hay?
(Mainly milk)
¿Dónde vende Vd. la leche?
(In town)
¿Qué otros productos hay?
(We have some apple trees)
¿Cuál de los dos es más rentable?
(The milk)
¿Cómo es la casa?
(It is an average sized house)

D. Write the sentences, putting the Spanish equivalent to the English in brackets.

1. La meseta es bastante (high).
2. Los terrenos de Castilla son (dry).
3. La fruta es (good) y (cheap).
4. Las viviendas de Galicia son muy (typical).
5. La producción de la vid es muy (profitable).
6. En algunas partes de España la agricultura es (difficult).

E. Write out the following sentences, putting in the personal *a* if it is necessary.

1. Al llegar Alejandro ve un letrero.
2. Alonso saluda el señor.
3. Alonso invita el hombre a entrar.
4. El Sr. Quintana dice que tiene un hijo.
5. Alejandro explica que busca labradores.
6. Al entrar en el bar vemos los viejos que juegan al dominó.

F. Write the sentences, putting in the most appropriate question word.

    1. ¿. . . es este chico?
    2. ¿. . . años tiene?
    3. ¿. . . están los manzanos?
    4. ¿. . . productos hay?
    5. ¿. . . es más rentable?
    6. ¿. . . quiere Vd. ver la propiedad?
    7. ¿. . . es la casa?

G. Write ten sentences about rural Spain using the adjectives in this chapter. Begin: España es un país de contrastes porque en el norte . . . .

(b) Series B

A. Write answers in Spanish to the following questions, using complete sentences.

    1. ¿Cómo se llaman las zonas en el norte de España?
    2. ¿Qué se puede ver en las laderas de las colinas?
    3. ¿Cómo están construidos los hórreos?
    4. ¿Cómo es la tierra de la meseta?
    5. ¿Qué maquinaria reemplaza los caballos y los bueyes?
    6. ¿Cuál es el resultado de la introducción de la maquinaria en la agricultura?
    7. ¿Qué se cultiva en Valencia?
    8. ¿Quiénes construyeron las acequias?
    9. ¿Cuál es el producto más importante de Andalucía?
    10. ¿Por qué se produce vino especialmente en la España Seca?
    11. Dé dos nombres de famosas marcas de vino español.
    12. ¿Qué hacen las mujeres en los pueblos para descansar.

B. Write answers in Spanish to the following questions, using complete sentences.

    1. ¿Por qué quiere el Sr. Quintana jubilarse?
    2. ¿Adónde va Mario a trabajar?
    3. ¿Qué hay delante de la puerta de la granja?
    4. ¿Qué quiere saber el Sr. Ruiz primero?
    5. ¿Dónde son las lluvias abundantes?
    6. ¿Cómo es la tierra?
    7. ¿Cuándo quiere el Sr. Ruiz ver la propiedad?

C. You are Alejandro Ruiz, asking the questions, Listen to the tape and say in Spanish the English in brackets.

    —Pase. ¿Vd. quiere ver la granja?
    (Yes, but first I would like to ask you some questions)
    —Con mucho gusto.
    (Who is the man I saw when I came in?)
    —Es mi hijo, Mario.
    (How old is he?)
    —Veintidós años.
    (Why doesn't he want to work on the farm?)
    —Piensa que puede ganar más dinero en la ciudad.
    (When do you want to sell the farm?)
    —Antes del fin del año.
    (What products are there?)

—Principalmente leche.
(Where do you sell the milk?)
—En la ciudad.
(What other products are there?)
—Manzanos para la fabricación de la sidra.
(Which of the two is the more profitable?)
—La leche.
(What is the house like?)
—Es una casa de tamaño mediano con tres dormitorios.

D. Write answers to the following questions, not forgetting to put the personal *a* where necessary.

    1. ¿Cuántos hijos tiene Alonso Quintana?
    2. ¿A quién está esperando Alonso?
    3. ¿Reconoce al hombre que llama?
    4. ¿A quién invita Alonso a entrar?

E. These are the answers. Find the most appropriate questions.

    1. Se ven hórreos en el norte de España.
    2. En la meseta la tierra es muy árida.
    3. Se cultiva arroz aquí.
    4. Alonso Quintana tiene sesenta y cinco años.
    5. Va a vender la granja porque su hijo no quiere ser granjero.
    6. Un hombre joven llama a la puerta.
    7. Quiere vender la granja antes del fin del año.

F. Write in Spanish.

    1. The earth is fertile.
    2. The bedrooms are large.
    3. The climate is mild.
    4. The wines are famous.
    5. It is an important industry.
    6. The fields are green.

3 En el Instituto

El instituto es un centro estatal para alumnos de catorce a dieciocho años que quieren seguir un curso académico de estudios. Cuando ingresan en el instituto han terminado su E.G.B. (Educación General Básica) y empiezan el B.U.P. (Bachillerato Unificado Polivalente) que es un curso de tres años. Después en caso de continuar hacen el C.O.U. (Curso de Orientación Universitaria), que dura un año. Si aprueban tienen derecho a entrar en la universidad.

En un día típico el alumno coge el autobús para ir a clase. Todas las clases duran una hora y generalmente empiezan a las nueve y media aunque en algunos casos a las ocho y media. A las once y media los alumnos y profesores tienen media hora de recreo cuando los alumnos van al bar para tomar un café y charlar con sus amigos. Es una escena de animación y mucho ruido. Entretanto los profesores se retiran a la sala de profesores para descansar.

Hay dos clases más después del recreo hasta las dos. Entonces todo el mundo se va para casa y el instituto se cierra hasta las cuatro cuando empiezan las clases de la tarde. Hay tres de una hora y terminan a las siete.

Algunos de los alumnos menos aplicados encuentran que es un día muy largo, suponiendo que tengan deberes que hacer después de cenar.

Las vacaciones de verano son más largas que en Inglaterra. Empiezan a mediados de junio y continúan hasta mediados de septiembre o en algunos casos aun más tarde. Hay aproximadamente diez días de vacaciones por las fiestas navideñas y otros diez en Semana Santa. No hay una vacación en medio del trimestre como en Inglaterra pero hay varios días de fiesta cuando el centro está cerrado y no hay clases.

Aparte de los centros estatales hay también colegios privados normalmente dirigidos por la iglesia. Ofrecen los mismos cursos que los institutos.

José Luis is a conscientious student who is determined to make the most of his education.

José Luis es un alumno del instituto Goya. Tiene diecisiete años y está en el tercero de B.U.P. Como muchos de sus amigos tiene una moto pero prefiere ir a clase en autobús. Hoy es viernes y espera con ganas el fin de semana cuando puede divertirse con sus amigos.

Anoche salió hasta medianoche y por consiguiente está un poco cansado. Sin embargo sale como de costumbre a las ocho de la mañana. Es un alumno concienzudo y no quiere perder la primera clase de matemáticas. Sabe que si falta mucho a las clases le van a suspender y luego tendrá que recuperar los exámenes en septiembre. Durante el día estudia afanosamente porque pronto hay evaluaciones y está resuelto a sacar buenas notas. Por el contrario algunos de sus amigos se llevan los estudios a la ligera. Se acuestan tarde, y, si no les apetece la idea de ir a clase, hacen novillos.

En el instituto (Robert P. Clarke)

Conversation 📼

A writer of a teenage magazine is conducting a survey of young people's activities. He interviews José Luis.

—José Luis, ¿cuándo te levantas?

—Me despierto a las siete y me levanto pronto porque no me gusta andar con prisas por la mañana. Luego desayuno con mi madre y mi hermano mayor que vive con nosotros.

—¿Qué tomas?

—Pues, unos panecillos y un tazón de café. Si tengo tiempo salgo a comprar churros. Luego me despido de mi madre y de mi hermano y voy a coger el autobús.

—¿Por qué no vas en moto al instituto?

—Desgraciadamente no me fío de las actividades de algunos gamberros que viven cerca del instituto. Ninguno de mis amigos va en moto.

—¿Cuándo sales con los amigos?

—Los viernes y los sábados por la noche.

—¿No sales con los amigos los domingos?

—Nunca. Algunos de mis amigos salen y si están cansados al día siguiente no van a las clases.

—¿Los profesores les dan un castigo?

—A veces sí, pero en muchos casos los profesores no hacen nada. Creo que el control en el instituto no es bastante estricto.

—Si sales con los amigos, ¿qué haces?
—Normalmente voy a un bar para charlar y tomar algo. Si ponen una película que quiero ver voy al cine.
—Bueno, José Luis, muchas gracias por todo.
—De nada.

Explanations

(a) Vocabulary

el alumno — pupil	esperar con ganas — to look forward to
el castigo — punishment	faltar a — to miss
el centro — school	fiarse de — to trust
los churros — batter fingers	hacer novillos — to play truant
los deberes — homework	ingresar — to enter
las evaluaciones — tests	perder — to miss
las fiestas navideñas — Christmas holidays	recuperar — to resit
	sacar buenas notas — to get good marks
el gamberro — hooligan	suspender — to fail
la iglesia — Church	tener derecho a — to be entitled to
el instituto — school	
la moto — motorbike	
la Semana Santa — Easter	afanoso — keen
	aplicado — studious
	concienzudo — conscientious
andar con prisas — to rush	estatal — state
aparecer — to appear	resuelto — determined
aprobar — to pass	
cenar — to have supper	
desayunar — to have breakfast	a la ligera — lightly
despedirse — to say goodbye	a mediados de — in the middle of
despertarse — to wake up	anoche — last night
divertirse — to enjoy oneself	entretanto — meanwhile

(b) Notes

1. Spanish education underwent reform in 1970. The E.G.B. is an eight-year course from the ages of 6 to 14. After that there are two choices. The more academic courses (B.U.P.) are offered by the *instituto* or private colleges, whereas professional training (formación profesional) is offered by various colleges. The last year in the *instituto* is one of C.O.U. to prepare students for university.

2. One of the main differences between schools in Britain and Spain is that the Spanish schools usually close during lunch and most pupils and staff go home.

3. Spanish children are examined regularly on a system of continuous assessment called *evaluaciones continuas*. If they fail the year in any subject they have to resit it before they can go on to the next year.

(c) Grammar

1. *Ser* and *estar*.

   e.g.: *Es un curso tres años.*
   José Luis está en el tercero de B.U.P.

   See Section 7 of the Grammar Summary.

2. Reflexive verbs.

   e.g.: *Me despierto a las siete.*

   See Section 8 of the Grammar Summary.

3. Adverbs.

   e.g.: *Normalmente voy a un bar.*

   See Section 9 of the Grammar Summary.

4. Revise numbers.
   See Section 10 of the Grammar Summary.

5. Time.

   e.g.: *Las clases terminan a las siete.*

   See Section 11 of the Grammar Summary.

Exercises

(a) Series A

A. Write and complete the following sentences.

1. Los alumnos ingresan en el instituto a los . . . años.
2. El B.U.P. es un curso de . . . años.
3. El C.O.U. dura . . .
4. Generalmente las clases empiezan a . . .
5. A las once y media los alumnos tienen . . .
6. A las dos todos . . .
7. Las clases de la tarde terminan a . . .
8. Las vacaciones de verano son . . . que en Inglaterra.
9. Aunque no hay una vacación en medio del trimestre hay varios . . .
10. La mayoría de los colegios privados están dirigidos por . . .

B. Write answers in Spanish to the following questions, using complete sentences.

1. ¿Cuántos años tiene José Luis?
2. ¿Qué curso hace?
3. ¿Va a clase en moto?
4. ¿Qué espera con ganas?
5. ¿Por qué está cansado?
6. ¿Cómo es José Luis?
7. ¿Cómo estudia?
8. ¿Qué está resuelto a sacar?
9. ¿Cuándo se acuestan algunos de sus amigos?
10. Si no tienen ganas de ir a clase, ¿qué hacen?

C. Listen to the conversation and then you play José Luis. Say in Spanish the English in brackets.

—José Luis, ¿cuándo te levantas?
(I get up at seven because I don't like to rush in the morning)
—¿Qué tomas de desayuno?
(Some bread rolls and a cup of coffee)
—¿Y luego qué haces?
(I say goodbye to my mother and I go to catch the bus)
—¿Cuándo sales con los amigos?
(Friday and Saturday nights)
—¿No sales los domingos?
(Never)
—¿Qué haces con los amigos?
(Usually I go to a pub to have a chat and a drink. If there is a film on that I want to see I go to the cinema)
—Muchas gracias.
(Don't mention it)

D. Write the sentences, filling in the correct form of *ser* or *estar*.

1. José Luis . . . un alumno del instituto Goya.
2. Nosotros . . . concienzudos.
3. Antes de acostarse . . . cansado.
4. Un día en el instituto . . . muy largo.
5. Las vacaciones de verano . . . largas.
6. En un día de fiesta el instituto . . . cerrado.
7. Hoy . . . viernes.
8. Yo . . . resuelto a sacar buenas notas.
9. Mi hermano . . . mayor que yo.
10. Los profesores . . . enfadados si los alumnos faltan a las clases.

E. Write the sentences, putting the reflexive verb in brackets into the correct form.

1. Los alumnos . . . al instituto. (*acercarse*)
2. Nosotros . . . a estudiar. (*ponerse*)
3. Todo el mundo . . . para casa. (*irse*)
4. ¿A qué hora . . . (tú)? (*acostarse*)
5. Prefiero . . . pronto. (*levantarse*)
6. Podemos . . . con los amigos los sábados. (*divertirse*)
7. Yo . . . a las siete. (*despertarse*)
8. Yo . . . de mis padres antes de salir. (*despedirse*)

F. Write the sentences, changing the adjective in brackets into the correct form of the adverb.

1. No sé . . . (*exacto*)
2. Es . . . imposible. (*total*)
3. Mis estudios van bastante . . . (*malo*)
4. José Luis saca buenas notas . . . (*fácil*)
5. Algunos de sus amigos estudian . . . (*bueno*)

G. Write the sentences, putting the English into Spanish.

1. José Luis se levanta a (seven o'clock).
2. Desayunan a (quarter to eight).

25

3. Sale para el instituto a (twenty past eight).
4. Hay recreo a (half past eleven).
5. Llega a casa a (ten to eight).
6. Se acuesta a (quarter past eleven).

H. Numbers. Write the numbers and then say the sentences.

1. Normalmente en un instituto los alumnos tienen de 14 a 18 años.
2. Las vacaciones de verano duran aproximadamente 13 semanas.
3. Hay 7 clases en un día.
4. José Luis tiene 17 años.
5. Las clases son de 55 minutos.
6. En España las vacaciones de Semana Santa duran 10 días pero en Inglaterra duran 15 días.

I. Write six sentences about the daily routine of José Luis. Mention when he gets up, his breakfast, how he gets to school, why he does not go by motorbike, when he goes out with his friends and where he goes.

(b) Series B

A. Write answers in Spanish to the following questions, using complete sentences.

1. ¿Cuántos años tienen los alumnos que ingresan en los institutos?
2. ¿Cuántos años tienen cuando terminan el B.U.P.?
3. Si aprueban el C.O.U., ¿a qué tienen derecho?
4. ¿Cuánto tiempo duran las clases?
5. ¿Cuántos minutos de recreo tienen los alumnos?
6. ¿A dónde van los profesores durante el recreo?
7. ¿Qué hacen allí?
8. ¿Cuántas clases hay en total en un día?
9. Al llegar a casa ¿qué hacen los alumnos antes de hacer los deberes?
10. ¿Cuántos meses de vacaciones de verano tienen?
11. ¿Qué ocurre en los días de fiesta?
12. ¿Qué tipo de colegio hay aparte de los centros estatales?

B. Write answers in Spanish to the following questions, using complete sentences.

1. ¿Dónde estudia José Luis?
2. ¿Qué curso hace?
3. ¿Por qué no va al instituto en moto?
4. ¿Qué espera hacer el fin de semana?
5. ¿Por qué está cansado?
6. ¿Qué clase tiene primero?
7. ¿Qué tendrá que hacer si no aprueba?
8. ¿Cómo estudia?
9. ¿Cómo toman los estudios algunos amigos?
10. ¿Qué hacen los amigos si no quieren ir a clase?

C. You interview José Luis. Say in Spanish the English in brackets.

(Ask him when he gets up)
Me levanto a las siete.
(Ask him what he has for breakfast)
Panecillos y un tazón de café.

(Ask him what he does then.)
Después voy en autobús al instituto.
(Ask him why he doesn't go on his motorbike)
No me fío de los gamberros que viven cerca.
(Ask him when he goes out with friends)
Los viernes y los sábados por la noche.
(Ask him if he does not go out with friends on Sundays.)
Nunca. Mis amigos salen y luego no van a las clases los lunes.
(Ask him if the teachers punish them)
A veces, sí.
(Ask him what he does when he goes out with his friends.)
Voy al bar o al cine.
(Thank him very much)
De nada.

D. Write in Spanish:

1. Where are you from [polite singular]? I am from London.
2. Where is the school? It is in Madrid.
3. What time is it? It is half past ten.
4. What is the school like? It is quite big.
5. Are you tired [familiar singular]? Yes I am very tired.

E. Write the following sentences and express the English adverbs in Spanish.

1. Voy a explicártelo (slowly and clearly).
2. Siempre aprueba los exámenes (easily).
3. Está (completely) resuelto.
4. (Generally) me levanto temprano.
5. Es que (simply) estoy cansado.
6. Tráigamelo (quickly).

F. Write the sentences, filling in the gap with the correct reflexive pronoun. Some words will then require an accent.

1. José Luis está sonriendo . . . .
2. No . . . encuentro muy bien.
3. . . . fío de Vds.
4. ¿Cuándo . . . vas?
5. . . . despertamos tarde los domingos.
6. Están despidiendo . . . de sus padres.

G. You are writing to José Luis. As you do not know him very well you write to him in the polite form.

1. Ask him what time he gets up.
2. Ask him what time he is going to leave. (*marcharse*)
3. Ask him if he says goodbye to his mother.
4. Ask him if he and his friends are going to see each other tomorrow.
5. Ask him when he goes to bed.

H. *Composition* Write about a typical day in your life. Begin: Me levanto a . . . and finish: Me acuesto a . . . . (*100 words*)

4 La Gastronomía

Una de las primeras cosas que se nota al visitar España son las horas de las comidas. El desayuno se toma a la hora normal y consiste en café y panecillos.

En vez de beber café algunas veces se bebe chocolate en que se mojan el pan o los churros.

Los hombres que van al trabajo temprano por la mañana suelen entrar en un bar para tomar el desayuno allí. A menudo toman un coñac o un anís con el café.

El almuerzo se toma entre las dos y las tres seguido por la siesta. El almuerzo es una comida bastante fuerte con una legumbre guisada según la región como garbanzos lentejas, o quizás una tortilla española, pescado y carne, y finalmente se toma un postre. El postre normal consiste en fruta tal como una naranja, una raja de melón o un racimo de uvas. Todas son bastante baratas y muy buenas. Para variar el menú los españoles toman flan si les gusta.

Si Vd. se hospeda en un hotel y toma la pensión completa es posible que quiera algún día salir de excursión. Entonces el hotel le dará una merienda de campo que consiste en dos bocadillos y fruta.

La cena es un poco más ligera que el almuerzo y se toma entre las nueve y las once, o aun más tarde especialmente en el verano. A los españoles les gusta salir a un restaurante para cenar especialmente los domingos y se puede ver una familia entera sentada a una mesa al aire libre hasta medianoche.

En la cocina española predomina el aceite de oliva que se usa en lugar de grasas o manteca para guisar. También sirve de aliño en las ensaladas. Otro condimento que es muy popular y que algunos extranjeros piensan que los españoles emplean excesivamente es el ajo.

Mr. Fernandez takes Mr. Ochoa out for a meal in a restaurant.

El Sr. Ramón Fernández invita a su colega Pedro Ochoa a cenar con él en un restaurante pero primero le invita a ir a una tasca para tomar un aperitivo y unas tapas. Los dos toman una cerveza y como tapas comen la especialidad de la casa, unas lonchas de jamón serrano.

Luego salen de la tasca, entran en un restaurante típico y se sientan a una mesa. Como es temprano no hay nadie allí cuando llegan pero pronto va llenándose de gente. El camarero se acerca y les da el menú. Ramón pide gazpacho de primer plato como es verano, luego una tortilla, y merluza al horno y finalmente fruta. Pedro pide sopa de pescado, menestra de verduras, pollo al ajillo y de postre flan. El camarero les pregunta qué quieren beber y Ramón encarga una botella de vino tinto. Cuando el camarero lo trae Ramón le echa un vaso a su amigo. Pronto el camarero les sirve la cena que les gusta mucho. Después de terminarla, Ramón invita a Pedro a tomar un coñac y Pedro acepta con mucho gusto. Finalmente Ramón paga la cuenta, deja una propina y los dos salen. Después de despedirse el uno del otro se van para casa.

En el restaurante (Robert P. Clarke)

Conversation

Pedro: ¿Quieres pan?

Ramón: Sí, por favor.

Pedro: ¿Mantequilla?

Ramón: No, gracias.

Pedro: ¿Margarina, entonces?

Ramón: No me gusta ni la mantequilla ni la margarina.

Pedro: ¿Te gusta el gazpacho?

Ramón: Sí, sobretodo cuando hace calor. Lo encuentro muy refrescante.

Pedro: ¡Seguro! Yo prefiero la sopa de pescado.

Ramón: Me dicen que los mariscos son muy buenos aquí. Mira ese centollo que está comiendo el hombre en la mesa del rincón.

Pedro: No lo he probado nunca. Una cosa que no puedo tolerar es el pulpo.

Ramón: ¿De veras? A mí me gusta mucho. Y los calamares también.

Pedro: ¿Rebozados o en su tinta?

Ramón: ¡En su tinta naturalmente!

Pedro: Bueno, si no me gusta el pulpo creo que no me van a gustar los calamares tampoco.

Ramón: ¿Otro vaso de vino?

Pedro: Por favor. Mira, muchos de los clientes están bebiendo sangría. ¿Qué opinas de ella?

Ramón: Para mi gusto es demasiado dulce. Me gusta más un vino seco.

Pedro: De acuerdo. Te recomiendo este vino.

Ramón: ¿Qué es?

Pedro: Un Rioja y uno de los mejores. ¿Te acuerdas de mi colega, Fernando Martín? Él tomaba Rioja siempre.

Ramón: Sí, le recuerdo muy bien pero hace bastante tiempo que no le veo.
Pedro: Ya no trabaja para la compañía.
Ramón: Es verdad.
Pedro: Ramón, salud.

Explanations

(a) Vocabulary

el ajo — garlic
el aliño — dressing
el bocadillo — sandwich
el centollo — spider crab
el flan — creme caramel
el garbanzo — chick-pea
el gazpacho — iced soup
el jamón serrano — cured ham
la legumbre — vegetable
las lentejas — lentils
la loncha — slice
la manteca — lard
los mariscos — sea food
la menestra de verduras — vegetable soup
la merienda de campo — picnic
la merluza — hake
el panecillo — bread roll
el pollo al ajillo — chicken in garlic
el postre — sweet
el racimo — bunch
la raja — slice
la sangría — fruit punch
la tasca — pub
la tortilla — omelette

consistir en — to consist of
echar — to pour
encargar — to order
guisar — to cook
hospedarse — to stay
llenarse — to fill up
mojar — to dip
probar — to taste
suele (from *soler*) — is accustomed to

dulce — sweet
fuerte — strong, heavy (of a meal)
guisado — cooked
ligero — light
rebozado — fried in batter
seco — dry

al aire libre — in the open air
al horno — baked (in the oven)
a menudo — often

(b) Notes

1. Spanish eating habits are different from English, particularly the hours of the meals. Spaniards eat late, particularly supper, which is often taken at about ten o'clock. English people often find the long gap between lunch and supper difficult to adjust to.

2. It is very common to eat out in Spain. If you go to friends for supper, they are as likely to take you to a restaurant as to offer you a meal at home.

3. Spaniards eat a lot of sea foods and there are some restaurants which specialise in them. Refrigerated lorries carry large quantities through the night from the fishing ports to the cities to satisfy the customers' demands.

4. *Sangría* is a fruit punch made of red wine, lemonade and fresh fruit. Other ingredients may be added to give extra taste. It is essential that it should be served with ice.

Exercises

(a) Series A

A. Write answers in Spanish to the following questions, using complete sentences.

1. ¿En qué consiste el desayuno español?
2. ¿Qué se bebe en lugar del café?
3. ¿Para qué entran los hombres en un bar?
4. ¿Cuándo se toma el almuerzo?
5. ¿Qué sigue el almuerzo?
6. ¿Cómo son las frutas?
7. Si Vd. quiere salir de excursión ¿qué hará el hotel?
8. ¿Qué les gusta hacer a los españoles, especialmente los domingos?
9. ¿Qué predomina en la cocina española?
10. ¿Qué ingrediente se emplea quizás excesivamente?

B. Write the following sentences, choosing the correct phrase to complete them.

1. El Sr. Fernández invita a Pedro Ochoa a tomar un aperitivo
   (a) después de cenar.
   (b) antes de cenar.
   (c) en vez de cenar.

2. Cuándo llegan al restaurante
   (a) hay poca gente allí.
   (b) hay mucha gente allí.
   (c) no hay nadie allí.

3. El gazpacho es
   (a) un postre.
   (b) una sopa fría.
   (c) una verdura.

4. Pedro
   (a) no toma nada de postre.
   (b) toma fruta.
   (c) toma flan.

5. Para beber toman
   (a) vino.
   (b) cerveza.
   (c) agua.

6. Al salir del restaurante Ramón.
   (a) se despide del camarero.
   (b) se despide de Pedro.
   (c) no se despide de nadie.

C. Listen to the tape and then write down and complete these statements as if you are Ramón.

1. Me gusta el gazpacho sobre todo cuando . . .
2. Me dicen que los mariscos . . .
3. Me gusta mucho el . . .
4. Me gustan también los calamares en . . .
5. En mi opinión la sangría es . . .
6. Hace bastante tiempo que yo . . .

D. Change the words in bold print into object pronouns.

1. Los españoles beben **chocolate**.
2. Vamos a tomar **la pensión completa**.
3. Prefiero **los bocadillos de jamón**.
4. El barman ofrece **las tapas**.
5. El Sr. Fernández invita **a su colega**.
6. El camarero da el menú **a los clientes**.
7. Ramón echa el vino **a su amigo**.
8. Deseo comprar **el coche**.
9. Ramón paga **la cuenta**.
10. Pedro no ha probado nunca **el centollo**.

E. Write the sentences, filling in the gaps with the most appropriate negatives.

1. Pedro . . . come . . . en casa.
2. Camarero, . . . hay . . . vasos.
3. ¿Quién viene? . . . viene . . . .
4. . . . me gustan . . . los calamares . . . el pulpo.
5. ¿Qué quieres beber? . . . quiero beber . . . .

F. Write the sentences in a different way.

1. Nadie ha llegado.
2. Nada me gusta.
3. Tampoco han salido.
4. Ninguna persona está allí.

G. At a restaurant you chat to your colleague. Express in Spanish the English in brackets.

Vamos a sentarnos aquí.
(All right. Do you want some bread?)
Sí gracias.
(I don't like either bread or butter)
¿De veras? ¿Vas a tomar el gazpacho?
(No. I prefer fish soup)

Muy bien.
(I hear the sea food is very good here)
Sí. Recomiendo el centollo.
(No, I don't like it)
¿El pulpo entonces?
(No, I don't like octopus either)
Para beber, ¿qué quieres? ¿Sangría?
(For my taste it's too sweet)
¿Vino?
(Yes, I prefer a dry, red wine)
Bueno, camarero . . .

H. Write a conversation between yourself and a friend in which you ask and answer each other concerning likes and dislikes in food.   (*100 words*)

(b) Series B

A. Write answers in Spanish to the following questions, using complete sentences.

1. ¿Cómo es el desayuno español?
2. ¿Qué pasa en los bares por la mañana?
3. ¿En qué consiste el almuerzo español?
4. Vd. se hospeda en un hotel y quiere salir de excursión. ¿Qué pasa?
5. ¿Qué ocurre los domingos por la tarde?
6. ¿Cómo se usa el ajo?

B. Write answers in Spanish to the following questions, using complete sentences.

1. ¿A dónde van los señores Fernandez y Ochoa primero?
2. ¿Por qué?
3. ¿Está lleno el restaurante cuando llegan?
4. ¿Qué pide Ramón de segundo plato?
5. ¿Qué toma Pedro de postre?
6. ¿Qué deciden beber?
7. ¿Qué hace Ramón después de terminar la cena?
8. Antes de irse para casa, ¿qué hacen?

C. Listen to the conversation and write down your answers.

1. ¿Cuándo prefiere Ramón tomar el gazpacho?
2. ¿Qué opina Ramón de los mariscos en el restaurante?
3. ¿Dónde está sentado el hombre que come el centollo?
4. ¿Cómo prefiere Ramón los calamares?
5. ¿Qué marca de vino recomienda Pedro?
6. ¿Quién es Fernando Martín?

D. You sit down to a meal in a restaurant with your friend Juan. Say in Spanish the English in brackets.

Juan: ¿Qué quieres de primer plato?
(Ask him if there is fish soup)
Juan: Sí. ¿Y después?
(Tell him you will have the omelette)
Juan: Muy bien ¿y luego . . .?
(You will have the baked hake and finally the caramel custard)

Juan: ¿Y para beber?

(You tell him you would like a dry, red wine. Ask him which he recommends)

Juan: Un Rioja, por supuesto. Camarero . . .

E. Write the sentences, changing the objects in bold print into object pronouns.

1. Juan da **los churros a sus padres.**
2. Pedro muestra **el menú a Ramón.**
3. El camarero ofrece **a sus clientes la lista de platos.**
4. El dueño del hotel entrega **una merienda de campo a los huéspedes.**
5. ¿Quién le ha dado **el flan?**
6. No me han dejado **la cuenta.**

F. Write in a different way:

1. Están comiéndolos.
2. Voy a dárselo.
3. Puedo tomarlo.
4. Están esperándome.
5. Quiero invitarte.

G. Write the following sentences, making them negative.

1. Me apetecen los calamares también.
2. Siempre voy a ese restaurante.
3. Hay algunos bocadillos en la mesa.
4. Hay alguien en el bar.
5. He comido algo.
6. Me gustan la mantequilla y la margarina.

H. Express in Spanish:

1. After having supper he goes to bed.
2. On arriving home he has a coffee.
3. Before going out of the restaurant he leaves a tip.
4. The waiter brings the wine before serving the supper.
5. Before having lunch they go to have an aperitif.
6. Without waiting for the bill he leaves the restaurant.

I. *Picture composition* Describe the evening out. (*120 words*)

The evening out

5 De Compras

Como en todos los países los españoles hacen muchas de sus compras hoy en día en el supermercado del barrio. Recientemente ha aparecido el nuevo fenómeno del hipermercado donde se puede comprar no sólo alimentación sino también todas las cosas que se pueden imaginar, como, por ejemplo, herramientas, recambios para el coche, útiles de jardinería, etc.

Aunque los supermercados se parecen uno a otro en cualquier país del mundo los mercados son más distintos. Casi todas las ciudades españolas tienen su mercado. Es muchas veces un edificio inmenso de ladrillos y hierro dentro del cual hay una gran variedad de puestos que venden todo tipo de alimento. Vamos a entrar en un típico mercado. A la derecha hay un puesto grande de fiambres variadas. Chorizos y morcillas cuelgan del techo y en el mostrador hay una selección amplia de jamones. El puesto de al lado es una carnicería y pollería donde también se venden huevos. A la derecha hay una frutería con montones de naranjas, melocotones suculentos, melones y sandías. Más allá hay una verdulería cuyo mostrador está lleno de verduras como lechugas, coles y espinacas.

Recorriendo el mercado se nota que muchos puestos parecen vender los mismos productos. Es evidente que la competición es intensa y por eso los precios son módicos.

Isabel and Marta go shopping to buy food for lunch.

Los sábados Isabel y su hermana, Marta, suelen preparar el almuerzo para sus padres. Deciden hacer una paella y su madre les da dinero para comprar los ingredientes. Como el supermercado y el mercado se encuentran bastante cerca de la casa pueden ir a pie. Marta coge la cesta y las dos chicas salen. Primero entran en el supermercado, encuentran un carrito y van a buscar las compras que necesitan para hacer una paella, medio kilo de arroz y un sobre de azafrán. Van a la caja, sacan las compras del carrito, pagan por lo que han comprado y salen. Siguen por la calle, luego tuercen a la izquierda y entran en el mercado. El primer puesto a la derecha es una pollería donde compran un pollo. Enfrente Isabel ve un puesto de pescado donde anuncian gambas a mil quinientas pesetas el kilo. Compra medio kilo y la vendedora se las envuelve. Antes de salir del mercado va a una frutería para comprar uvas porque quiere preparar el postre también. Está a punto de salir cuando Marta se acuerda de las cebollas y se dirige a la verdulería que está al lado de la salida. Compra dos y las mete en su cesta.

En la calle comprueban las compras y se aseguran que lo tienen todo. Como empieza a llover vuelven corriendo a casa.

Conversation 🔊

Isabel y Marta están en la calle.

Marta: Sí, es un buen supermercado aunque un poco caro. Lo confieso de buena gana.

Isabel: Entonces, ¿por qué quieres hacer las compras aquí si sabes que los precios son un poco más altos?

En el mercado (Robert P. Clarke)

Marta: Es verdad. Pero, hace mal tiempo y creo que va a llover pronto. Podemos volver a casa más fácilmente.

Isabel: De acuerdo. ¡Adelante!

Al salir siguen hablando.

Marta: ¿Conoces a la señora que pasaba por caja cuando entramos?

Isabel: No la conozco muy bien pero sé donde vive. En el nuevo rascacielos al final de nuestra calle.

Marta: ¡Claro! Ahora recuerdo donde la he visto. La conocí cuando visité a mi amiga, Elena, la semana pasada.

Isabel: ¿Sabes qué hora es? Ya son las cinco y media. Y sólo tenemos el arroz y el azafrán.

Marta: Vamos entonces al mercado.

Dentro del mercado.

Isabel: Aquí hay un buen pollo.

Marta Y no es caro tampoco.

Vendedor: ¿Qué desea, señorita?

Marta: Este pollo, por favor.

Vendedor: ¿Algo más?

Marta: No, nada más, gracias. ¿Cuánto es?

Vendedor: Quinientas pesetas.

Marta: Tenga, mil.

Vendedor: Quinientas de vuelta.

Marta: Gracias.

Vendedor: ¿Quiere Vd. que se lo envuelva?

Marta: Sí, por favor.

Isabel: Marta, ¿sabes donde podemos comprar las gambas?

Marta: Sí, allí enfrente. No sé si hay algún puesto por aquí donde se vendan gambas más baratas.

Isabel: ¡Marta! ¡Tenemos prisa! Si pagamos cinco pesetas más ¡no es gran cosa!

Marta: Tienes razón. Vámonos entonces.

Explanations

(a) Vocabulary

la alimentación — food	anunciar — to advertise
el azafrán — saffron	coger — to pick up
el carrito — trolley	colgar — to hang
la cebolla — onion	comprobar — to check
la cesta — basket	dirigirse a — to go towards
el chorizo — seasoned sausage	hacer compras — to go shopping
las fiambres — cold meats	ir a pie — to walk
las gambas — prawns	pasar por caja — to pay at the cash desk
las herramientas — tools	recorrer — to go through
el hierro — iron	tener razón — to be right
el huevo — egg	torcer — to turn
el ladrillo — brick	volver corriendo — to run back
el mercado — market (hall)	
el melocotón — peach	del barrio — local
la morcilla — black pudding	módico — moderate
el mostrador — counter	
el precio — price	adelante — go in, forward
el puesto — stall	casi — almost
el rascacielos — skyscraper	de buena gana — willingly
los recambios — spare parts	de acuerdo — O.K.
la salida — exit	de vuelta — change
la sandía — water melon	
los útiles de jardinería — garden tools	
la verdulería — greengrocer's	

(b) Notes

1. As well as the market halls which are described in this chapter, there are also many open-air markets in the streets in towns in Spain. Perhaps the most famous is the **Rastro** of Madrid, which sells everything except food and takes place every Sunday near the **Plaza Mayor**.

2. *Paella* is the local dish of Valencia, although it is now popular throughout Spain. It consists of a base of rice, coloured yellow with saffron, to which are added bits of chicken and sea food. It is seasoned and served hot on a large dish.

Exercises

(a) Series A

A. Write these sentences and complete them.

    1. Un nuevo fenómeno en España es . . .
    2. Casi todas las ciudades españolas tienen un . . .
    3. En el mostrador del puesto de fiambres hay una selección de . . .
    4. En la pollería además de pollos venden también . . .
    5. A causa de la competición los precios son . . .

B. Correct the inaccurate statements.

    1. Marta es la prima de Isabel.
    2. Las chicas preparan la cena los domingos.
    3. El supermercado está lejos de la casa.
    4. Piensan hacer una tortilla.
    5. Para llegar al mercado tienen que torcer a la derecha.
    6. Compran huevos en la pollería.
    7. Las gambas cuestan ciento cincuenta pesetas el kilo.
    8. Marta casi olvida las gambas.
    9. Mete las cosas en un bolso.
    10. Cuando salen está empezando a nevar.

C. You go into a market hall to buy some food. Express the English in brackets in Spanish.

    —¿Vd. desea?
    (I'm going to make a paella. I need some prawns.)
    —Bien. Aquí tengo unas muy buenas.
    (How much do they cost?)
    —Mil setecientas pesetas el kilo.
    (O.K.)
    —¿Cuántas quiere?
    (Half a kilo please.)

—¿Algo más?

(Nothing else, thank you. Here you are, 850 ptas.)

—Gracias.

(Goodbye.)

D. Write the sentences, putting the verb in brackets into the correct form of the present tense.

1. Cuando vuelve a casa Marta . . . el abrigo (*colgar*)
2. Ella . . . a la mesa. (*sentarse*)
3. Los padres . . . juntos. (*almorzar*)
4. Yo . . . las uvas. (*preferir*)
5. Nosotros . . . a trabajar. (*empezar*)
6. Las chicas . . . preparar la cena. (*soler*)
7. El mercado . . . muy cerca. (*encontrarse*)
8. ¿. . . (tú) probar la paella? (*querer*)
9. Al salir se da cuenta de que . . . . (*llover*)
10. Después de acostarse Isabel . . . . (*dormirse*)

E. Write the sentences, putting the appropriate form of either *saber* or *conocer*.

1. Yo no . . . quién vive allí.
2. ¿. . .Vd. lo que voy a hacer?
3. Ella . . . a mi madre.
4. ¿No . . . Vds. por qué vienen?
5. Nosotros no . . . muy bien este barrio.
6. No . . . si Vd. . . . a mi hija.

F. Write the sentences, putting the correct form of the adjectives in brackets.

1. Hace . . . tiempo. (*bueno*)
2. Mi madre es una . . . cocinera. (*grande*)
3. He pasado un . . . día. (*malo*)
4. No han hecho . . . error. (*ninguno*)
5. Hace . . . tiempo que no le veo. (*alguno*)
6. Tome la . . . calle. (*tercero*)
7. La plaza es muy . . . . (*grande*)
8. Voy a hacer paella por . . . vez. (*primero*)

G. Write a composition in which you describe a shopping trip to buy food for the evening meal. (*100 words*)

(b) **Series B**

A. Write answers in Spanish to the following questions, using complete sentences.

1. ¿Qué se puede comprar en un hipermercado?
2. ¿Cómo es un mercado?
3. ¿Qué hay encima del puesto de fiambres?
4. ¿Qué se vende en una pollería además de pollos?
5. ¿Qué se vende en una frutería?
6. ¿Qué se vende en una verdulería?
7. ¿Cuál es el resultado de la competición?

B. Write answers in Spanish to the following questions, using complete sentences.

1. ¿Normalmente qué hacen las chicas los sábados?
2. ¿Cómo van al supermercado?
3. ¿Qué compran en el supermercado?
4. ¿Cómo van del supermercado al mercado?
5. Al entrar ¿qué encuentran a la derecha?
6. ¿Cuántas gambas compra Isabel?
7. ¿Por qué va a la frutería?
8. ¿Dónde compra Marta las cebollas?
9. ¿Por qué comprueban las compras?
10. ¿Por qué vuelven corriendo a casa?

C. You go into a market hall.

(Ask a man where there is a greengrocer's.)
—Allí al fondo al lado de la salida.
(Thank him very much.)
—De nada.
You go over to the greengrocer's.
—¿Vd. desea?
(Ask him whether he has spinach.)
—Sí, y muy buenas. ¿Cuántas quiere?
(Tell him you want two kilos.)
—Sí, señor. Aquí tiene Vd. ¿Algo más?
(Tell him nothing else thank you. Ask him how much it is.)
—Son ciento cuarenta y cinco pesetas.
(Tell him: here are two hundred pesetas.)
—Gracias, y cincuenta y cinco de vuelta.
(Thank him and say goodbye.)

D. Write the sentences, making them singular.

1. Cerramos las puertas y luego nos acostamos.
2. ¿Cuándo volvéis a casa?
3. ¿Queréis pasar por la caja?
4. Solemos preparar la cena.
5. ¿A qué hora os dormís generalmente?
6. Empezamos a comer a las tres.
7. Nos divertimos los fines de semana.
8. ¿Cuándo podéis hacerlo?

E. Express in Spanish:

1. Do you [polite singular] know my sister?
2. I don't know where the market hall is.
3. We know this area quite well.
4. Do you [familiar singular] know if he is coming?
5. I know that man.

F. Using the following outline, write a composition of 130 words.

Decidir dar una cena para amigos — les gustan a los amigos los mariscos — salir
a la pescadería — hacer las compras — volver a casa — preparar la cena.

6 Los Jóvenes de Hoy

En la nueva España democrática es de extrañar que los jóvenes son bastante conservadores aunque la mayoría de los que expresan una opinión política se afilian al partido socialista.

Recientemente la revista Cambio 16 llevó a cabo una encuesta entre casi cuatro mil jóvenes españoles para averiguar sus opiniones sobre varios asuntos y sus actitudes hacia las instituciones de una sociedad moderna.

'España es más católica que el Papa' según el refrán pero casi la mitad de los jóvenes no practican el catolicismo. Por el contrario sólo el diecisiete por ciento se denominan 'no creyente'.

El ochenta y dos por ciento consideran que su diversión principal es la de estar con los amigos, pero también a los jóvenes les gusta ver la televisión, ir al cine, escuchar la música e ir a bailar. Menos del cincuenta por ciento practican algún deporte, quizás por el alto coste. En cuanto a las diversiones los jóvenes españoles son muy semejantes a los jóvenes de otros países.

Los jóvenes se llevan bien o muy bien con los padres en el ochenta y ocho por ciento de los casos, lo que hace pensar que los conflictos familiares son un producto de la imaginación demasiado fértil de sociólogos y periodistas.

Es sorprendente notar las actitudes conservadoras hacia el matrimonio. El sesenta y uno por ciento de los interrogados creen que el matrimonio no está pasado de moda.

La característica más evidente es una actitud positiva y optimista hacia la vida.

Luis meets his friends at a disco.

Luis lleva a su novia, Ana, a una discoteca que tiene lugar todos los sábados por la noche en el centro de la ciudad. Como muchos de sus amigos, van en moto. Llegan a las ocho y media y se encuentran con sus amigos delante de la puerta. Después de hablar con ellos un rato deciden entrar. Esta noche es una ocasión especial porque hay un grupo además de los discos normales.

Luis va al bar con Ana y le invita a tomar algo. Como no le gusta a Ana el alcohol se decide por una Coca Cola. Luis toma un cuba libre. Cuando el grupo empieza a tocar los dos jóvenes van a bailar. Luego durante el descanso van a reunirse con sus amigos, José Ángel, Miguel, Pilar y Lola alrededor de una mesa y se ponen a charlar. Ana tiene calor después de bailar tanto y pide una naranjada bien fría. Los amigos hablan de sus planes y sus esperanzas para el futuro. Algunos trabajan ya, otros buscan empleo y los demás están estudiando todavía.

La música empieza otra vez, los jóvenes tratan de continuar hablando pero es imposible. Miguel y Luis van al bar para buscar unas bebidas mientras los otros siguen bailando. ¡Por lo menos en el bar pueden hablar!

En la discoteca (Robert P. Clarke)

Conversation 📼

Miguel y Luis charlan mientras van a por bebidas en el bar.

Miguel: Luis, ¿qué quieres?

Luis: Yo, un whisky.

Miguel: ¿Solo?

Luis: Con hielo.

Miguel: Barman, un whisky con hielo y un vermut por favor.

Luis: ¿Qué tal los estudios?

Miguel: Bien. Voy a licenciarme en arquitectura este año. Espera. Mira a esa chica que se acerca. ¿Qué opinas?

Luis: Sí, muy bonita. ¿La conoces?

Miguel: ¡Todavía no! Hola. Me llamo Miguel.

Isabel: Hola, Miguel. Soy Isabel.

Miguel: ¿No sabes que tienes los ojos más bonitos del mundo?

Isabel: No digas tonterías. Ah, aquí viene mi novio, Carlos. (Se va.)

Luis (riéndose): No tienes suerte esta noche.

Miguel: No importa, hombre. Hay más chicas. De todos modos creo que la chica rubia es más guapa que Isabel. Vamos a ligar, ¿no?

Luis: ¡Miguel! Sabes que ya tengo una novia y ella es la más guapa de todas.

Miguel: Ah, sí, es verdad. ¿Piensas casarte con ella?

Luis: Pues, no sé. Voy a ganar las oposiciones primero. Luego ya veremos.

Miguel: A mí me gusta demasiado mi libertad para tomarlo en serio. Tengo ganas de viajar, ver el mundo.

Luis: Buena suerte. Vamos, Miguel, los otros estarán pregúntandose dónde estamos.

Miguel: Vámonos entonces.

Explanations

(a) Vocabulary

el asunto — matter, question	llevar a cabo — to carry out
el cuba libre — rum and coke	llevarse bien — to get on well
el deporte — sport	licenciarse — to get a degree
el descanso — interval	ponerse a — to start to
la encuesta — survey	preguntarse — to wonder
la esperanza — hope	tener ganas de — to feel like
el hielo — ice	tener lugar — to take place
la novia — steady girl friend, fiancée	tener suerte — to be lucky
las oposiciones — competitive exams for the professions	tocar — to play
	tomarlo en serio — to get serious
el Papa — the Pope	
las tonterías — nonsense	pasado de moda — old-fashioned
	rubio, -a — blond(e)
afiliarse — to be affiliated	
averiguar — to verify	de todos modos — anyway
casarse — to get married	por el contrario — on the other hand
es de extrañar — it is surprising	por lo menos — at least
ligar — to chat up the girls	

(b) Notes

1. Students who go on to study for a degree tend to stay at their home town and attend their local university. The students who have to leave home, such as those from small towns and villages where there is no university, and foreigners stay in *residencias* (hostels).

2. After obtaining a degree, if a young Spaniard wishes to join one of the professions, he or she has to sit further examinations, which are competitive, in order to qualify. It is not uncommon for a student to have to keep trying for year after year. These exams are called *oposiciones*.

3. Spanish boys readily give compliments (*piropos*) to girls they have only just met.

(c) Grammar

1. Verbs followed by an infinitive.

   e.g.: *¿Piensas casarte?*

   See Section 18 of the Grammar Summary.

2. *Ir a* to express the future.

   e.g.: *Voy a ganar las oposiciones.*

   See Section 19 of the Grammar Summary.

44

3. *Tener* phrases.

e.g.: *Tengo ganas de viajar.*

See Section 20 of the Grammar Summary.

4. Comparative and superlative of adjectives.

e.g.: *España es más católica que el Papa.*
Es la más guapa de todas.

See Section 21 of the Grammar Summary.

Exercises

(a) Series A

A. Write answers in Spanish to the following questions, using complete sentences.

1. ¿Cómo son los jóvenes españoles?
2. ¿A qué partido se afilian la mayoría?
3. ¿Qué llevó a cabo la revista Cambio 16?
4. ¿Cómo se denominan el diecisiete por ciento de los jóvenes españoles?
5. ¿Cuál es la principal diversión de los jóvenes?
6. ¿Por qué razón practica sólo una minoría algún deporte?
7. ¿Hacia qué institución tienen los jóvenes una actitud conservadora?
8. ¿Cuál es la característica más evidente?

B. Write correct versions of the following statements.

1. La discoteca se celebra todos los domingos.
2. Está en un barrio de la ciudad.
3. Se encuentran con sus amigos dentro de la sala.
4. Hay un grupo en lugar de los discos.
5. Ana toma un cuba libre.
6. Cuando se reúnen con sus amigos se ponen a comer.
7. Después de bailar Ana tiene sueño.
8. Hablan del pasado.
9. Es posible hablar cuando empieza otra vez la música.
10. Van al bar mientras los otros siguen bebiendo.

C. Listen to the conversation and write answers to the following questions.

1. ¿Qué toma Luis?
2. ¿Qué toma Miguel?
3. ¿Qué asignatura estudia Miguel?
4. ¿Qué opina Luis de la chica que se acerca?
5. ¿La conoce Miguel?
6. ¿Cómo se llama la chica?
7. ¿Cómo se llama el novio de la chica?
8. ¿Quién es más guapa?
9. ¿Cuándo va a casarse Luis?
10. ¿Qué quiere hacer Miguel?

D. Write the following sentences, supplying the correct form of verb in brackets
   and the appropriate preposition if necessary.

   1. Yo . . . no decir nada más. (*preferir*)
   2. Miguel . . . hablar con la chica. (*atreverse*)
   3. Isabel les . . . llevar las bebidas. (*ayudar*)
   4. Luis . . . ganar las oposiciones. (*querer*)
   5. Los dos novios . . . bailar. (*volver*)
   6. Mientras beben . . . hablando. (*seguir*)
   7. Nosotros . . . salir los sábados. (*soler*)
   8. Ellos . . . entrar en la sala. (*conseguir*)
   9. El grupo . . . tocar. (*ponerse*)
   10. Cuando la música empieza los amigos . . . hablar. (*cesar*)

E. Write the following sentences, using the appropriate part of *ir a* to change
   them from present to future.

   1. Gano las oposiciones.
   2. Recuperan los exámenes en septiembre.
   3. Bebe una naranjada.
   4. ¿Sales esta noche?
   5. Nos encontramos delante del bar.
   6. Te invito a tomar otra.

F. Write the following sentences, supplying the appropriate *tener* phrase.

   1. Cuando salgo en invierno siempre . . . .
   2. Son las dos de la mañana. ¿No . . .? (*tú*)
   3. Yo . . . recuperar el examen de matemáticas.
   4. Si salgo por la noche . . . .
   5. El baile . . . el sábado.
   6. Miguel . . . de ver el mundo.
   7. Dame una ración grande de patatas . . . .
   8. ¡Nos ha tocado la lotería! . . . .

G. Write the following sentences, supplying either *más, el (la, los las) más,*
   menos or *tan* followed by the adjective in brackets. Don't forget to make the
   adjective agree.

   1. Ana es . . . de todas las chicas. (*guapo*)
   2. La moto de Luis es . . . que un coche. (*rápido*)
   3. En España las vacaciones de verano son . . . que en Inglaterra. (*largo*)
   4. Las matemáticas son . . . como el francés. (*difícil*)
   5. Isabel no es . . . como su hermana. (*bonito*)
   6. Miguel es . . . que Luis. (*serio*)

H. Write the following sentences, filling in the correct comparative or superlative
   of the adjective in brackets.

   1. Quiero presentarte a mi hermano . . . (*grande*)
   2. Recomiendo el Rioja. Es el . . . de todos los vinos. (*bueno*)
   3. El tráfico es . . . en el centro. (*malo*)
   4. ¿No tienes una hermana . . .? (*pequeña*)
   5. Esta naranjada es . . . que ésa. (*malo*)

I.   Write a composition, using the following outline.

Luis y Ana — discoteca — ir en moto — encontrarse con amigos — entrar — grupo — ir al bar — decidirse por — empezar a tocar — reunirse con amigos — charlar — bailar — terminar.   (*120 words*)

(b) Series B

A.   Write answers in Spanish to the following questions, using complete sentences.

1. ¿Cuál es la opinión política de la mayoría de los jóvenes?
2. ¿Qué es Cambio 16?
3. ¿Cuántos jóvenes tomaron parte en la encuesta?
4. ¿Cuál es la denominación religiosa de la mayoría de los españoles?
5. Dé cinco diversiones de los jóvenes españoles
6. ¿Son diferentes de los jóvenes de otros países?
7. ¿Hay realmente conflictos familiares entre padres e hijos?
8. ¿Qué dato nos dice que la mayoría de los jóvenes van a casarse?

B.   Without looking at the text, put into the gaps the correct form of the appropriate verb from the list at the end so that the passage makes sense.

Luis . . . a Ana a la discoteca que . . . todos los sábados . . . a las ocho y media y . . . con sus amigos delante de la puerta. Después de charlar un rato . . . entrar. Luis . . . a Ana a tomar algo y ella . . . por una Coca Cola. Cuando el grupo empieza a . . . los jóvenes van a . . . . Luego en el descanso Ana y Luis . . . con sus amigos.

encontrarse   tener lugar   decidir   tocar   llevar   bailar   llegar   invitar decidirse   reunirse

C.   You are Luis. Express yourself as indicated by the English in brackets.

Miguel: ¿Qué tal los estudios?
(Tell him you are studying for a degree in architecture.)
Miguel: Muy bien. ¿Qué opinas de esa chica?
(Say that she is very pretty. Ask Miguel if he knows her.)
Miguel: Todavía no.
(Tell him he is unlucky.)
Miguel: No importa. Vamos a ligar, ¿no?
(Tell him that you already have a girl friend and that she is prettier than all of them.)
Miguel: Bueno. Bueno. No te pongas tan serio. ¿Vas a casarte con ella?
(You are going to pass your competitive exams first.)
Miguel: ¡Qué bien! Buena suerte.
(Thank him very much.)

D.   Write the following sentences, substituting the Spanish equivalents to the English in brackets, taking care to put a preposition where it is required.

1. Yo no . . . salir esta noche. (feel like)
2. ¿. . . (tú) la chica morena? (remember)
3. ¿Qué . . . beber, chicas? (want)
4. El grupo . . . tocar a las once. (finish)
5. Luis . . . casarse después de las oposiciones. (intend)
6. Yo te . . . tomar algo. (invite)

7. Nosotros . . . entrar en la sala. (go)
8. Ellos . . . escuchar discos. (prefer)

E. Write in Spanish:

1. I'm going to watch T.V.
2. He is going to listen to music.
3. We are going to join the socialist party.
4. Are you [familiar singular] going to drink your rum and coke?
5. They are going to dance.

F. Write sentences following the example.

e.g.: *Inglés, francés, interesante.*
El inglés es más interesante que el francés.
El inglés es tan interesante como el francés.
El inglés es menos interesante que el francés.

1. Arquitectura, medicina, difícil.
2. Ana, su hermana, bonita.
3. Coca Cola, vino, refrescante.
4. Moto, coche, rápida.

7 El Cine Español

El 'nuevo cine' de los años sesenta tuvo algunos éxitos notables a pesar de la censura de aquella época. Una película de las muchas que salieron entonces y que fue perseguida por la censura fue *El Verdugo* dirigida por Luis García Berlanga. La película, que trata de la pena de muerte, fue considerada por las autoridades como una crítica del franquismo.

Durante los últimos años del régimen de Franco el director que se destacó más fue Carlos Saura que tuvo que recurrir a la metáfora para disimular sus elementos críticos. Hizo varias películas en que nos mostró como la burgesía de la posguerra acaba por matar a los individuos o grupos familiares. Quizás su película más notable es *Cría Cuervos* en que analiza el mundo del niño.

Después de la muerte de Franco, en 1975, hubo muchas películas documentales con comentarios, a veces muy críticos, sobre el reciente pasado de España. Por ejemplo el director Gutiérrez Aragón dirigió *Demonios en el Jardín*, en la que el papel de la protagonista fue interpretada por Ana Belén, una de las actrices más respetadas de los últimos años.

No es posible hacer un análisis del cine contemporáneo español sin mencionar el director más famoso, Luis Buñuel. Empezó su carrera con unas películas polémicas, notablemente *Viridiana*, en 1961 que el Vaticano calificó de blasfema porque criticó la iglesia católica. Se prohibió su exhibición en España hasta 1977.

El escándalo que rodeó *Viridiana* se había desaparecido cuando se estrenó *Tristana* diez años más tarde. La película está basada en la novela del gran escritor del siglo XIX, Pérez Galdós. Fernando Rey, el actor prestigioso español, interpretó el papel principal.

Desde entonces la industria cinematográfica ha experimentado un cambio de dirección. Ha cooperado con la Televisión Española para hacer unas películas para la televisión, muchas de las cuales están basadas en obras clásicas de la literatura española. La que tuvo más éxito fue *Los gozos y las sombras*, una serie en trece episodios, basada en la novela de Torrente Ballester.

Finalmente, no hay que dejar de mencionar que en 1983 el cine español tuvo su éxito más importante hasta ahora cuando la película *Volver a empezar*, que cuenta de un viejo exiliado que vuelve a España después de cuarenta años, y que fue dirigida por José Luis García, ganó un Oscar como la mejor película de habla no inglesa.

Santi rings his friend, Diego, to invite him to the cinema.

En el cine Astoria ponen *Viridiana* como parte de una temporada corta de películas de Buñuel. Hay dos sesiones, la de la tarde, que empieza a las siete, y la de la noche que empieza las once. Santiago quiere ver *Viridiana* porque su padre la vio cuando se estrenó en 1961, y le ha dicho que causó mucha controversia entonces.

Así es que Santiago sale de casa el sábado por la tarde para ir a la cabina telefónica que está en la esquina como no hay teléfono en su casa. Piensa llamar a Diego, un buen amigo suyo, porque sabe que le gusta ir al cine. Normalmente a Diego no le interesan las películas viejas pero cuando Santi le explica que es una película importante en la historia del cine español decide que vale la pena, especialmente cuando le dice que va a invitar a dos chicas a acompañarles. Santi prefiere ir a la sesión de noche pero Diego tiene que levantarse temprano al día siguiente y no quiere acostarse tarde. Así es que deciden ir a las siete con tal que las chicas puedan ir también.

Conversation 📼

(Ringing tone) *El teléfono suena.*

Diego: Dígame

Santi: Diego. Soy yo. Santi.

Diego: Ah, ¿qué tal?

Santi: Bien. Mira, ponen *Viridiana* en el Astoria. ¿Quieres verla?

Diego: Pues, no sé. Es una película vieja, ¿no? ¿Por qué no vamos a ver algo más moderno?

Santi: Sí, es bastante vieja, creo que se estrenó en 1961, pero mi padre dice que es muy buena. ¿Sabes que fue una película muy controversial?

Diego: Ya lo sé. No estoy seguro si me va a gustar.

Santi: Estaba pensando invitar a Mari Carmen y a su amiga, Maite. Tú conoces a Maite. ¿verdad?

Diego: ¡Claro que la conozco! ¡Es guapísima! Me encanta su pelo largo. Pero sus padres no la dejan salir. Tiene sólo catorce años.

Santi: No te preocupes. Mis padres conocen a sus padres. Vienen a nuestra casa a cenar el sábado próximo. Si saben que sale conmigo no hay problema.

Diego: Entonces ¿cuándo nos vemos?

Santi: Si vienes a mi casa a las diez podemos ir andando a la casa de Mari Carmen.

Diego: ¿La sesión de noche empieza a las once?

Santi: ¡Claro!

Diego: Lo malo es que tengo que levantarme a las seis mañana. ¿No sería posible ir a la sesión de tarde?

Santi: Bueno, si las chicas están de acuerdo, a mí me da igual.

Diego: Voy a tu casa a las seis entonces.

Santi: Muy bien. Yo voy a llamar a las chicas.

Diego: Hasta luego entonces.

Santi: Adiós y gracias. (Cuelga a sale de la cabina).

Un niño (se acerca corriendo)*:*   Señor, Vd. ha dejado su cartera en la cabina.

Santi: ¡Madre mía! Siempre estoy olvidando algo. Muchas gracias.

Explanations

> **(a) Vocabulary**
>
> | | |
> |---|---|
> | la cabina telefónica — telephone box | dejar de — to fail to |
> | la censura — censorship | desaparecer — to disappear |
> | el cuervo — crow | destacarse — to stand out |
> | la época — time | disimular — to conceal |
> | el éxito — success | experimentar — to experience |
> | el franquismo — Francoism | interpretar — to play |
> | el gozo — pleasure | olvidar — to forget |
> | la obra — work | preocuparse — to worry |
> | el papel — role | recurrir a — to resort to |
> | la película — film | rodear — to surround |

el pelo — hair	tratar de — to be about
la pena de muerte — death penalty	
la sombra — shadow	polémico — controversial
la temporada — season	
el verdugo — hangman	a pesar de — in spite of
	con tal que — provided that
acabar por — to finish up . . .	quizás — perhaps
criar — to breed, bring up	
dar igual — to be all the same	

(b) Notes

1. General Francisco Franco ruled Spain with a military dictatorship between the end of the Spanish Civil War in 1939 and his death in 1975. One of the characteristics of his regime was strict censorship, which meant that the output of Spain's cinema industry was limited for political reasons. The philosophy of Franco is called Francoism.

2. The only Spanish film director to gain world-wide fame is Luis Buñuel. His films were so controversial that they were banned for many years.

3. Spanish films are shown in two performances in an evening, usually starting at seven o'clock and eleven o'clock. Entertainments in Britain would not start at such a late hour!

(c) Grammar

1. Irregular verbs.
   Study the irregular verbs table in Section 46 of the Grammar Summary.

2. Possessive adjectives.

   e.g.: *Sus padres no la dejan salir.*
   Vienen a nuestra casa.

   See Section 22 of the Grammar Summary.

Exercises

(a) Series A

A. Make a chart of the films for the cinema mentioned in the first section of this chapter. In the first column put the title, in the second its director when mentioned and in the third a phrase or sentence in Spanish which describes its theme or on what it is based.

B. Write and complete the sentences.

1. Ponen *Viridiana* como parte de . . .
2. Las dos sesiones empiezan a las . . . y las . . .
3. *Viridiana* causó . . . en 1961.
4. No le interesan a Diego . . .
5. Cuando sabe que la película es importante decide que . . .
6. Santi le dice que va a . . .

7. Santi prefiere ir a . . .
8. Como tiene que levantarse temprano Diego no . . .

C. Listen to the conversation and write answers in Spanish to the following questions.

    1. Según Diego ¿qué tipo de película es *Viridiana*?
    2. ¿Qué quiere ir a ver?
    3. ¿Qué opina el padre de Santi?
    4. ¿A quién va a invitar Santi?
    5. ¿Qué le encanta a Diego?
    6. ¿Por qué no la dejan salir los padres de Maite?
    7. ¿Cómo es que Maite puede salir con Santi?
    8. ¿A qué hora empieza la sesión de noche?
    9. ¿A qué sesión quiere ir Diego?
    10. ¿A qué hora va Diego a la casa de Santi?

D. Write the sentences, changing the verb according to the new subject given in brackets.

    1. Damos las entradas al acomodador. (*Yo*)
    2. ¿Oís la canción? (*Vds*)
    3. Se ponen a gritar. (*Yo*)
    4. Mí tío es de Segovia. (*Mis tíos*)
    5. Ven la película por tercera vez. (*Yo*)
    6. Le decimos que es importante. (*Yo*)
    7. Hace una nueva película este año. (*Yo*)
    8. Venimos a Madrid todos los años. (*Ellos*)
    9. Tenemos que avisarles. (*Yo*)
    10. Conducen múy de prisa. (*Yo*)

E. Write the sentences, filling in the correct form of the verb in brackets.

    1. Yo no . . . seguro si me va a gustar. (*estar*)
    2. Yo no . . . lo que voy a hacer. (*saber*)
    3. ¿Cuándo . . . Vds. a vernos? (*ir*)
    4. Yo no . . . nunca de noche. (*salir*)
    5. Yo no . . . bien. (*oír*)
    6. Yo . . . a verte esta noche. (*venir*)

F. Write the sentence, filling in the correct form of the possessive adjective given in brackets.

    1. ¿Habéis visto . . . moto nueva? (his)
    2. Han venido a . . . casa. (our)
    3. ¿Conoces a . . . novia? (my)
    4. ¿Podéis traer . . . discos? (your)
    5. Cariño, aquí está . . . whisky. (your)
    6. . . . padres no me dejarán salir. (my)
    7. . . . casa es más grande que la nuestra. (your — polite plural)
    8. No me gustan . . . amigos. (his)

G. Describe the telephone conversation of Santi and Diego, putting what they say into reported speech. Begin: *Santi llama a Diego por teléfono y le pregunta si . . . .* Use sentences such as:

Diego le dice que quiere ver . . .
Santi le contesta que su padre . . .
Diego no está seguro . . .
Santi dice que piensa invitar . . .
Diego conoce . . .
Lo malo es que . . .
No hay problema porque los padres de Santi . . .   (*120 words*)

(b) Series B

A. Write answers in Spanish to the following questions, using complete sentences.

1. ¿De qué trata *El Verdugo*?
2. ¿Qué analiza *Cría Cuervos*?
3. ¿Quién interpreta el papel de la protagonista en *Demonios en el Jardín*?
4. ¿Quién es el director más famoso del cine español?
5. ¿Cómo se llama su película más célebre?
6. ¿Qué ha experimentado el cine español recientemente? ¿Cómo?
7. ¿En qué está basada *Los gozos y las sombras*?
8. ¿Porqué es 1983 un año importante para el cine español?

B. Write answers in Spanish to the following questions, using complete sentences.

1. ¿Cuáles son las dos razones por qué Diego cambia de idea y decide ir a ver *Viridiana*?
2. Diego va a levantarse temprano la mañana siguiente. ¿Cuál es la consecuencia?

C. You are Juan and you want to see *Volver a Empezar* but you do not want to go alone. Ring up your friend, Marisol.

Marisol: Dígame.
(It's me, Juan. Do you want to go with me tonight to see *Volver a empezar*?)
Mariso: No sé si me va a interesar. ¿De qué se trata?
(It's about an old exile who comes back to Spain after forty years.)
Marisol: ¿Es una película buena?
(It must be good. It won an Oscar as the best non-English speaking film.)
Marisol: Entonces me has convencido. ¿A qué hora?
(I'll come to your house at six. Then we can go to the evening performance.)
Marisol: Muy bien. Hasta luego entonces.
(Goodbye. See you later.)

D. Express the following in Spanish. Be careful of the irregularities in the verbs.

1. I'm in a hurry.
2. I leave home at seven o'clock.
3. I know that the film is very interesting.
4. I can't hear you [polite singular] very well.
5. I give English classes.
6. I do the shopping on Saturdays.
7. I tell you [familiar singular] that I cannot come.
8. I bring him grapes when he is ill.
9. I never go out at night.
10. I start working when the shops close. (use *ponerse*)

E. Write answers in Spanish to the following questions, using complete sentences.

    e.g.: *¿Vuestros amigos van al cine?* (**teatro**)
        No, nuestros amigos van al teatro.
    1. ¿Tus padres van a España? (Francia)
    2. ¿Vuestros colegas están en el colegio? (*la calle*)
    3. ¿Tu novia quiere salir? (*quedarse en casa*)
    4. ¿Vuestro profesor se queda aquí? (*ir a casa*)
    5. ¿Tus hermanas pueden ir a la discoteca? (*cine*)

F. Write a composition entitled *El cine español*. Use the following scheme:

El cine de los años sesenta — Carlos Saura — el cine después de Franco — Luis Buñuel — cooperación con la T.V. española — el Oscar de 1983. (*120 words*)

8 El Ocio

Los españoles tienen más tiempo libre que antes y como consecuencia necesitan pensar en las diferentes maneras de usar sus horas de ocio.

La televisión se hace cada vez más importante en la vida española. Antes los españoles solían salir de casa para divertirse pero desgraciadamente en las grandes ciudades hoy en día hay problemas en las calles, como atracos y robos. Resulta que no salen tanto como antes y prefieren quedarse en casa para ver la televisión. Sin embargo algunos se atreven todavía a salir y los bares están llenos por la noche. Los españoles no son tan deportistas como por ejemplo los norteamericanos pero su interés va aumentando poco a poco. El éxito de jugadores de tenis o de golf en campeonatos internacionales ha producido resultados positivos. También la manía del 'footing' tiene sus aficionados y en la Casa de Campo, cerca de Madrid, hay un circuito para ellos.

El fútbol sigue siendo popular y, lo que sorprende a los extranjeros, tiene más aficionados que la corrida, el deporte más típico español.

Un deporte que se está haciendo cada vez más popular en España es el esquí. Las tres zonas populares son los Pirineos en el norte, la Sierra de Guadarrama en el centro y la Sierra Nevada en el sur. Aunque los turistas extranjeros no van tanto a las estaciones de esquí en España como a las de Francia, Italia o Suiza muchos españoles encuentran que las pistas españolas son tan buenas como cualquier otra de Europa.

La temporada empieza normalmente en diciembre y sigue hasta abril. Las estaciones están llenas de esquiadores vestidos de sus gorros de lana y jerseys vistosos. También llevan gafas ahumadas para proteger sus ojos contra la luz deslumbrante reflejada de la nieve. Salen de sus hoteles con los esquíes al hombro para ir al telesquí y subir a la montaña. Algunas veces se alegran al ver que el rey y su familia están también allí practicando uno de sus deportes favoritos.

Pablo and Maite have gone skiing in the Pyrenees. Unfortunately their holiday does not turn out quite as they had planned.

Un joven de dieciocho años, Pablo Morales y su novia, Maite, fueron a pasar una semana en la estación de esquí de Baqueira, en los Pirineos. Lo pasaron muy bien hasta el último día. Entonces, mientras estaba esquiando, Pablo se cayó. Al principio pensó que no se había hecho daño pero cuando trató de levantarse se dio cuenta de que le dolía mucho el tobillo izquierdo y volvió a sentarse en la nieve. Maite, que había visto el incidente, se acercó corriendo y le preguntó qué le pasaba. Pablo la aseguró que no era nada grave pero cuando trató de levantarse por segunda vez confesó que no podía.

Afortunadamente el hotel donde los dos jóvenes se hospedaban no estaba lejos y, con la ayuda de Maite, Pablo pudo volver cojeando a la recepción. Fue solamente entonces cuando notó que una herida en su rodilla echaba sangre. La recepcionista llamó a una ambulancia que llegó en diez minutos. Pusieron a Pablo en una camilla y le subieron a la ambulancia. Maite pidió que la permitieran ir con él y el conductor de ambulancia la consintió. En el hospital, después de examinar a Pablo el médico declaró que no se había roto nada. El médico le dijo que había

La Baqueira (Spanish National Tourist Office)

tenido suerte. Muchas de las víctimas de tales accidentes salen del hospital con la pierna escayolada pero en el caso de Pablo solamente tuvo que vendarla.

También le puso un esparadrapo en la rodilla lesionada. Finalmente le prestó dos muletas para ayudarle a andar. Pablo le dio las gracias y salió del hospital para regresar al hotel. Al llegar allí Pablo y Maite subieron a su habitación y empezaron a hacer las maletas.

— ¡Menos mal que ocurrió esto en el último día de las vacaciones! — pensó Pablo.

Conversation 📼

Pablo y Maite hablan mientras están haciendo las maletas.

Maite: ¿Dónde están tus calcetines, Pablo?
Pablo: Pues, no sé. Creo que los dejé en la cómoda.
Maite: No, éstos son míos.
Pablo: ¡Ya me acuerdo! Los metí en el cajón más bajo.

Maite: Ah sí, aquí están. Y mis guantes también. ¿Dónde están los tuyos?

Pablo: Aquí, debajo de la cama.

Maite: Éstos son los nuevos que compraste cuando llegamos. ¿Dónde están los viejos?

Pablo: Ya no me gustan. Los tiré cuando compré los nuevos.

Maite: ¡Pablo! Mi madre te los regaló por tu cumpleaños.

Pablo: ¡Es verdad! Se me había olvidado. ¡No le digas nada!

Maite: ¡Seguro! No quiero disgustarla. ¿Qué tal el tobillo?

Pablo: No está mal. Siento no poder ayudarte.

Maite: No te preocupes. Es poca cosa. A propósito, ¿sabes que yo fui también a ver al médico esta mañana?

Pablo: No me digas. ¿Por qué?

Maite: Cuando me levanté me dolía la cabeza. Las aspirinas que tengo no son bastante fuertes. Fui al médico para pedir otras.

Pablo: ¿Y te las dio?

Maite: Sí, me dio unas pastillas. Me dice que son más fuertes que las aspirinas. Pero no estoy convencida. Voy a ver a nuestro médico cuando volvamos a casa.

Pablo: Te recomiendo que vuelvas a ver al médico de aquí. El nuestro está de vacaciones — ¡haciendo esquí!

Maite: Déjalo. De todos modos me siento un poco mejor.

Pablo: Me alegro. ¡Sigue haciendo las maletas entonces.!

Maite: ¡Pablo!

Explanations

(a) Vocabulary

el aficionado — fan, enthusiast	caerse — to fall
el atraco — hold up	cojear — to limp
la ayuda — help	consentir — to agree
la cabeza — head	dar las gracias a — to thank
el cajón — drawer	darse cuenta — to realise
los calcetines — socks	disgustar — to upset
la cama — bed	doler — to hurt
la camilla — stretcher	echar sangre — to pour blood
la cómoda — chest of drawers	hacerse daño — to hurt oneself
la corrida — bullfight	hacer las maletas — to pack
el cumpleaños — birthday	lesionar — to injure
el deporte — sport	regalar — to give as a present
el esparadrapo — plaster	tirar — to throw away
el footing — jogging	torcer — to twist
las gafas — glasses	tratar de — to try to
el gorro — woolly hat	vendar — to bandage
los guantes — gloves	volver a — to do again
la herida — wound	
el hombro — shoulder	ahumado — dark, smoked
la lana — wool	deportista — sporting
la muleta — crutch	deslumbrante — dazzling
la nieve — snow	escayolado — in plaster
el ocio — leisure	extranjero — foreign
la pastilla — tablet	más bajo — bottom (adj.), lowest

(b) Notes

1. Spanish T.V. has two channels, which both carry commercials.

2. The fact that king Juan Carlos is a keen sportsman has influenced his subjects to some extent. Every year he takes his family skiing and he plays an excellent game of squash. One of his favourite opponents is the former Spanish international tennis player Manuel Santana.

3. Football is very big business in Spain and the two most famous clubs, Real Madrid and Barcelona, can offer very high salaries to the best and most famous footballers in the world. Spain was proud to host the 1982 World Cup, although its national team's performance was disappointing. Entrance charges to games are considerably higher than in Britain.

4. Bullfighting still has its devotees but many Spaniards claim that it exists only to satisfy the curiosity of the millions of foreign visitors to Spain.

(c) Grammar

1. The preterite tense (regular forms).

    e.g.: *Lo pasaron muy bien.*
    Le prestó dos muletas.

    See Section 24 of the Grammar Summary.

2. Possessive pronouns.

    e.g.: *¿Dónde están los tuyos?*

    See Section 23 of the Grammar Summary.

Exercises

(a) Series A

A. Read the first passage, then, without looking at the text, write the sentences, filling in the gaps.

1. Los españoles tienen . . . que antes.
2. La televisión se hace . . . en la vida española.
3. Hay problemas en las calles como . . . .
4. Resulta que los españoles . . . .
5. Los españoles no son . . . los norteamericanos.

6. El fútbol tiene . . . la corrida.
7. Las pistas españoles son . . . cualquier otra de Europa.
8. Los esquiadores llevan gafas ahumadas . . . .

B. Write answers in Spanish to the following questions, using complete sentences.

1. ¿Cuántos años tiene Pablo?
2. ¿Qué pasó en el último día?
3. ¿Qué le dolía a Pablo?
4. ¿Qué notó Pablo cuando volvió a la recepción?
5. ¿Dónde pusieron a Pablo?
6. ¿Cómo se había hecho daño?
7. ¿Qué le prestaron?
8. ¿A quién le dio las gracias cuando salió del hospital?

C. *¿Verdadero o falso?* Listen to the conversation and write whether the following statements are true or false.

1. Pablo dejó sus calcetines en la cómoda.
2. Los calcetines en la cómoda son de Maite.
3. Los guantes de Pablo están encima de la cama.
4. Pablo tiró sus guantes viejos.
5. Los guantes viejos eran un regalo de la madre de Maite.
6. Pablo puede ayudar a Maite a hacer las maletas.
7. Maite ha ido a ver al médico también.
8. Las pastillas que le dio el médico no son tan fuertes como las aspirinas.
9. Maite puede ver a su médico cuando vuelva.
10. Maite se siente mejor.

D. Search for examples of the preterite tense in the second passage and write them down with their infinitives.

E. Write the sentences, putting the verb in brackets into the preterite.

1. Pablo y Maite . . . al hotel. (*llegar*)
2. En el último día Pablo . . . (*caerse*)
3. Él . . . levantarse. (*tratar de*)
4. Cuando se dio cuenta de que se había hecho daño . . . a sentarse. (*volver*)
5. Maite le . . . qué le pasaba. (*preguntar*)
6. Pablo la . . . que no era nada grave. (*asegurar*)
7. En la recepción . . . que tenía una herida en la rodilla. (*notar*)
8. La recepcionista . . . a una ambulancia. (*llamar*)
9. Los hombres le . . . a la ambulancia. (*subir*)
10. El médico le . . . dos muletas. (*prestar*)

F. Write the sentences, changing the verb into the preterite tense.

1. Dejo los guantes en la cómoda.
2. ¿Compras unos nuevos calcetines?
3. Tiro los nuevos.
4. Mi madre te los regala.
5. ¿Cuándo os levantáis?
6. Vuelvo al hotel.
7. ¿Dónde metes la ropa?
8. Olvida el día de mi cumpleaños.

G. Write the sentences, filling in the correct form of the possessive pronoun given in brackets.

1. ¿De quién son estos calcetines? Son . . . . (mine)
2. ¿Dónde están mis guantes? . . . están debajo de la cama. (yours — familiar singular)
3. No me gusta nuestro hotel. ¿Cómo es . . .? (yours — familiar plural)
4. No encuentro mis pastillas. Sólo he encontrado . . . . (yours — familiar singular)
5. No le di al conductor mi dirección. Le di . . . . (yours — polite singular)

H. *Composition* Pablo writes his diary, in which he recounts the last day of his holiday. He tells his story in the past tense. Imagine you are Pablo and write the diary yourself. The following scheme is to help you.

Hacer esquí — caerse — levantarse — doler el tobillo — Maite ve lo que pasa — ayudar — volver al hotel — herida — llamar a una ambulancia — camilla — subir Maite quiere ir — consentir — hospital — torcer el tobillo — la pierna escayolada — muletas. *(120 words)*

(b) Series B

A. Write answers in Spanish to the following questions, using complete sentences.

1. ¿En qué necesitan pensar los españoles?
2. ¿Cuál es el resultado de los atracos y robos?
3. ¿Qué resultados ha tenido el éxito de jugadores de tenis y de golf?
4. ¿Para quiénes es el circuito en la Casa de Campo?
5. ¿Qué es lo que sorprende a los extranjeros?
6. ¿Cómo son las pistas de esquí españolas?
7. ¿Cuántos meses dura la temporada?
8. ¿Para qué llevan los esquiadores gafas ahumadas?
9. ¿Hacia dónde se dirigen los esquiadores cuando salen del hotel?
10. ¿Qué les alegra a los esquiadores?

B. *Retranslation* Without looking at the text write the following in Spanish.

A young man aged 18, Pablo Morales, and his girl-friend, Maite, went to spend a week in the skiing resort of Baqueira in the Pyrenees. They had a good time until the last day. Then while he was skiing Pablo fell. At first he thought he had not hurt himself, but when he tried to stand up, he realised that his left ankle was hurting him a lot and he sat down again in the snow. Maite, who had seen the incident, came running up and asked what was the matter with him. Pablo assured her that it was nothing serious, but when he tried to stand up for the second time, he admitted that he could not.

C. You are Maite. Have the following conversation with Pablo in which you express in Spanish the English in brackets.

(Where are your socks, Pablo?)
Pablo: Los dejé en la cómoda.
(No, these are mine!)
Pablo: ¡Sí! Los metí en el cajón más bajo.
(Ah, yes, here they are. And my gloves as well. Where are yours?)
Pablo: Debajo de la cama.
(These are the new ones. Where are the old ones?)

60

Pablo: Los tiré.

(Pablo! My mother gave you them as a present for your birthday.)

Pablo: Es verdad. No le digas nada.

(Sure! I don't want to upset her.)

D. Write answers to the questions as in the example.

¿Dónde has metido los guantes? (**el cajón**)
Los metí en el cajón.

1. ¿Dónde has visto esta película? (*el cine del barrio*)
2. ¿Dónde han tocado esta música? (*la discoteca*)
3. ¿Dónde has oído el chiste? (*el bar*)
4. ¿Dónde has probado la paella? (*el restaurante*)
5. ¿Dónde habéis sacado estas fotos? (*España*)
6. ¿Dónde has vendido el coche? (*el garaje*)
7. ¿Dónde ha perdido sus gafas? (*la nieve*)
8. ¿Dónde han preparado la cena? (*la cocina*)

E. Write in Spanish:

1. We had a very good time.
2. I fell in the snow.
3. I tried to get up.
4. They came running up.
5. We noticed an injury.
6. I called for an ambulance.
7. Did you break your leg? (familiar singular)
8. I asked for a plaster.
9. We allowed her to go with him.
10. I thanked them when I left.

F. Write answers as in the example.

¿Dónde están sus guantes? (**de Vd.**)
¿Los míos? Están aquí.

1. ¿Dónde están vuestras gafas?
2. ¿Dónde están tus pantalones?
3. ¿Dónde está su jersey? (*de ella*)
4. ¿Dónde están sus zapatos? (*de Vds.*)
5. ¿Dónde está tu corbata?
6. ¿Dónde están sus calcetines? (*de Vd.*)

G. *Composition: El ocio* Write one or two sentences about each of the following aspects of leisure.

1. Television.
2. Going to bars.
3. Jogging.
4. Football. *(approximately 60 words)*

H. *Composition: El esquí* Write a paragraph about skiing in Spain. Here is a scheme to help you.

Las zonas de esquí — la temporada — como son las estaciones — la familia real
(80 words)

9 La Vida Familiar

La vida familiar en España va cambiando poco a poco. Hace veinticinco años el marido se veía a sí mismo como el soporte de la familia y la mujer como ama de casa criando a su familia numerosa. La esposa llevaba el gobierno de la casa y el marido no se metía nunca en cuestiones de cocina. La mujer se consideraba como la reina de la casa y era un privilegio para ella tener la responsabilidad de gobernarla. Aceptaba la autoridad de su marido y aceptaba igualmente su papel como esposa y madre. Muchas veces los abuelos vivían con la familia porque era inconcebible que un español mandara a los ancianos a un hospital o un establecimiento semejante.

Hoy en día, aunque algunas de las tradiciones españolas siguen siendo tan fuertes como antes la vida familiar está desarrollando y cambiando. Una de las causas principales es la sociedad de consumo y otra es el alto coste de vida en ciertos aspectos, por ejemplo, la vivienda. Antes un coche era un lujo, hoy para muchas familias es una necesidad imprescindible. Cuando los españoles ven que en los otros países de la Europa occidental las familias de medios módicos tienen su televisor en color y su video, esperan un nivel de vida parecida.

La mayoría de los jóvenes españoles deben empezar su matrimonio en un piso de alquiler que puede costar la mitad del sueldo del marido. Entonces la solución es muy sencilla; no tener hijos durante los primeros años para que la mujer pueda trabajar. Algunos consiguen comprar una vivienda — con una hipoteca por supuesto especialmente si los padres les ayudan. Se paga el préstamo generalmente en diez años y luego muchas familias compran otra vivienda como un chalet o un piso en la montaña o al lado del mar donde van a pasar los fines de semana y el veraneo.

Si la esposa tiene que trabajar es normal tener una criada para ayudar con los quehaceres domésticos. En las familias más ricas también hay una criada que en muchos casos vive en casa.

The father of José, a young, married man, talks about what it was like in the old days.

Claro que yo era un niño durante la guerra civil. Vivíamos en un pueblo pequeño en la provincia de Andalucía. La casa era una vivienda muy humilde. Instalaron electricidad cuando yo tenía once años pero no teníamos calefacción central. Hacía bastante calor en el verano, y recuerdo que las persianas estaban echadas todo el día contra el calor y las moscas. En el invierno hacía mucho frío y nos sentábamos alrededor de la mesa camilla para calentar los pies en el brasero. ¡Cuando íbamos a otras habitaciones de la casa sentíamos que entrábamos en una nevera!

Aunque la casa era bastante pobre porque mi padre no tenía mucho dinero, recuerdo que estaba muy limpia. Mi madre era una mujer orgullosa y no toleraba la suciedad. Las baldosas brillaban porque las lavaba todos los días y había macetas de flores en el patio interior.

Me gustaban más las tardes cuando empezaba a anochecer. Subíamos a la azotea, donde mi padre había puesto un toldo, y los amigos venían a charlar y a tomar manzanilla con nosotros. A veces si no había suficiente dinero para comprar vino tomábamos simplemente agua fresca del botijo. ¡Qué tertulias teníamos! Teníamos discusiones acaloradas de política, de fútbol, de cualquier cosa. No teníamos lujos, ni coche ni televisión. Sin embargo éramos felices entonces.

Una casa española (Robert P. Clarke)

Conversation

Elena welcomes her husband home to their flat in Barcelona after his day at work.

Elena: Hola, José, ¿qué tal el día?

José: Muy ocupado. Menos mal que mañana es sábado. ¿Sabes que tengo la intención de descansar?

Elena: ¿No te acuerdas que quiero ir al centro de compras?

José: Ay, me había olvidado. ¿Es necesario hacerlo mañana?

Elena: Sí, desde luego. Ya sabes que el domingo es el día del cumpleaños de mi madre. Tengo que comprarle algo.

José: Espera. Tengo una idea. ¿Sabes que no me ha gustado nunca esa cafetera que compraste el año pasado? ¡Y no la usas nunca!

Elena: No digas tonterías; la uso cuando mis amigas vienen a verme. La compré en las rebajas de verano. De todos modos voy a comprarle un bolso de piel que le gusta.

José: ¿Cuándo vas a dárselo?

Elena: El domingo. Me telefoneó mientras estaba bañándome esta mañana. De todas formas nos ha invitado a cenar el domingo por la noche.

José: Veo que no puedo descansar el domingo tampoco.

Elena: ¡José!

José: Hablo en broma. No me tomes en serio. Iré a cenar con tu madre con mucho gusto.

Elena: ¡Así lo espero! Otra cosa, los niños quieren ir con nosotros al centro también. ¿Te importa?

José: No. ¿Quieren hacer compras también?

Elena: Sí. Quieren comprarle un regalito a la abuelita. Niños, os gustaría ir a las tiendas con nosotros, ¿verdad?

Pepe: Sí, tengo estos veinte duros, papá. Voy a comprarle un collar de perlas.

José (riéndose): ¿Con veinte duros? ¡Ni hablar! ¡A menos que las perlas sean artificiales!

Pepe: Papá, ¿cuánto cuesta un collar de perlas?

José: ¡Demasiado! Yo tengo una idea. Yo sé que le gustan a la abuelita los chocolates. ¿Conoces aquella confitería al otro lado de la plaza? Con este billete de cien y las cien pesetas que ya tienes puedes ir allí para comprarle unos.

Pepe: Gracias, papá. Y mañana, ¿podemos ir a Montjuich, al parque de atracciones? ¡Nos lo has prometido!

José (suspirando): Si tenemos tiempo.

Pepe (llama a su hermana): Marta, papá va a llevarnos al parque de atracciones mañana.

Elena: Bueno. La cena está lista. Vamos a comer.

Explanations

(a) Vocabulary

los abuelos — grandparents	las rebajas — sales
el ama (fem.) de casa* — housewife	la reina — queen
la azotea — flat roof	la sociedad de consumo — consumer society
la baldosa — floor tile	
el bolso — handbag	el soporte de la familia — breadwinner
el botijo — earthenware jug, jar	la suciedad — dirt
el brasero — (see Note 3)	el sueldo — salary
la cafetera — coffee pot	la tertulia — get together
la calefacción central — central heating	el toldo — awning, canopy
la confitería — sweet shop	el veraneo — summer holiday
la criada — maid	
el gobierno — running, government	anochecer — to get dark

*It is necessary to say el ama de casa, even though it is feminine, because of the stressed 'a' at the beginning of the word. Note also el agua — water, but las aguas.

---

la guerra — war
la hipoteca — mortgage
el lujo — luxury
la maceta — flower pot
la manzanilla — a dry wine
el matrimonio — marriage, married
   couple
los medios — means
la mesa camilla (see Note 3)
la mitad — half
la mosca — fly
la nevera — fridge
el nivel de vida — standard of living
el parque de atracciones — amusement
   park
las persianas — blinds
la piel — skin
el piso de alquiler — rented flat
el préstamo — loan
los quehaceres domésticos — domestic
   chores

calentar — to warm
desarrollar — to develop
descansar — to rest
echar — to pull down
hablar en broma — to joke

acalorado — heated
humilde — humble
imprescindible — vital
inconcebible — unthinkable
limpio — clean
listo — ready
occidental — western
orgulloso — proud
sencillo — simple

a menos que — unless
desde luego — of course
igualmente — equally
poco a poco — gradually
por supuesto — of course

(b) Notes

1. *La guerra* which José's father is referring to is the Spanish Civil War of 1936–39.

2. Andalusia is the province in the south of Spain.

3. *La mesa camilla* is a round skirted table with space under it for a *brasero* or brazier, which is filled which charcoal and lit to keep the room warm.

4. *Un duro* is a five *peseta* coin. At this time (1986) there are approximately 200 *pesetas* to the pound.

5. Montjuich is a hill to the south of Barcelona with a castle on top. It offers magnificent views over the city and also contains an amusement park.

(c) Grammar

1. The imperfect tense.
   e.g.: *Yo era un niño durante la guerra civil.*
        Había macetas de flores.
   See Section 26 of the Grammar Summary.

2. The use of the imperfect and preterite tenses.
   e.g.: *Me telefoneó mientras estaba bañándome.*
   See Section 27 of the Grammar Summary.

3. Demonstrative adjectives.
   e.g.: *esa cafetera*
        esta mañana
        aquella confitería
   See Section 28 of the Grammar Summary.

Exercises

(a) Series A

A. Write answers in Spanish to the following questions, using complete sentences.

1. ¿Cómo se veía el marido a sí mismo hace veinticinco años?
2. ¿Cómo se veía la mujer a sí misma?
3. ¿En qué no se metía nunca el marido?
4. ¿Qué dos cosas aceptaba la mujer?
5. ¿Cuál es la primera causa de un cambio en la vida familiar?
6. ¿Cuál es la segunda causa?
7. ¿Qué era un lujo antes?
8. ¿Qué tienen familias de medios módicos hoy en día?
9. ¿Dónde empiezan su matrimonio la mayoría de jóvenes españoles?
10. ¿Por qué no tienen hijos durante los primeros años del matrimonio?
11. ¿Cuántos años dura el préstamo sobre la casa?
12. ¿Para qué compran una segunda vivienda?

B. Each of the following statements about the second passage has a factual mistake. Write the sentences correctly, without looking back at the passage.

1. El padre vivía en la provincia de Alicante.
2. Instalaron agua corriente cuando tenía once años.
3. Hacía bastante frío en el verano.
4. Las persianas estaban echadas contra el calor y las abejas.
5. Solían calentar las manos en el brasero.
6. Al ir a otra habitación sentían que entraban en un horno.
7. La casa estaba muy sucia.
8. Al anochecer bajábamos a la azotea.
9. Mientras charlaban tomaban manzanas.
10. Había agua fría en el botijo.

C. In the conversation you speak the part of Elena.

(Ask José how his day has gone.)
José: Muy ocupado. Mañana voy a descansar.
(Tell him that you want to go to town shopping.)
José: Ah, me había olvidado. ¿Es necesario ir mañana?
(Yes, of course. Tell him Sunday is your mother's birthday and that you want to buy her something.)
José: ¿Por qué no le das esa cafetera que no me gusta? No la usas nunca.
(Tell him not to talk nonsense. You use it when your friends come to see you. You are going to buy a leather handbag which she likes.)
José: ¿Cuándo vas a dárselo?
(Tell him on Sunday. Your mother has telephoned you this morning and has invited all of you to supper on Sunday evening.)
José: Muy bien. Iré a cenar con tu madre con mucho gusto.

D. Write the sentences, putting the verb into the imperfect tense.

1. Vivo en Andalucía.
2. Mi abuelo está en casa con nosotros.
3. Hace mucho calor en el verano.

4. Tienen frío por las noches de invierno.
5. Siempre dices tonterías.
6. Pasamos las fiestas navideñas con los padres.
7. ¿Tomáis manzanilla?
8. Se acuestan muy tarde.

E. Write the sentences, putting the verbs into the past tense, paying particular attention to which verbs should be preterite and which should be imperfect.

1. Cuando tengo once años instalan electricidad.
2. Mientras estamos en la azotea los vecinos llegan.
3. Cuando el teléfono suena estoy todavía en la cama.
4. Las ventanas están abiertas cuando empieza a llover.
5. Mis padres descansan cuando enciendo el brasero.
6. Aunque la casa es pobre siempre parece limpia.
7. Mientras estoy en la tienda le doy a mi hijo veinte duros.
8. Elena prepara la cena cuando José entra.

F. Write answers to the following questions as in the example.

   ¿Te gusta el vino?
   Sí, este vino es muy bueno.

1. ¿Te gusta la manzanilla?
2. ¿Te gusta el bolso?
3. ¿Te gustan las perlas?
4. ¿Te gustan los chocolates?

G. Write the sentences, putting them into the plural.

1. Este collar es muy caro.
2. Aquel día era malo.
3. Aquella tienda está lejos.
4. Ese bolso no es mío.
5. Aquel coche es cómodo.
6. Esa copa está sucia.

H. You have to write an article for a magazine about life in Andalusia fifty years ago. You find a transcript of the account of José's father. Send a summary of it to your editor for approval. Begin: *El padre de José vivía en . . . .* End: *Aunque no tenían coche ni televisión eran felices.* (*100 words*)

(b) Series B

A. Write answers in Spanish to the following questions, using complete sentences.

1. ¿Cómo consideraba su papel la mujer española?
2. ¿Por qué vivían los abuelos con la familia?
3. ¿Cómo ha cambiado la actitud del español hacia el coche?
4. ¿Qué porcentaje del sueldo cuesta un piso de alquiler?
5. ¿Qué hacen algunas familias después de pagar el primer préstamo?
6. ¿Cuáles son las circunstancias en que una familia de medios módicos emplea a una criada?

B. Write answers in Spanish to the following questions, using complete sentences.

1. ¿Dónde vivían el padre de José y su familia?
2. ¿Qué hicieron cuando él tenía once años?
3. ¿Qué comodidad faltaba en la casa?
4. ¿Por qué estaban echadas las persianas?
5. ¿Para qué se sentaban a la mesa camilla?
6. ¿Cómo sabemos que las baldosas estaban limpias?
7. ¿Cómo podían los vecinos sentarse a la sombra?
8. Si había suficiente dinero, ¿qué bebida tomaban?
9. ¿Cómo eran las discusiones?
10. ¿Qué lujos no tenían?

C. In the following conversation you are the husband making plans with your wife to take the children out.

(Ask her where she wants to go.)
—Primero quisiera ir a las tiendas.
(Ask her what she needs to buy.)
—Tengo que comprar un regalito para papá.
(Ask whether it has to be done tomorrow.)
—Sí, es su cumpleaños pasado mañana.
(Ask her whether she knows what present she is going to buy.)
—Sí, voy a comprarle una corbata nueva.
(Tell her she always buys him a tie.)
—No es verdad. El año pasado le compré una cartera.
(That's true. But you are sure that he must have dozens of ties.)

D. Write in Spanish:

1. I was cleaning the house when the children arrived.
2. While he was washing the car it began to rain.
3. There was a sale when I bought the watch.
4. We were sitting on the flat roof when the neighbours called.
5. I was resting when the telephone rang.

E. Write in Spanish:

1. I don't want this watch.
2. I am going to buy those chocolates.
3. Can't you see the children, next to those trees?
4. With these five *duros* you can buy a present for grandma.
5. Would you [polite singular] like to try this wine?
6. I have never liked that coffee pot.

F. *Picture composition* José took his family out yesterday. Tell the story according to the pictures.

José takes his family out

10 Una Región Española — Galicia

Galicia está situada en el ángulo noroeste de la península. Consiste en cuatro provincias; La Coruña hacia el norte y Pontevedra hacia el sur en la Galicia litoral; Lugo hacia el norte y Orense hacia el sur en la Galicia interior.

La impresión que tiene el extranjero de España es que es un país seco y árido. Tal impresión está justificada por una gran parte de la península pero en Galicia el carácter de la región es totalmente diferente. Tiene lluvias abundantes y en efecto Santiago de Compostela es el lugar donde más llueve.

La población es más densa en los núcleos industriales de la costa pero en el interior las fincas están más repartidas en minifundios. Sin embargo la población campesina del interior es demasiado elevada y a pesar de la verdura que caracteriza los campos las provincias del interior no disponen de medios suficientes para alimentar a tanta gente.

El resultado es la fuerte emigración que ha sufrido Galicia durante los últimos dos siglos, debido al bajo desarrollo económico. El gobierno está tratando de remediar los males de Galicia con la introducción de nuevas industrias como la refinería de petróleo en La Coruña y fábricas de conserva de pescado en Vigo.

Las tres industrias principales de Galicia siguen siendo agrícola, ganadera y pesquera. En efecto, es la primera región pesquera de España.

Como Galicia goza de un clima dulce y un paisaje ligeramente ondulado los cultivos y los ganados prosperan.

Pero sobre todo Galicia es la región de la pesca. Hay trabajo, no sólo para los pescadores sino también para las mujeres que trabajan en las fábricas de conserva. El foco de esta industria es Vigo, un puerto muy próspero.

La costa de Galicia es muy accidentada y los entrantes marítimos se llaman rías. Esta parte de España es una de las más pintorescas de la península.

Además de ser la ciudad donde más llueve, Santiago de Compostela es uno de los centros religiosos más importantes de España y destino para miles de peregrinos durante muchos siglos, los que acuden a la catedral para venerar a Santiago el apóstol.

A Galician fisherman recalls the dramatic night when he thought he was going to die.

Gonzalo Villar es pescador y vive con su mujer, Rosario, y su hijo único, Emilio, en un piso en las afueras de Vigo. Emilio acaba de empezar a trabajar con su padre y Rosario también trabaja en la fábrica de conserva de escabeche. Trabaja allí desde hace quince años y con el dinero ganado, que aumenta el sueldo de Gonzalo, son bastante prósperos. Sin embargo nunca olvidan los peligros de la pesca en alta mar.

Muchas veces Gonzalo recuerda el episodio más dramático de su vida. Ocurrió hace cinco años. Se estaba preparando para salir. Era un día caluroso pero era un

El puerto de Vigo (Robert P. Clarke)

calor que pegaba a las manos. Gonzalo presintió una tormenta y se lo dijo al capitán del barco pesquero, su amigo, Antonio Roca. Antonio estuvo de acuerdo pero como la temporada había sido muy mala hasta entonces no tuvo más remedio que salir. Salieron a las diez de la noche bajo una luna llena. Pronto sus ojos se acostumbraron a la luz de la luna y podían ver dos otros barcos a un kilómetro. Echaron las redes y esperaron. No hicieron caso de las nubes que aparecían en el horizonte. Después de una hora el cielo se encapotó, el viento refrescó y cambió hacia el norte. Gonzalo miró a Antonio y con la poca luz que quedaba pudo ver que fruncía el ceño. También oyó a los otros tripulantes que decían palabrotas en voz baja.

A los dos minutos la tormenta estalló. Primero hubo un relámpago seguido casi inmediatamente por un trueno. Antonio puso en marcha el motor en seguida y dirigió el barco hacia el puerto. Tuvieron que abandonar las redes porque no hubo tiempo para levantarlas.

A Gonzalo las dos horas siguientes le parecían como siglos. El barco pasaba entre olas que eran como gigantescas montañas. A cada momento esperaba que el barco iba a hundirse y sin embargo logró mantenerse a flote. Por fin llegaron al puerto donde las mujeres de los pescadores les esperaban ansiosas. Les abrazaron llorando con alivio. La alegría se cortó pronto. Se difundió la noticia que uno de los dos barcos que vieron en alta mar se había ido a pique y la tripulación entera se había ahogado. Gonzalo perdió a unos buenos amigos en aquella noche desastrosa, la peor noche de su vida, la cual recuerda todavía como una pesadilla.

Conversation 🖭

En la orilla del mar.

Como siempre Gonzalo vende parte del pescado a una mujer gordona. Es la pescadora que se ve todos los días en el muelle, vestida en su traje negro y su delantal cubierto de manchas de sangre. Grita en voz chillona.

Vendedora: Me quedan sardinas muy ricas. Las vendo a doscientas pesetas el kilo.
Gonzalo: Hola, Paca. ¿Qué tal?
Paca: Hola, Gonzalo. Regular. Hay poca gente. Como está lloviendo no sale nadie. ¿Qué tienes para mí?
Gonzalo: Tengo bonito de buena calidad.
Paca: Bien. Me falta bonito. Tomaré veinte kilos. Espera; ahí viene un cliente. ¿Qué desea?
Cliente: ¿Tiene sardinas?
Paca: Sí, y muy ricas. ¿Cuántas quiere?
Cliente: Medio kilo.
Paca: ¿Cuáles quiere? ¿Éstas?
Cliente: ¿Cuáles son las más frescas?
Paca: Ésas delante de Vd. Me las trajeron esta mañana.
Cliente: Bien. Me quedo con éstas entonces.
Paca: Son cien pesetas.
Cliente: Tenga. Quinientas.
Paca: Cuatrocientas de vuelta.
Cliente: Adiós.
Paca: Adiós, buenas tardes. Gonzalo, ¿dónde está tu barco?
Gonzalo: Es aquél, al final del muelle.
Paca: Bien. Tráigame el bonito ahora mismo, por favor. Creo que me voy para casa. Me levanté muy temprano esta mañana y fui al mercado antes de venir aquí. Estoy cansadísima.
Gonzalo: Ya voy. ¿Cuánto bonito dijiste? ¿Cincuenta kilos?
Paca: ¡Ni hablar! Veinte.
Gonzalo: Bueno. Voy a buscar la camioneta. Volveré en diez minutos con el bonito.
Paca: Hasta luego.

Explanations

> ### (a) Vocabulary
>
> | | |
> |---|---|
> | el alivio — relief | abrazar — to embrace |
> | el barco pesquero — fishing boat | ahogarse — to drown |
> | el bonito — tunny fish | alimentar — to feed |
> | la camioneta — van | difundirse — to spread |
> | el cultivo — crop | disponerse — to have at one's disposal |
> | el delantal — apron | encapotarse — to cloud over |
> | el desarrollo — development | estallar — to break, burst |
> | el destino — destination | fruncir el ceño — to frown |
> | el escabeche — pickled fish | gozar de — to enjoy |
> | la fábrica de conserva — canning factory | hacer caso de — to notice |

72

la finca — farm, estate	hundirse — to sink
la luna llena — full moon	ir a pique — to sink
el muelle — quay	llorar — to cry
el núcleo — centre	pegar — to stick
la palabrota — swear word	poner en marcha — to start (an engine)
el peligro — danger	no tener más remedio — to have no
el peregrino — pilgrim	option
la pesadilla — nightmare	
la pesca — fishing, catch	agrícola — agricultural
la pescadora — fishwife	chillón — high-pitched
el pescado — catch, fish	ganadera — cattle (adj.)
el pescador — fisherman	gordón — very fat
el puerto — port, harbour	pesquero — fishing (adj.)
la red — net	repartido — widely spread
el relámpago — lightning	
la ría — estuary, inlet	además de — as well as
el siglo — century	en alta mar — on the open sea
la tripulación — crew	
el tripulante — crew member	
el trueno — thunder	

(b) Notes

1. *Minifundios*, which are typical of Galicia, are small holdings which are not as efficient as they should be because of their smallness. In the south the farms are mostly *latifundios*, which are very large farming estates often owned by absentee landlords.

2. Like other provinces of Spain, Galicia has suffered from emigration, particularly to South America, during the last century. The government is trying hard to encourage *gallegos* to remain and make their region more prosperous. There are encouraging signs that the emigration process has slowed down and the inefficient *minifundios* are being made into larger and more prosperous farms.

(c) Grammar

1. The irregular preterites.

    e.g.: *Estuvo de acuerdo.*
        No hicieron caso.

    See Section 25 of the Grammar Summary.

2. Demonstrative pronouns.

    e.g.: *Ésas delante de Vd.*
        Es aquél al final del muelle.

    See Section 29 of the Grammar Summary.

Exercises

(a) Series A

A. Write answers in Spanish to the following questions, using complete sentences.

    1. ¿Cuáles son las cuatro provincias de Galicia?
    2. ¿Qué tiempo hace en Galicia?
    3. ¿Dónde es más densa la población?
    4. ¿Qué caracteriza los campos de Galicia?
    5. ¿Qué ha sufrido Galicia durante los últimos doscientos años?
    6. ¿Qué nuevas industrias ha introducido el gobierno?
    7. ¿Cuáles son las tres industrias principales de Galicia?
    8. ¿Dónde trabajan las mujeres?
    9. ¿Cómo es esta parte de España?
    10. ¿Por qué es importante Santiago de Compostela?

B. Study the second passage, then, without looking at the text, write and complete the following sentences.

    1. El hijo de Gonzalo se llama . . .
    2. Su mujer trabaja en . . .
    3. Como reciben dos sueldos son . . .
    4. Sin embargo la vida de un pescador es muy . . .
    5. En el día de la tormenta hacía mucho . . .
    6. Aunque el capitán sabía que habría una tormenta no tuvo . . .
    7. No hicieron caso de . . .
    8. Cuando Gonzalo miró a su amigo vio que éste . . .
    9. Los tripulantes decían . . .
    10. Tuvieron que abandonar las redes porque . . .
    11. Las olas eran como . . .
    12. En el puerto las mujeres de los pescadores . . .

C. You go to a fishwife and buy some fish. Listen and then reply in Spanish as indicated by the English in brackets.

Pescadora: ¿Qué desea?
(Do you have tunny fish?)
Pescadora: Sí, y muy bueno. ¿Cuánto quiere?
(I'd like a kilo, please.)
Pescadora: Hay éste en mi cesta o ése cerca de Vd. ¿Cuál quiere?
(Which is the freshest?)
Pescadora: Éste en la cesta.
(I'll take a kilo of that one.)
Pescadora: Tenga.
(How much is it?)
Pescadora: Doscientas cincuenta pesetas.
(Here you are. Thank you.)
Pescadora: A Vd.

D. Write the sentences, putting the verb in brackets into the correct form of the preterite tense.

    1. Yo . . . de acuerdo. (*estar*)
    2. Los pescadores no . . . más remedio. (*tener*)

3. Nosotros no . . . oírlo. (*poder*)
4. ¿Por qué no . . . Vd. caso de las nubes? (*hacer*)
5. El capitán . . . las palabrotas de los tripulantes. (*oír*)
6. Primero . . . un relámpago. (*haber*)
7. . . . el peor día de su vida. (*ser*)
8. Los otros . . . volver a puerto. (*querer*)
9. ¿Cuándo . . . (tú) a mi casa? (*venir*)
10. Yo . . . a avisar a mis compañeros. (*ir*)

E. Put the correct form as indicated in brackets.

1. ¿Cuál es tu barco? . . . (that one – over there)
2. Me quedo con . . . (those – fem.)
3. ¿Son frescos . . .? (these – masc.)
4. ¿Qué quiere decir . . .? (this)
5. Pásame la caja de bonito. Sí, . . . (that one)

F. *Composition* Imagine you are Paca. Write your diary at the end of the day. Describe how you got up early, went to market, sold some fish there, returned to the port, bought some fish from Gonzalo and sold some fish to a customer before finally going home. (*120 words*)

(b) Series B

A. Write answers in Spanish to the following questions, using complete sentences.

1. ¿Cómo es Galicia diferente del resto de España?
2. ¿Cómo está repartida la población de Galicia?
3. ¿Por qué han emigrado muchos gallegos?
4. ¿Cómo remedia los males el gobierno?
5. ¿Por qué es Vigo un puerto próspero?
6. Santiago es un centro religioso. ¿Por qué?

B. Write answers in Spanish to the following questions, using complete sentences.

1. ¿Qué familia tiene Gonzalo?
2. ¿Qué hacen Emilio y Rosario?
3. ¿Qué tiempo hacía el día de la tragedia?
4. ¿Por qué estaba preocupado Gonzalo?
5. ¿Por qué decidió salir Antonio?
6. ¿Eran los únicos en salir aquella noche?
7. ¿Qué pasó una hora después?
8. ¿Qué perdieron cuando volvieron el barco hacia el puerto?
9. ¿Cómo estuvieron las mujeres cuando vieron a sus maridos?
10. ¿Regresaron todos los barcos al puerto?

C. You go out on a boat for a fishing trip. You chat to the captain.

Capitán: ¿Es ésta su primera excursión en barco para pescar?
(Tell him yes, the first.)
Capitán: ¿Qué espera Vd. coger?
(You hope to catch a tunny fish. They are quite big, aren't they?)
Capitán: Sí, pero no se cogen aquí. Los bonitos se encuentran en alta mar.
(What fish are there around here, then?)
Capitán: Hay sardinas, bacalao y a veces hay merluza.

(Tell him you prefer the hake.)
Capitán: ¡Cuidado con la caña de pescar!
(Oh dear! Tell him you are sorry but you don't know anything about fishing.)
Capitán (suspirando): Ya veo. Deme la caña por favor. Hágalo así.
(Thank him very much. Tell him he is very kind.)

D. Write answers to the questions by following the example.

   ¿Vas a oír el concierto mañana?
   Lo oí ayer.

   1. ¿Vais a traer los regalos mañana?
   2. ¿Va Vd. a darme la caja mañana?
   3. ¿Va a decírnoslo mañana?
   4. ¿Van a obtener el coche mañana?
   5. ¿Vas a hacer las compras mañana?

E. Write in Spanish:

   1. I don't like that one. (fem.)
   2. Give me this one. (masc.)
   3. Which sardines do you want? These?
   4. I prefer those. (masc.)
   5. What does that mean?

F. Tell the story of a storm at sea, using the following outline. Express yourself in the past tense.

   El tiempo — salir — un cambio — la tormenta — regresar al puerto.
   (120 words)

11 El Turismo en España

En los años sesenta los europeos descubrieron España como centro turístico y durante las dos últimas décadas el turismo se ha hecho la segunda industria más grande del país, después de la agricultura. Así es que treinta y cinco millones de turistas visitan España cada año.

El turismo toma muchas y múltiples formas. Para los turistas que están interesados en la historia y la cultura del país hay riquezas abundantes para descubrir en el interior. Por ejemplo la historia de la reconquista se puede ver en algunas de las viejas ciudades fortificadas cuyas murallas protegen a los ciudadanos de los ataques del enemigo. La mejor de las ciudades medievales es Ávila que se encuentra entre Madrid y la ciudad universitaria de Salamanca.

Si le interesa más al turista la historia antigua puede ir a visitar los restos romanos que existen en España, entre los cuales hay el anfiteatro magnífico de Mérida o el acueducto de Segovia, una maravilla de construcción.

Entre la civilización romana y la reconquista hubo la ocupación mora entre el siglo octavo y el siglo quince. El turista puede gozar de las bellezas de la cultura musulmana sobre todo la Alhambra de Granada y la capital vieja de los moros, Córdoba, cuya mezquita es uno de los ejemplos más perfectos de la arquitectura mora. Al ver la Alhambra se puede imaginar fácilmente la tristeza que sintió el rey moro, Boabdil, cuando tuvo que abandonarla en 1492.

Si Vd. prefiere el estilo gótico de las iglesias católicas hay una abundancia de joyas en España, de las cuales las más impresionantes son las catedrales de Toledo y Burgos. No hay que olvidar la catedral de Sevilla, la segunda más grande de Europa, al lado de la cual se encuentra la famosa Giralda, otro vestigio de la ocupación musulmana.

A pesar de la cultura que hay en España desgraciadamente la mayoría de los turistas extranjeros van a España para encontrar buenas playas, sol y vino barato. ¡Qué pérdida si el turista no goza de la cultura que España ofrece!

Two Spanish students show their two English friends the sights of Sacromonte.

Dos estudiantes ingleses, Carol Johnson y David Wright que están estudiando español en la universidad están en España en plan de estudios. Cuando eran alumnos de escuela conocieron a dos jóvenes españoles, Pilar y José Angel, e hicieron un intercambio. Vuelven a España para asistir a un curso de verano para extranjeros en la universidad de Salamanca y toman la oportunidad de ver a sus amigos españoles otra vez. Hace cinco años que no se ven aunque han mantenido una correspondencia continua. Los ingleses tienen unos días libres y quieren aprovechar la oportunidad para ir a Granada que no han visitado nunca. Pilar y José Angel deciden llevar a sus dos amigos allí en su coche. Al llegar quedan muy impresionados al ver el telón de foro de Granada, la Sierra Nevada. Han oído hablar de la Alhambra, y quieren verla. Mientras están allí un guía les pregunta si

El Acueducto de Segovia (Robert Taylor)

han visitado a los gitanos de Sacromonte. Cuando dicen que no, el guía se lo recomienda.

Toman un autobús especial que está lleno de turistas, la mayoría de ellos extranjeros. El autobús sube al monte y les deja en un patio donde los gitanos les esperan. Las mujeres están muy orgullosas de enseñarles su casa que es realmente una cueva. Tiene muchas comodidades, como la electricidad, que los turistas están sorprendidos de ver en una cueva. También hay muebles de todo tipo y alfombras en el suelo. Las gitanas tratan de vender recuerdos, como castañuelas, a los turistas pero no tienen mucho éxito. Luego los turistas se sientan en las sillas puestas alrededor del patio y los gitanos o más exactamente los hijos e hijas de los gitanos, empiezan a bailar. Representan varias escenas de la vida del gitano y los espectadores las reciben con grandes aplausos. Claro que es una presentación especialmente preparada para los turistas; no obstante, refleja de una manera auténtica la vida del gitano. ¿Qué habría pensado Federico García Lorca, el poeta granadino? ¿Le habría gustado o no?

Una gitana (Robert Taylor)

Conversation 🗔

The four students arrive at Sacromonte.

Pilar: José Angel, quédate aquí a mi lado. Tengo miedo.

José Angel: No hace falta. Los gitanos no van a hacerte daño.

Pilar: Tienes razón. Soy tonta. No me hagas caso.

José Angel: Mira, Carol. Esta cueva es magnífica. Parece una casa. Tiene dormitorios para los niños.

Carol: Aquí en las paredes hay fotos de los niños. Mira, esta niña, está vestida para su primera comunión. ¡Qué mona!

Gitana: Es mi niña pequeña. Se llama Mari Isabel y tiene ocho años. Pronto va Vd. a verla bailar.

Carol: Señora, dígame. ¿Desde hace cuánto tiempo vive Vd. aquí?

Gitana: Vivo aquí desde hace once años. Mis tres niños nacieron aquí en la cueva. Mari Isabel es la menor.

José Angel: Veo que tienen Vds. todas las comodidades en la cueva.

Gitana: Sí. Lo único que no tenemos es agua corriente. Hay que bajar para buscar agua en la fuente o en un pozo. Perdón, los músicos acaban de llegar. Si Vds. quieren sentarse alrededor del patio la música va a empezar en dos minutos.

José Angel: Muy bien y gracias. Pilar, siéntate aquí. Carol, David, hay sillas libres enfrente.

David: Gracias. Espero con ganas la música. Silencio, ese gitano acaba de empezar a tocar la guitarra.

José Angel: Escucha, va a tocar flamenco.

Pilar (en voz baja):   José Angel. No he traído mi rebeca. ¡Qué tonta soy! Creo que voy a tener frío.

José Angel: No te preocupes. Si tienes frío te puedo prestar mi chaqueta.

Pilar: ¡Qué galante! ¡Chss! La actuación está a punto de empezar.

Explanations

(a) Vocabulary

la actuación — performance	las riquezas — riches
la alfombra — carpet	el suelo — floor, ground
la belleza — beauty	el telón de foro — backcloth
la chaqueta — jacket	la tristeza — sadness
las comodidades — conveniences	
la cueva — cave	aprovechar — to take advantage of
la fuente — fountain, spring	asistir a — to attend
el gitano — gypsy	enseñar — to show, teach
el guía — guide	nacer — to be born
la joya — jewel	proteger — to protect
la mezquita — mosque	reflejar — to reflect
la muralla — wall (of a city)	tener éxito — to be successful
la pared — wall (of a room)	
la pérdida — loss	impresionado — impressed
la playa — beach	impresionante — impressive
el pozo — well	moro — Moorish
la rebeca — cardigan	musulmán — Muslim

la reconquista — reconquest
los restos — remains
el rey — king

no obstante — nevertheless
sobretodo — especially

(b) Notes

1. The Moors invaded Spain in 711 and colonised the whole country, except for the northern seaboard beyond the Cantabrian mountains. For more than seven and a half centuries the Christians slowly reconquered their country until the last Moorish stronghold, the Alhambra palace in Granada, fell in 1492.

2. The aqueduct which passes through the centre of Segovia was built during the Roman period in Spain. It is made of large blocks of stone which are fitted together so cleverly that they need no mortar.

3. The Giralda is a bell tower which is so beautiful architecturally that, when the Christians reconquered Seville from the Moors, it was decided to preserve it.

4. The university of Salamanca is the oldest and most prestigious in Spain. As well as offering normal degree courses, it also offers many courses in Spanish for foreigners, often in vacation time.

5. *Flamenco* is the traditional music of Andalusia. It is particularly part of the culture of the gypsies of Spain's southernmost province.

(c) Grammar

1. Relative pronouns.

   e.g.: *Dos estudiantes que están estudiando español.*

   See Section 30 of the Grammar Summary.

2. *Desde, desde hace* and *acabar de*.

   e.g.: *Vivo aquí desde hace once años.*
   Acaba de empezar a tocar la guitarra.

   See Section 31 of the Grammar Summary.

Exercises

(a) Series A

A. Write the statement which is correct.

1. El turismo se desarrolló
   (a) antes de 1960.
   (b) antes de 1970.
   (c) después de 1970.
2. El turismo se ha hecho
   (a) la mayor industria.
   (b) más importante que la agricultura.
   (c) la segunda industria.

3. La cultura española es
   (a) muy rica.
   (b) bastante rica.
   (c) bastante pobre.
4. Los ciudadanos se protegían
   (a) debajo de las murallas.
   (b) delante de las murallas.
   (c) detrás de las murallas.
5. El acueducto de Segovia fue construido por
   (a) los romanos.
   (b) los visigodos.
   (c) los moros.
6. Los moros permanecieron en España casi
   (a) ocho años.
   (b) ochenta años.
   (c) ochocientos años.
7. La mezquita está en
   (a) Granada.
   (b) Córdoba.
   (c) Sevilla.
8. La Giralda fue construida por
   (a) los romanos.
   (b) los cristianos.
   (c) los moros.

B. Read the second passage, then, without looking at it, write the following sentences correctly.

   1. Los dos jóvenes ingleses están en España en plan turístico.
   2. Están allí para ayudar en un curso de verano.
   3. Toman la oportunidad de ver a sus colegas españoles.
   4. Tienen un domingo libre.
   5. Han visitado Granada varias veces ya.
   6. Van a Granada en tren.
   7. Un guía quiere saber si han visitado a los carteros de Sacromonte.
   8. El autobús está vacío.
   9. Las gitanas tratan de vender castañas a los turistas.
   10. Los hijos de los gitanos empiezan a cantar.

C. You play the role of Carol. Say the Spanish equivalent of the English in brackets.

José Angel: Mira, Carol. Esta cueva tiene dormitorios.
(Here on the walls are photos of the children. Look, this girl is dressed for her first communion. Isn't she sweet!)
Gitana: Es mi niña pequeña.
(How long have you lived here?)
Gitana: Vivo aquí desde hace once años.
(How interesting. Do you like it?)
Gitana: Sí. Lo único que no tenemos es agua corriente en la cueva.
(What do you do then?)
Gitana: Tengo que bajar al pozo o a la fuente.
(When is the music going to start?)
Gitana: Ahora mismo. Si Vd. quiere sentarse, señorita . . .

D. Write the sentences, filling in *que, quien* or *cuyo, -a, -os, -as* as appropriate.

1. Para los turistas . . . están interesados en la historia hay muchos monumentos.
2. Ávila, . . . tiene murallas antiguas, es una ciudad medieval.
3. Salamanca, . . . universidad es la más antigua de España, es una ciudad preciosa.
4. El curso . . . tiene lugar en Salamanca es para extranjeros.
5. Los niños . . . los amigos ven bailar son gitanos.
6. La mujer con . . . habla Pilar es muy simpática.
7. La niña . . . está vestida para su primera comunión es muy mona.
8. El autobús . . . llega está completo.

E. Write the sentences, filling in the correct part of *el que, el cual*, etc.

1. Hay que ver las ciudades medievales alrededor de . . . hay murallas.
2. Una maravilla es el acueducto de Segovia debajo de . . . pasa el tráfico de nuestro siglo.
3. Visitan la catedral de Sevilla al lado de . . . se encuentra la Giralda
4. Los gitanos tocan sus guitarras con . . . acompañan a los bailadores.
5. La gitana les muestra su cueva, dentro de . . . hay varios dormitorios.

F. Write sentences by following the example.

   El autobús acaba de llegar. (**yo**)
   Yo acabo de llegar.

1. Los músicos acaban de sentarse. (*nosotros*)
2. La gitana acababa de enseñarles la cueva. (*Vd.*)
3. Los ingleses acababan de llegar a Salamanca. (*yo*)
4. Acabo de ponerme la chaqueta. (*tú*)
5. Acababa de visitar la catedral. (*vosotros*).

G. Write negative answers to the following questions by using the word in brackets.

1. Vd. vive aquí desde hace cinco años, ¿verdad? (*once*)
2. Mantienes una correspondencia con ellos desde enero, ¿verdad? (*marzo*)
3. Estás en Salamanca desde hace quince días, ¿verdad? (*ocho*)
4. Sois novios desde hace dos meses, ¿verdad? (*tres*)
5. Los gitanos bailan desde las ocho, ¿verdad? (*nueve*)

H. *Composition* Using the conversation as a basis, write a composition about a visit to the caves of Sacromonte. Use the past tenses. (*120 words*)

(b) Series B

A. Write answers in Spanish to the following questions, using complete sentences.

1. ¿En qué década se hizo España popular como centro turístico?
2. ¿Cuántos turistas visitan España cada año?
3. ¿Adónde van los turistas interesados en la cultura?
4. ¿Por qué construyeron los ciudadanos murallas?
5. Dé dos ejemplos de los restos romanos existentes en España.
6. ¿Cuántos siglos vivieron en España los moros?
7. ¿Dónde está la mezquita famosa?
8. ¿Por qué se sintió triste Boabdil en 1492?

9. ¿Dónde se encuentra exactamente la famosa Giralda de Sevilla?
10. ¿Qué buscan la mayoría de turistas en España?

B. Rewrite the following sentences, giving the correct information.

1. Los ingleses están en España de vacaciones.
2. Carol y David conocieron a Pilar y José Angel cuando visitaron España.
3. Vuelven a España para ir a la Costa Brava.
4. Han dejado de escribir durante los últimos cinco años.
5. Van a Granada por un día.
6. Los gitanos se encuentran en la Sierra Nevada.
7. Muchos de los turistas en el autobús son españoles.
8. En las cuevas tienen todas las comodidades aparte de la electricidad.
9. Son los adultos que bailan
10. García Lorca era de Sevilla.

C. Imagine you are Pilar and you want to find the way to the Alhambra. You find a policeman. Say in Spanish the English in brackets.

Guardia: Sí, señorita.
(Can you tell me the way to the Alhambra?)
Guardia: Sí. Suba por aquí. Tuerza a la izquierda, siga todo recto y la Alhambra está a mano derecha.
(Let's see. I go up here. I turn left, I go straight on and the Alhambra is on the right-hand side.)
Guardia: Eso es.
(Do you know if it is open on Sundays?)
Guardia: Sí, señorita, está abierta todos los días.
(May one park here?)
Guardia: Aquí no. Hay un aparcamiento a doscientos metros a la derecha.
(Thank you very much.)

D. Express in Spanish:

1. Where are the castanets which you have just bought?
2. Here is the policeman who has shown me the way.
3. How old is the girl you were talking to?
4. I like the photos which are on the wall.
5. I prefer the Generalife whose gardens are delightful.

E. Make the two sentences into one by using the appropriate part of *el que, el cual*, etc.

e.g.: *La cueva es mía. Ese hombre está de pie delante de la cueva.*
    La cueva, delante de la cual ese hombre está de pie, es mía.

1. El autobús va a Sacromonte. Los extranjeros bajan del autobús.
2. Carol está escribiendo con un lápiz. El lápiz es verde.
3. Los jardines son preciosos. Vivo cerca de los jardines.
4. El castillo es muy antiguo. Me quedo enfrente del castillo.
5. Las montañas se llaman la Sierra Nevada. La ciudad de Granada está situada al pie de las montañas.

F. Express in Spanish:

1. How long have you lived here? (polite singular)
2. I have lived here for ten years.

3. I have just bought a souvenir of Spain.
4. The bus had just arrived when the young people came.
5. The Spaniards have maintained a continuous correspondence with their English friends for five years.

G. *Composition* Write a composition entitled *El turismo en España*. Mention the cultural and historical aspects of internal Spain. Refer to Ávila, Segovia, Granada and Seville and what they have to offer the tourist.   (*130 words*)

12 El Teatro Español (Federico García Lorca)

El teatro español ha experimentado un renacimiento en el siglo veinte y el dramaturgo que se destacó más en los años treinta fue Federico García Lorca.

Sus obras reflejaron el sentimiento trágico de la vida, sobretodo en la trilogía de tragedias rurales que escribió poco antes de su muerte prematura a principios de la guerra civil en 1936.

En *Bodas de Sangre* una joven huye con su amante en el día de su boda, abandonando a su novio. La madre de éste quiere venganza e incita al novio a perseguir a los amantes. Por fin los dos hombres se matan el uno al otro. La novia se queda sola sin marido ni amante para contemplar su futuro trágico.

Yerma trata del tema de la maternidad frustrada y *La Casa de Bernarda Alba* trata de la sexualidad frustrada. En ésta la heroina, Adela, se suicida cuando piensa que su madre ha matado a su amante.

Aunque García Lorca escribió comedias también, se considera que sus tragedias son el punto culminante de su genio. Nació cerca de Granada y sus obras contienen el espíritu violento del gitano de Andalucía. En *Bodas de Sangre* hay varias canciones que dan una calidad lírica a la obra, revelando su amor por la música. Era un gran amigo de Manuel de Falla, el famoso compositor español y trabajaron juntos escribiendo romances.

Durante los días de la segunda república que debieron de ser unos de los más felices de su vida, el gobierno le contrató para llevar el teatro al pueblo. Así es que formó su compañía *La Barraca*, un grupo de actores que viajaron por España en un camión, visitando especialmente las aldeas pequeñas, para representar obras de teatro al aire libre. Para algunos aldeanos fue la primera representación teatral que habían visto en su vida.

Por desgracia la república no tuvo éxito y cayó con la rebelión de los generales y el comienzo de la Guerra Civil en 1936. A los pocos meses García Lorca fue matado. Nadie ha encontrado por cierto las razones de su muerte ni se ha encontrado nunca su tumba. Lo único que sabemos por cierto es que la guerra mató a un genio literario que habría escrito mucho más. Tenía treinta y ocho años cuando murió.

Francisco Martinez takes his family to the theatre, which is a particular pleasure for his son and daughter as it is their first visit.

En un pueblo cerca de Granada han construido recientemente un nuevo teatro y para celebrar el aniversario de la muerte de García Lorca ponen la obra *Bodas de Sangre*. El Sr. Francisco Martínez vive con su familia en aquel pueblo desde hace cinco años pero no ha visitado el teatro todavía. Como le gustan mucho las obras de García Lorca ha decidido llevar a su familia allí por primera vez. Ha llamado por teléfono a su esposa, Ana, antes de salir de la oficina para averiguar si había ido a la taquilla del teatro después de hacer sus compras y si había conseguido las entradas. Su esposa afirmó que había obtenido cuatro asientos en la tercera fila. Francisco estuvo muy contento porque sabía que era mejor comprar las entradas con anticipación. Volvió a casa, donde Ana, su hijo Paco y su hija Dolores le esperaban. Como iban a la función de tarde decidieron cenar después de la obra.

Salieron de casa, subieron al coche de Francisco y se dirigieron al teatro que se encontraba al otro lado del pueblo. Llegaron a las siete menos cuarto y, mientras Francisco aparcaba el coche, Ana entró con Paco y Dolores en el teatro. Había una muchedumbre grande alrededor de la taquilla, hablando y gesticulando airadamente. Ya no quedaban entradas para aquella noche. Ana le sonrió a Francisco cuando llegó y éste comprendió lo que significaba la sonrisa. Habían hecho bien en reservar sus asientos antes.

Entraron en la sala unos cinco minutos antes de levantarse el telón y se instalaron en sus asientos. El acomodador le dio a Francisco un programa que pasó a su esposa y él le dio una propina al acomodador, como es costumbre.

Se apagaron las luces y el telón se levantó a las siete en punto. Aunque Dolores y Paco no habían ido al teatro antes se acostumbraron pronto al ambiente. Sobretodo les gustó la actriz que interpretaba el papel de la madre. Hubo un descanso después del segundo acto y Francisco aprovechó la oportunidad para estirar las piernas. Fue con Ana al bar para tomar algo y los chicos fueron a comprar helados en el quiosco al lado de la taquilla. El tercer acto, que era bastante corto, terminó a las nueve y media. El público recibió la representación con grandes aplausos y los actores y actrices tuvieron que volver al escenario varias veces. Por fin se encendieron las luces y todos se levantaron para regresar a casa. Francisco, que no había comido nada desde las dos de la tarde dijo que tenía hambre y que esperaba con ganas su cena.

Conversation 📼

Después de cenar la familia Martínez habló de la obra de teatro que acababan de ver.

Francisco: ¿Qué os ha gustado más?

Paco: Lo que me ha gustado más es la sala del teatro. Como no he visto el interior de un teatro antes, ha sido muy interesante.

Francisco: Dolores, ¿te ha gustado el teatro también?

Dolores: Sí, pero la obra es lo que me ha impresionado más. He leído unas obras de Lorca en el instituto pero es totalmente diferente ver una obra en el teatro.

Francisco: De acuerdo. Tu madre y yo íbamos mucho al teatro antes de casarnos pero no lo hemos hecho recientemente.

Ana: ¡Lo haremos más en el futuro! Había olvidado cuánto me gustaba.

Francisco: Yo no. He echado de menos nuestras visitas al teatro. ¿Qué opinas de los actores?

Ana: Muy buenos todos. Me ha gustado sobre todo la interpretación del actor que hacía el papel de Leonardo.

Dolores: ¿Quién es Leonardo?

Ana: El hombre que se fue con la novia.

Dolores: ¡Claro! Pero no comprendí bien. Estaba casado ya y tenía un niño.

Francisco: Sí, pero Leonardo y su mujer no estaban contentos. Él había preferido siempre a la novia pero ella, o mejor dicho su padre, le había rechazado porque no tenía bastante dinero.

Paco: Yo compadecí a la novia. Era muy guapa.

Ana: Sí. No ha visto las consecuencias de su decisión de huir con Leonardo y por eso ha perdido a los dos hombres en su vida.

Dolores: Sí, es una historia muy triste. ¿No podemos ir a ver algo más divertido la próxima vez?

Francisco: No sé. Han puesto varias obras de diferentes dramaturgos durante el año pasado.

Ana: Pienso hacer compras mañana. Iré al teatro para pedir un programa de las obras que van a poner.

Francisco: Buena idea. Os prometo a todos que vamos a una comedia — ¡y pronto!

Ana: Vale. Paco, Dolores, si habéis terminado de cenar ya es hora de acostaros.

Dolores: Sí. Hemos terminado. Paco, ven conmigo, creo que tengo una edición de las obras completas de García Lorca en mi dormitorio.

Explanations

(a) Vocabulary

el acomodador — usher
el ambiente — atmosphere
el descanso — interval
el dramaturgo — dramatist
el escenario — stage
la función — performance
el genio — genius
el helado — ice cream
la obra de teatro — play
el público — audience
el punto culminante — highpoint
el renacimiento — renaissance
la representación — performance
el romance — ballad
la sala — auditorium, hall, lounge
la sonrisa — smile
la taquilla — box office
el telón — curtain (theatre)
la tumba — grave
la venganza — revenge

apagarse — to go out (lights)
compadecer — to feel sorry for

contratar — to engage, employ
echar de menos — to miss
encenderse — to come on (lights)
estirar las piernas — to stretch one's legs
huir — to run away
instalarse — to settle down
impresionar — to impress
matar — to kill
quedar — to remain
perseguir — to follow, pursue
sacar una entrada — to buy a ticket
sonreír — to smile

corto — short
divertido — funny
feliz — happy
guapo — handsome, pretty

mejor dicho — rather
por desgracia — unfortunately

(b) Notes

1. Federico García Lorca (1898–1936) was born in Fuentevaqueros near Granada. He became Spain's greatest poet and dramatist of the century. He wrote a number of comedies as well as the tragedies referred to in this chapter. Also, his ballads in such works as *El Romancero Gitano* are some of the finest ever written in the Spanish language.

2. The Second Republic began in 1931 with the abdication of the king, Alfonso XIII. The new liberal government believed firmly in extending education and

culture. One of the results was the creation of Lorca's travelling theatre company, called *La Barraca*, which went round Spain in a lorry, performing plays in the villages and towns it visited.

(c) Grammar

1. The perfect tense.

e.g.: *Me ha gustado el teatro.*

See Section 32 of the Grammar Summary.

2. The pluperfect tense.

e.g.: *La había rechazado.*

See Section 33 of the Grammar Summary.

Exercises

(a) Series A

A. Write answers in Spanish to the following questions, using complete sentences.

1. ¿Qué ha experimentado el teatro español?
2. ¿Qué dramaturgo se destacó más?
3. ¿Qué escribió poco antes de su muerte?
4. ¿En qué año murió?
5. En *Bodas de Sangre* ¿cuándo huye la joven con su amante?
6. ¿Qué hacen los dos hombres por fin?
7. ¿Cómo se siente la novia?
8. ¿De qué trata *Yerma*?
9. En *La Casa de Bernada Alba*, ¿por qué se suicida Adela?
10. ¿Dónde nació García Lorca?
11. ¿Qué revelan las canciones en *Bodas de Sangre*?
12. ¿En qué trabajó García Lorca con Manuel de Falla?
13. ¿A dónde fue la compañía *La Barraca*?
14. ¿Cuántos años tenía cuando murió?

B. Study the second passage and then write the sentences without looking at the text.

1. Ponen *Bodas de Sangre* para . . .
2. El Sr. Martínez ha decidido . . .
3. Ha telefoneado a su mujer para . . .
4. Ana había ido a la taquilla después de . . .
5. Francisco estuvo contento porque . . .
6. Como iban a la función de tarde decidieron . . .
7. El teatro se encontraba . . .
8. Llegaron a las . . .
9. La muchedumbre estaba hablando . . .
10. Entraron en la sala cinco minutos antes de . . .
11. Durante el descanso Francisco aprovechó la oportunidad para . . .
12. Los chicos fueron . . .
13. Francisco, que no había comido, dijo que . . .
14. y que . . .

C. Listen to the conversation and write the answers in Spanish.

1. ¿Qué le ha impresionado más a Paco?
2. ¿Qué le ha impresionado más a Dolores?
3. ¿Cuándo iban Francisco y Ana al teatro?
4. ¿Qué actor le ha impresionado más a Ana?
5. En *Bodas de Sangre* ¿por qué fue rechazado Leonardo?
6. ¿Qué quiere ver Dolores la próxima vez?
7. ¿Para qué va Ana al teatro mañana?
8. ¿Qué tiene Dolores en su dormitorio?

D. Write the sentences, changing the verb from the preterite into the perfect.

1. Presenciamos una comedia.
2. Fueron al teatro.
3. Nos gustó la obra.
4. ¿Visteis a ese actor?
5. ¿Por qué te pusiste el abrigo?
6. Lo hice esta mañana.
7. Los niños volvieron temprano.
8. Escribí la carta a mi amigo.

E. Write the sentences, putting the verb in brackets into the correct form of the pluperfect tense.

1. ¿Qué . . . Francisco? (*decir*)
2. Ya . . . los niños. (*terminar*)
3. Yo . . . ir al teatro. (*decidir*)
4. La taquillera . . . la última entrada. (*vender*)
5. Nosotros . . . mucho. (*divertirse*)
6. Mi padre . . . cuando llegué. (*irse*)

F. *Composition* Imagine you are Dolores. You write your diary of your day at the theatre before you go to bed. Begin: Mi madre, Paco y yo esperábamos a papá en casa. Cuando llegó . . . .   (*120 words*)

(b) Series B

A. Write answers in Spanish to the following questions, using complete sentences.

1. ¿Qué es un dramaturgo?
2. ¿Dónde tiene lugar la acción de las tragedias?
3. ¿Cuál es la trama de *Bodas de Sangre*?
4. ¿Cuáles son los temas de las dos últimas tragedias?
5. ¿Escribió sólo tragedias García Lorca?
6. ¿Qué amistad revela su amor por la música?
7. ¿Qué era *La Barraca*?
8. ¿Cuál fue el resultado de la guerra civil desde el punto de vista teatral?

B. Write answers in Spanish to the following questions, using complete sentences.

1. ¿Cuánto tiempo lleva el Sr. Martínez viviendo en el pueblo?
2. ¿Cuántas veces ha ido al teatro del pueblo antes?
3. ¿Qué quería saber Francisco antes de salir de la oficina?
4. ¿Qué había hecho Ana?

5. Si se quiere ir al teatro ¿qué es mejor hacer?
6. ¿Por qué tuvieron que ir al teatro en coche?
7. ¿Por qué estaba airada la gente cerca de la taquilla?
8. ¿Qué significaba la sonrisa de Ana?
9. ¿Qué aconteció cinco minutos después de entrar los Martínez?
10. ¿Qué le dio a Francisco la oportunidad de estirar las piernas?
11. ¿Cómo sabemos que la obra era buena?
12. ¿Qué iba a hacer la familia al volver a casa?

C. You have just been to the theatre to see *La Casa de Bernarda Alba*. Answer questions about it by saying in Spanish the English in brackets.

¿Cómo fue la obra?
(It was a superb play.)
¿La habías visto antes?
(No, I had never seen it before.)
¿Qué te impresionó más?
(I was most impressed by the actress who played the part of Adela.)
¿Cómo era?
(She was very pretty.)
¿Cómo era Bernarda?
(She was good but not as good as Adela.)
¿Lo has pasado bien entonces?
(I have enjoyed it very much, thank you.)
¿Cuándo vas a ir al teatro otra vez?
(I am going next week. They are putting on a comedy by Lorca which I want to see.)

D. Write in Spanish:

1. What have you done? I haven't done anything.
2. Whom have they seen? They haven't seen anybody.
3. How have you broken it [masc.]? I must have broken it when I picked it up.
4. Who has written this? I wrote it when I was doing my homework.
5. When did he arrive? He hasn't arrived yet. That was his brother.
6. How many fish have you caught? [polite singular] I caught nothing last night.

E. Write answers to the following questions by using the information in brackets.

e.g.: *¿Por qué volviste aquí?* (**perder, entradas**)
Volví aquí porque había perdido las entradas.

1. ¿Por qué fuisteis a la comisaría? (*encontrar, monedero*)
2. ¿Por qué regresó a casa andando? (*perder, autobús*)
3. ¿Por qué salieron del teatro? (*no conseguir, entradas*)
4. ¿Por qué subió Vd. otra vez al piso? (*olvidar, llaves*)
5. ¿Por qué fuiste en coche? (*empezar, llover*)

F. *Composition* Federico García Lorca — su vida, sus obras, su muerte.

(120 words)

13 La Prensa Española

La prensa española ha experimentado un cambio muy brusco recientemente. Bajo el régimen de Franco existió una censura muy estricta de la prensa, el resultado de la cual fue la supresión de cualquier periódico o revista que presentara una imágen negativa del estado. En los últimos años de la dictadura el gobierno cerró varias publicaciones que criticaban al estado. Como consecuencia se publicaron unos principios directivos en que el Ministerio de Información y Turismo declaró que ciertos temas como el terrorismo no debían mencionarse.

Al morirse Franco en 1975 todo se cambió en unos meses. Ocurrió el fenómeno del 'destape' en que muchas nuevas revistas sensacionales aparecieron en los quioscos. La que tuvo más éxito fue *Interviú* con su mezcla de artículos investigadores en forma de entrevistas y fotos de mujeres desnudas.

Una revista menos sensacionalista pero no menos importante es *Cambio 16* que trata de artículos de actualidad interesantes y serios, de temas de economía, sociedad y política. Si cree que reivindica una causa justa, el editorial está preparado a criticar al gobierno.

En el campo de los periódicos, los diarios tradicionales como *ABC* y *Ya* existen todavía, reflejando su actitud conservadora. Como siempre *ABC* es partidario de la iglesia católica y *Ya* de la monarquía. Los dos apoyan los valores de un estado fuerte y centralista.

Sin embargo hay una nueva generación de periódicos que son imparciales. El diario que se destaca más en este grupo es *El País* que tiene un prestigio muy alto no sólo en España sino por toda Europa.

No olvidemos los periódicos regionales que tienen una importancia y una influencia muy grande. *La Vanguardia*, la publicación barcelonesa, tiene una tirada de más de 280 000 ejemplares, superada sólo por *El País*.

Pedro has a frustrating day getting to and from work in the offices of *El País*.

El señor Pedro Duarte es redactor en el diario *El País*, y trabaja en la oficina central de Madrid. Esta mañana llegó tarde porque habían cerrado la calle por la que conduce normalmente para ir al trabajo y tuvo que tomar un desvío. Al entrar su secretaria le dio la correspondencia que leyó en seguida. Después de leerla llamó a la secretaria, María, y le dictó unas cartas. Luego habló con una señorita que solicitaba un puesto como periodista que había sido anunciado la semana pasada. Tuvo una reunión con dos de sus colegas a las once y salió a comer en un restaurante cercano a la una. Le gusta comer en un restaurante bueno y económico al otro lado de la plaza. Luego preparó un informe sobre una visita a Bilbao que había hecho la semana pasada. Lo terminó a las cuatro y media pero antes de salir era necesario llamar por teléfono a dos otros colegas para arreglar una reunión. Trata siempre de evitar la hora punta que ocurre alrededor de las ocho cuando todos los trabajadores salen de su trabajo y vuelven a casa. Como hacía falta tomar otra ruta a casa salió de la oficina a las seis y cuarto, esperando así llegar a casa antes de los atascos. Fue en vano; Pedro estuvo una hora y media en su coche, quejándose de las obras, del tráfico y de la contaminación. Cuando entró en casa estaba de muy mal humor. Afortunadamente su esposa, Josefina, había preparado

La prensa española (Robert P. Clarke)

su cena favorita, solomillo con ensalada y patatas fritas, y pronto su mal humor desapareció.

Conversation 📼

Pedro habla con una de las periodistas Pili, acerca de un reportaje que está haciendo sobre las inundaciones en Levante.

Pedro: Pili, ¿has terminado ya el artículo sobre las inundaciones en Levante?

Pili: No, todavía no. Lo siento. Estaba trabajando sobre otro artículo cuando anunciaron las inundaciones. Es que las lluvias no habían sido previstas.

Pedro: Acabo de oír que los reyes van a ver las zonas peor afectadas.

Pili: Sí, me dicen que van a dar el pésame a las familias de los muertos. ¿Cuántas víctimas hay?

Pedro: No sé exactamente pero creo que hay por lo menos veinte.

Pili: ¿Y a qué parte van los reyes?

Pedro: Eso es lo que tienes que averiguar. Seguramente irán a Valencia.

Pili: Llamaré al corresponsal que trabaja allí para ver si él sabe lo que ocurre.

Pedro: Me dicen que no se puede pasar por algunas de las carreteras.

Pili: No se preocupe. Iré por la carretera principal y llegaré antes del anochecer. ¿Estará Vd. aquí en la oficina a las cinco?

Pedro: Sí. Estaré aquí hasta las seis por lo menos.

Pili: Bueno, le llamaré en cuanto llegue.

Pedro: De acuerdo. Estoy seguro que los reyes querrán hablar con algunas de las víctimas.

Pili: ¡Seguro! Los reyes siempre muestran compasión en estas tragedias. Me encanta la reina. Es un ángel.

Pedro: Sí, y el rey también es muy popular. Pili, procura hablar con un oficial en el Ayuntamiento para comprobar los detalles exactos de la visita real. Bueno, estoy seguro que sabrás qué hacer.

Pili: De acuerdo. Tengo que marcharme. Saldré dentro de diez minutos. ¿Algo más?

Pedro: No, nada más. Buen viaje.

Pili: Gracias. Adiós.

Explanations

(a) Vocabulary

la actualidad — present day, current affairs

el anochecer — nightfall

el atasco — traffic jam

el ayuntamiento — town hall

la contaminación — pollution

el corresponsal — correspondent

el 'destape' — nudism (lit.: the 'uncovering')

el desvío — diversion

el ejemplar — copy

la hora punta — rush hour

el informe — report

la inundación — flood

la mezcla — mixture

las obras — roadworks

la prensa — press

el puesto — job

el redactor — editor

el solomillo — steak

el tema — subject

la tirada — print, edition

apoyar — to support

averiguar — to ascertain

dar el pésame — to express sympathy

evitar — to avoid

hacer falta — to be necessary

prever — to foresee

quejarse — to complain

reivindicar — to vindicate, claim

solicitar — to apply (for)

superar — to surpass

partidario de — supporting

de mal humor — in a bad mood

en cuanto — as soon as

(b) Notes

1. Bilbao is the main industrial centre of the Basque provinces in the north of Spain.

2. The eastern seaboard of Spain around Valencia is often called Levante.

(c) Grammar

1. The passive form and how to avoid it.

   e.g.: Me dicen que . . .

   No se puede pasar.

   See Section 34 of the Grammar Summary.

2. The future tense.

   e.g.: Le llamaré.

   See Section 35 of the Grammar Summary.

Exercises

(a) Series A

A. Write answers to the following questions in Spanish, using complete sentences.

   1. ¿Cuándo ha cambiado la prensa española?
   2. ¿Qué existió bajo el régimen de Franco?
   3. ¿Qué hizo la dictadura en sus últimos años?
   4. Dé un tema que no debía mencionarse.
   5. ¿Qué fenómeno ocurrió después de la muerte de Franco?
   6. ¿Qué es Cambio 16?
   7. Dé los nombres de dos periódicos tradicionales.
   8. ¿Cómo se llama el nuevo diario en España?
   9. ¿Cuál es el periódico más importante regional?
  10. ¿Qué tirada tiene?

B. Write answers to the following questions in Spanish, using complete sentences.

   1. ¿Qué hace Pedro Duarte?
   2. ¿Por qué llegó tarde a la oficina?
   3. ¿Qué ocurrió cuando entró?
   4. ¿Qué hizo Pedro en seguida?
   5. ¿Con quién habló después?
   6. ¿Con quién se reunió?
   7. ¿A qué hora sale a comer?
   8. ¿Sobre qué tema era el informe que preparó?
   9. ¿Cuándo es la hora punta?
  10. ¿Por qué salió temprano?
  11. ¿Cuánto tiempo tardó en llegar a casa?
  12. ¿Por qué se cambió su humor?

C. Imagine you are Pili. Say in Spanish the English in brackets. Do not look at the text in the key passage.

Pedro: Pili, ¿has terminado el artículo sobre las inundaciones?
(Not yet. I'm sorry. The fact is the rains had not been forecast.)
Pedro: Los reyes van a ver las zonas peor afectadas.
(Yes. I'm told that they are going to offer their sympathy to the families of the dead. How many victims are there?)
Pedro: Por lo menos veinte.
(What part are the king and queen going to?)
Pedro: Seguramente irán a Valencia.
(I'll call the correspondent who works there to find out what's happening.)
Pedro: No se puede pasar por algunas de las carreteras.
(Don't worry. I'll go via the main road and I'll be there before dark.)

D. Write a suitable response to the following comments, using *se*, as in the example.

> *Quiero comprar huevos.*
> *No se venden huevos aquí.*

1. Voy a probar pulpo.
2. Voy a tomar manzanilla.
3. Pienso pasar por la carretera principal.
4. Quiero fumar en el cine.
5. Necesito un periódico inglés.
6. Voy a comprar sellos.

E. Write the following sentences, changing the verb from the passive form into the active form. For example:

> *La carretera fue cortada por las inundaciones.*
> *Las inundaciones cortaron la carretera.*

1. La película fue censurada por el gobierno.
2. Las pastillas fueron recomendadas por el médico.
3. Las gafas fueron encontradas por el perro.
4. Las herramientas fueron vendidas por el granjero.
5. La herida fue vendada por la enfermera.

F. Write the following in the simple future tense.

1. Voy a llevar a los niños al parque.
2. Vamos a salir de la oficina a las cinco.
3. Los reyes van a ver las zonas peor afectadas.
4. ¿Vas a hacerlo pronto?
5. Vais a tener frío.
6. Voy a terminar el artículo primero.

G. *Composition* Write an account, without using direct speech, of the scene between Pili and Pedro Duarte. Begin: Pedro le pregunta a Pili si ha terminado ya el artículo sobre las inundaciones en Levante. (*120 words*)

(b) Series B

A. Write answers to the following questions in Spanish, using complete sentences.

1. ¿Cómo fue el cambio reciente de la prensa española?
2. ¿Cuál fue el resultado de la censura?
3. ¿Cuáles fueron los principios directivos del Ministerio?
4. ¿Cuál fue el resultado del 'destape'?
5. ¿Cómo es Interviú?
6. ¿De qué trata Cambio 16?
7. ¿Cuándo está preparado a criticar al gobierno?
8. ¿Qué instituciones reciben el apoyo de *ABC* y *Ya*?
9. ¿Qué prestigio tiene *El País*?
10. ¿Por qué no se deben olvidar diarios como *La Vanguardia*?

B. Pedro Duarte writes a diary every evening of his day. You write it for him for today in summary form. (*100 words*)

C. Imagine you are the secretary applying for the job in Pedro Duarte's office. Say in Spanish the English in brackets.

En la recepción.
Recepcionista: Sí, señorita. ¿Vd. desea?
(Tell her that you have an appointment with Mr. Duarte at half past nine.)
Recepcionista: Bueno. Espere un momento. (Coge el teléfono.) Sr. Duarte, aquí hay una señorita que quiere hablar con Vd. . . . Sí . . . . Sí . . . . Señorita, ¿por de parto do quión?
(Tell her it's Miss Álvarez. María Ángeles Álvarez.)
Recepcionista: Por de parte de la señorita Álvarez . . . Sí . . . De acuerdo . . . En seguida. (Cuelga.) Puede pasar. Por aquí.
En la oficina del Sr. Duarte.
El Sr. Duarte: Adelante.
(Wish him good morning. Tell him who you are. You've come for the post of secretary.)
El Sr. Duarte: Bueno. Siéntese. Ah sí, aquí tengo su solicitud. Veo que Vd. vive bastante cerca. ¿Con quién vive Vd.?
(Tell him you live with your parents and two brothers. They are younger than you.)
El Sr. Duarte: ¿Y no piensa Vd. casarse?
(Not yet. You haven't a steady boy friend.)
El Sr. Duarte: ¿Cómo va Vd. a venir al trabajo?
(Tell him that if the weather is fine you'll walk. It's about twenty minutes. If the weather is bad you can catch the bus.)
El Sr. Duarte: Bueno. Quiero que haga Vd. una prueba.
(Tell him that's fine. You're ready.)

D. Write in Spanish:

1. English is spoken here.
2. Stamps are sold in the tobacconist's.
3. Everything was changed when Franco died.
4. I'm told that you can't get through.
5. Skiing is done in the Pyrenees.
6. Themes like terrorism could not be mentioned.

E. Write down the following questions. Imagine you are Pedro Duarte. Ask Pili:

1. When she will go to Valencia.
2. How she will travel.
3. How much money she will need.
4. If she will know where to stay.
5. If she will do the article straight away.
6. Where she will see the king.
7. When she will come back.

F. Write answers in the future tense, following the example.

¿Compraste los chocolates ayer?
No. los compraré mañana.

1. ¿Terminó Vd. el informe ayer?
2. ¿Escribiste el artículo ayer?
3. ¿Hizo el trabajo ayer?
4. ¿Se pusieron los uniformes ayer?
5. ¿Les diste el pésame ayer?
6. ¿Les dijisteis vuestras noticias ayer?

14 Las Fiestas Religiosas

Aunque España es tan moderna como los otros países del mundo desarrollado en muchos aspectos de su vida, mantiene aún algunas tradiciones importantes. Las fiestas son un elemento positivo en una sociedad con tantos elementos negativos. Unos dirían que el catolicismo está pasado de moda hoy en día pero el fervor que los españoles manifiestan en sus fiestas es algo que no se puede negar. Son famosas las procesiones de Semana Santa de Sevilla seguida de la feria, y muchos turistas extranjeros acuden allí para presenciarlas. No es tan bien conocida la romería de El Rocío. El Rocío es un pueblo bastante pequeño que está situado en las Marismas del río Guadalquivir cerca de donde desemboca en el Golfo de Cádiz. Durante la mayor parte del año es un pueblo tranquilo y casi desierto pero todo eso cambia en Pentecostés. Es entonces cuando miles de fieles van de romería a la ermita de El Rocío, llegando de muchas de las poblaciones grandes y pequeñas de aquella región de Andalucía.

Antes de salir para El Rocío hay que pasar muchas horas haciendo preparativos. Cada pueblo o ciudad tiene su cofradía y las cofradías tienen su paso que llevarán consigo a la ermita. Los carros en que los fieles van a hacer el viaje son pintados y luego cubiertos de tela. Después decoran los carros con flores especialmente claveles rojos. Las mujeres y las chicas sacan su traje tradicional del armario, lo planchan y se lo ponen.

Un pueblo típico es el de Gines, cerca de Sevilla. Al amanecer la banda pasa por las calles del pueblo despertando a todos. Primero se celebra misa en la iglesia. Todos gritan 'Viva la virgen de El Rocío' y luego cantan y bailan la Sevillana, un baile que no tiene nada que ver con el flamenco de los gitanos de Andalucía.

Después la procesión sale del pueblo encabezada por hombres a caballo. Los carros van tirados por bueyes y en el centro el paso, rodeado por una muchedumbre enorme. Muchos van a pie tocando el paso mientras caminan. El viaje de Gines a El Rocío dura tres días y los penitentes dependen de la generosidad de los aldeanos que encuentran en camino. Les dan de comer como una muestra de amistad. Se paran para pasar la noche. Mientras las mujeres y los niños duermen en los carros, los hombres, envueltos en mantas, duermen en el suelo. A la mañana siguiente les despierta el cohetero lanzando cohetes al aire y el tamborilero que toca un tambor y una flauta al mismo tiempo. Se celebra misa al aire libre cerca del campamento en un momento solemne lleno de reverencia.

Luego los peregrinos siguen su camino hacia El Rocío y después de tres días llegan muy cansados el viernes por la tarde. Es una caminata larga, fatigosa y difícil. Van a hospedarse en cortijos del pueblo. Cuando todos han llegado las celebraciones pueden empezar. La plaza de El Rocío está de bote en bote, una escena ruidosa y vistosa. Mientras las diferentes cofradías ofrecen su homenaje a la virgen aumenta la gran emoción; hay disputas entre las cofradías que tratan de acercarse a tocar la imagen de la virgen. Alguien grita 'Viva la virgen de El Rocío'

La Virgen de el Rocío (Robert P. Clarke)

y se restablece la paz en seguida. Luego se encienden miles de velas dentro de la capilla y los penitentes ofrecen promesas y oraciones a la virgen. Algunos dicen que Dios envió a la virgen de El Rocío a los andaluces para renovar su fe después de ocho siglos de ocupación musulmana.

Es domingo por la mañana y el obispo da los sacramentos a los fieles mientras cantan *El Milagro de la Fe*. El domingo por la tarde todo el mundo está de fiesta. Se reanudan las celebraciones seguidas por las procesiones en que cantan el Ave María. Se ofrecen oraciones, no a la imagen sino a la persona que representa. Al anochecer las ceremonias oficiales terminan. Es la señal para la gente. Traspasan la barrera detrás de la cual está guardada la virgen para tocarla en un frenesí de devoción.

Se saca la virgen y se la pasa por las cofradías entre escenas de emoción indescriptibles. Todos luchan por tocarla y pasan a los niños encima de las cabezas de los adultos para acercarlos al paso. Es la expresión de una fe espontánea y sincera.

What is the legend of El Rocío?

Es una leyenda que se remonta hasta el siglo quince. Una mañana entre el rocío de las Marismas inmensas y silenciosas una imagen apareció ante un cazador. La vio sentada en un olivo añoso. Aunque era el amanecer todos los pájaros, los grillos y las ranas se callaron. Sobresaltado el cazador se acercó y se dio cuenta que el aire estaba lleno del olor de azucenas y romero. Al acercarse más vio que la imagen era de la Virgen María vestida de pastora. Puesto que el rocío estaba en sus mejillas se conoce desde entonces como la Virgen de El Rocío. El cazador cogió la imagen y se puso en camino para volver a su pueblo. En camino se paró y se durmió. Cuando se despertó encontró que la imagen había desaparecido. Desesperado regresó corriendo al olivo donde la había encontrado y ¡allí estaba! Volvió a su pueblo y contó su aventura a los aldeanos que fueron a encontrar la imagen donde el cazador dijo que estaba. La cogieron y la trajeron a la iglesia del pueblo en triunfo. Los aldeanos construyeron una ermita en ese mismo lugar y la llamaron El Rocío.

Conversation 📼

Joaquín y Marta están preparando el carro para la romería. María se acerca.

María: ¿Qué tal? ¿Cómo van las cosas?

Joaquín: Hola, María. No están mal. Todavía nos queda bastante que hacer. ¿Tu carro está listo?

María: ¡Qué va! Jorge dijo que saldríamos a las ocho pero estoy segura que no estará listo antes de las diez.

Marta: Me gusta tu traje. ¿Es nuevo?

María: Sí. Te acuerdas que el año pasado hacía muchísmo calor. Cuando volví a casa mi traje viejo estaba muy sucio con todo el polvo. Le dije a Jorge que debería comprarme uno nuevo para este año. ¡Aquí está!

Marta: Es precioso.

María: Gracias. Dime, Marta, ¿qué opinas de mi peinado?

Marta: Mm . . . . Me gusta pero una rosa en el pelo te iría muy bien. O, si te gusta más, un clavel.

María: Sí. Creo que preferiría un clavel color rosa.

Joaquín: Eh, Marta, si no me ayudas no vamos a terminar nunca.

María: Perdón. No quería molestaros.

Joaquín: No es molestia. Si quieres ayudarnos puedes limpiar el interior del carro.

María: ¿Dónde está la escoba?

Joaquín: Detrás de ti, al lado del bote de pintura.

Marta: Y el recogedor y el cepillo están también allí.

María: Marta, ¿dónde vais a hospedaros en El Rocío?

Marta: Pues, no sé.

María: Jorge y yo conocemos a un granjero que nos va a dejar una habitación en su cortijo. Caben cuatro personas. ¿Por qué no os quedáis con nosotros?

Marta: ¿Qué piensas, Joaquín?

Joaquín: Me parece una muy buena idea. Gracias, Marta.

Marta: De nada.

María: Otra cosa. Vais en la procesión detrás del carro de Diego?

Joaquín: Supongo que sí. Siempre vamos detrás de él.

María: ¿Podemos ir detrás de vosotros entonces?

Joaquín: Claro.

Marta: Joaquín, ¿cuántas personas van de nuestro pueblo a El Rocío este año?

Joaquín: No sé exactamente; unas cien más o menos. Hay más carros que nunca.

María: Bueno. Voy a ver lo que está haciendo Jorge. Me dijo que tendría que pintar las ruedas otra vez. ¡Nunca está satisfecho!

Marta: Adiós, María.

María: Adiós. Hasta mañana entonces.

Explanations

(a) Vocabulary

el aldeano — villager
el amanecer — dawn
la amistad — friendship
el armario — cupboard
la azucena — water lily
el bote — tin
la caminata — (long) walk
la capilla — chapel
el cazador — hunter
el cepillo — brush
el clavel — carnation
la cofradía — brotherhood
el cohete — rocket
el cohetero — rocket firer
el cortijo — Andalusian farm house
la ermita — hermitage
la escoba — broom
la fe — faith
la feria — fair
la flauta — flute
el grillo — cricket
el lugar — place
la manta — blanket
la mejilla — cheek
el milagro — miracle
la misa — Mass
la muchedumbre — crowd
la muestra — show, display
el obispo — bishop
el pájaro — bird
el paso — float
el peinado — hairstyle
el peregrino — pilgrim
la pintura — paint
el polvo — dust
la rana — frog
el recogedor — dustpan

el tamborilero — drummer
el traje — dress, suit
la vela — candle

caber — to be contained
callarse — to fall silent
caminar — to walk
desembocar en — to flow into
encabezar — to lead
enviar — to send
estar de fiesta — to be in a festive mood
ir bien a — to suit
luchar — to fight, struggle
molestar — to bother
negar — to deny
pintar — to paint
planchar — to iron
ponerse en camino — to set off
presenciar — to attend, witness
reanudarse — to resume
remontarse hasta — to go back to
tocar — to touch, play

añoso — very old
envuelto — wrapped
fiel — faithful
largo — long
pasado de moda — old-fashioned
precioso — beautiful
ruidoso — noisy
sobresaltado — startled
vistoso — colourful

a la mañana siguiente — next morning
de bote en bote — packed
en seguida — straight away

el rocío — dew
la romería — pilgrimage
el romero — rosemary
la rueda — wheel
la señal — sign
el tambor — drum

no es molestia — it's no trouble
¡Qué va! — Certainly not!

(b) Notes

1. The processions of Holy Week in Seville attract thousands of visitors, many of whom remain for the fair during the week after Easter.

2. *Las Marismas* are the marshes in the estuary of the river Guadalquivir, the most important waterway in the South of Spain. The major towns built on the Guadalquivir are Córdoba and Seville.

3. A *cofradía* is a brotherhood or society which prepares a float for the religious processions and then accompanies it through the streets when the processions take place.

4. The typical dresses with their long, full skirt and tight bodice are worn by Spanish women at *fiesta* time.

5. *La Sevillana* is a dance which to a foreigner's eye and ear might be confused with *flamenco*. However, it is quite different in its rhythm. The men and women are continually dancing and playing *la Sevillana* during the pilgrimage.

6. The carnation is the national flower of Spain.

7. The story of the Virgin of El Rocío is one of many such legends in Spanish folklore.

(c) Grammar

1. The conditional tense.
   e.g.: *Dijo que saldríamos.*
   See Section 36 of the Grammar Summary.

2. Strong pronouns.
   e.g.: *Detrás de ti.*
   See Section 37 of the Grammar Summary.

Exercises

(a) Series A

A. Write and complete the sentences correctly.

1. España es un país
   (a) subdesarrollado.
   (b) en vías de desarrollo.
   (c) desarrollado.

2. Las procesiones de Semana Santa tienen lugar en
   (a) invierno.
   (b) la primavera.
   (c) verano.
3. El Rocío
   (a) es muy grande.
   (b) es bastante grande.
   (c) no es muy grande.
4. El golfo de Cádiz está al
   (a) nordeste de España.
   (b) sudeste de España.
   (c) sudoeste de España.
5. El Rocío es un pueblo tranquilo durante
   (a) la mayoría del año.
   (b) una pequeña parte del año.
   (c) una semana del año.
6. Cada cofradía lleva a El Rocío
   (a) un carro.
   (b) un clavel.
   (c) un paso.
7. La banda pasa por el pueblo
   (a) por la mañana.
   (b) por la tarde.
   (c) por la noche.
8. Primero en la procesión van
   (a) los pasos.
   (b) los carros.
   (c) los hombres a caballo.
9. Los hombres duermen
   (a) en casa.
   (b) en el carro.
   (c) al aire libre.
10. En la plaza de El Rocío.
    (a) hay mucha gente.
    (b) hay poca gente.
    (c) no hay nadie.
11. Los moros permanecieron en España
    (a) setecientos años.
    (b) ciento setenta años.
    (c) setenta años.
12. El domingo las ceremonias acaban
    (a) por la mañana.
    (b) por la tarde.
    (c) por la noche.

B. Each of the following statements has a factual error. Write the sentences correctly.

1. La leyenda de El Rocío es del siglo dieciséis.
2. Las Marismas eran ruidosas.
3. Un día al amanecer los pájaros empezaron a cantar.
4. El aire olía a azúcar y rosas.
5. Cuando el pastor se despertó la imagen había disparado.
6. Volvió al olivo andando.

7. Los aldeanos encontraron la imagen en el pueblo.
8. Llevaron la imagen a la ermita.

C. Listen to the conversation and write the answers, using complete sentences.

1. ¿Quién es el marido de María?
2. ¿Está listo el carro de María?
3. ¿A qué hora piensa María que saldrán?
4. ¿Qué tiempo hacía el año pasado?
5. ¿Por qué debió Jorge comprar un nuevo traje para María?
6. ¿Le gusta a Marta el traje?
7. Según Marta ¿qué le iría bien a María?
8. ¿Qué preferiría María?
9. Según Joaquín ¿cómo puede María ayudarles?
10. ¿Dónde van a hospedarse María y su marido en El Rocío?
11. ¿Cuántas personas van a El Rocío aproximadamente?
12. ¿Qué iba a hacer Jorge?

D. Write the following statements in reported speech by beginning: Dijo que . . . .

1. Hará mucho calor.
2. Pintaré el carro.
3. Nos quedaremos en el cortijo.
4. No podré descansar en el suelo.
5. No estaré nunca satisfecho.
6. Me gustará la nueva pintura.
7. Los claveles te irán bien.

E. Write the following sentences, replacing the words in bold print with a strong pronoun.

1. Los carros irán detrás de **los músicos.**
2. La imagen está sentada en **el olivo.**
3. Se despidieron de **sus amigas.**
4. Voy a hospedarme con **los granjeros.**
5. El obispo está de pie delante de **la iglesia.**
6. Pienso que voy a El Rocío con **Diego.**

F. *Composition* Describe the preparations for the pilgrimage in a typical village. Use the material of the conversation to help you and write your composition in the past tense. (*120 words*)

(b) **Series B**

A. Write answers in Spanish to the following questions, using complete sentences.

1. ¿Qué opinan algunos del catolicismo?
2. ¿Qué manifiestan los españoles en sus fiestas religiosas?
3. ¿Cuál es la fiesta religiosa más conocida de España?
4. ¿Cuándo hay mucha gente en El Rocío?
5. ¿Qué es una romería?
6. ¿Cómo son los carros?
7. ¿Qué flores se ven más?
8. ¿Qué les despierta a los aldeanos en el día de la romería?
9. ¿Tiene la Sevillana su origen en el flamenco?

104

10. ¿Cuántos días están en camino los habitantes de Gines?
11. ¿Dónde duermen los hombres, las mujeres y los niños?
12. ¿Cuándo llegan a El Rocío?
13. ¿Por qué hay disputas?
14. ¿Qué se encienden en la capilla?
15. Según algunos, ¿por qué envió Dios la imagen de la Virgen a El Rocío?
16. ¿Qué hace el obispo el domingo por la mañana?
17. ¿A quién ofrecen los penitentes sus oraciones?
18. ¿Qué expresan las ceremonias como la de El Rocío?

B. Write answers in Spanish to the following questions, using complete sentences.

1. ¿Cuándo tuvo lugar la leyenda?
2. ¿Dónde vio el cazador la imagen por primera vez?
3. Algo curioso ocurrió. ¿Qué fue?
4. ¿A qué olía el aire?
5. ¿Cómo estaba vestida la imagen de la Virgen?
6. ¿De qué se deriva su nombre?
7. Después de coger la imagen ¿qué hizo el cazador?
8. Cuando se cansó ¿qué hizo?
9. Mientras dormía ¿qué pasó?
10. Al volver al olivo ¿qué encontró?
11. ¿Qué hicieron los aldeanos cuando el cazador les contó su aventura?
12. ¿Qué hay ahora en el lugar donde estaba el olivo?

C. You are preparing your cart for the *romería* but you are having problems. Your friend, Ramiro, offers help. Say in Spanish the English in brackets.

Ramiro: ¿Qué tal?
(Not bad. I have just finished painting the cart but the carnations haven't arrived.)
Ramiro: No te preocupes. Me sobran claveles.
(Really? Do you have any of the red ones left?)
Ramiro: Sí. ¿Cuántos quieres?
(About a hundred.)
Ramiro: Bien. Te los traigo en seguida. ¿Necesitas algo más?
(I would like a beer. I am very thirsty.)
Ramiro: Sí, hace mucho calor. ¿A qué hora piensas salir?
(Alfonso said he would leave at nine o'clock. I think we shall be ready.)
Ramiro: Bueno. Voy a hablar con Alfonso. Podemos ir todos juntos.
(O.K. I agree, if you can arrange it with him.)
Ramiro: ¿Nada más? Bien, voy a por las cervezas.
(And the carnations!)

D. Write in Spanish:

1. What would you like to do?
2. She said she would wear her new dress.
3. We would be able to fetch it tomorrow.
4. I ought to repair the wheel before leaving.
5. I thought that you would have known him.
6. I might see him in the procession.
7. They would have waited for us.
8. They said that they would come and see us before the pilgrimage.

E. Write in Spanish:

   1. I am going to take it with me.
   2. The carts went in front of them. (masc.)
   3. They said goodbye to me.
   4. I am going to begin without you. (familiar singular)
   5. These carnations are for you. (polite plural)
   6. He said he would want to go in front of us.

F. *Composition* Study the text of the legend of the Virgin of El Rocío and then, without looking at it, write a summary of it.   (*100 words*)

15 El Patrimonio Nacional

En España hay muchos edificios importantes que son parte del patrimonio nacional, reflejando una historia turbulenta y a veces trágica, pero siempre interesante.

La entera ciudad de Toledo es un monumento histórico donde uno se puede imaginar en el pasado, andando por las calles estrechas y tortuosas que suben y bajan la colina en que está construida la ciudad. La catedral es magnífica conteniendo unos de los mejores cuadros de El Greco, como *El Expolio* que se encuentra en la Sacristía encima del altar. Hay que visitar también el Alcázar que ha sido reconstruido después de su destrucción durante la Guerra Civil. Sin embargo la atracción culminante para muchos turistas que visitan Toledo es el cuadro que está en la iglesia de Santo Tomé, *El Entierro del Conde de Orgaz*, uno de los mejores y más importantes cuadros del mundo.

Al noroeste de Madrid se encuentran dos edificios de dos épocas muy diferentes. Son monumentos que recuerdan el pasado glorioso y el pasado trágico de España.

El palacio de El Escorial fue construido por Felipe II, entonces el rey más respetado y más temido del mundo. El Escorial era un símbolo del catolicismo contra las fuerzas del protestantismo que se extendían por Europa en aquella época. Felipe se veía como rey y monje en su palacio-monasterio. Su vida austera se puede ver muy fácilmente en sus apartamentos sencillos. Contrastan fuertemente con los salones adornados de los Borbones que siguieron a los Hapsburgos con la muerte de Carlos II en 1700.

El Valle de los Caídos es un monumento que el General Franco hizo construir para recordar a los muertos de la Guerra Civil. Franco está también enterrado allí en una tumba cerca del altar de la basílica. Es un monumento que ha causado controversia desde su concepción y construcción. Sin embargo hay que admitir que refleja el concepto grandioso que los españoles quieren atribuir a su pasado.

Si le interesa al turista ver ejemplos del Patrimonio Nacional de España vale la pena quedarse algunos días en Madrid. Aparte de los monumentos en la misma ciudad como el Palacio Real y el museo del Prado, los sitios ya mencionados no están lejos. Madrid es un verdadero centro cultural.

Mr Sánchez takes his family and their English friend Andrew to see two interesting monuments near Madrid.

El Sr. Manuel Sánchez vive en Madrid con su familia, su esposa Isabel y dos hijos, Carlos, que tiene dieciocho años, y Juan, que tiene quince años. También se hospeda con ellos un chico inglés, llamado Andrew, que es correspondiente de Juan. Está en España para mejorar sus conocimientos del español.

Un domingo Manuel pensó que le interesaría a Andrew visitar dos edificios interesantes que forman parte del Patrimonio Nacional de España, El Escorial y el Valle de los Caídos. Como se encuentran muy cerca el uno del otro es fácil visitar los dos sitios en un día.

El Valle de los Caídos (Robert Taylor)

Después de desayunar Isabel preparó una merienda mientras Manuel sacaba el coche del garaje. Querían ponerse en camino pronto porque muchos madrileños salen a la montaña los domingos y las carreteras están a menudo muy concurridas.

Salieron de la ciudad en la autopista y empezaron a subir a la Sierra de Guadarrama. Pronto dejaron la autopista y tomaron la carretera de El Escorial y llegaron allí en menos de una hora. Fueron a aparcar el coche en un aparcamiento grande cerca del palacio y se juntaron con los que estaban haciendo cola para sacar entradas. Después de entrar bajaron al panteón subterráneo y vieron los ataúdes hechos de mármol negro y dorado de todos los reyes de España, incluso el rey que construyó El Escorial, Felipe II. Luego subieron las escaleras magníficas para ver los salones lujosos de los Borbones. Después de ver tanto lujo le sorprendió a Andrew ver los apartamentos austeros de Felipe II especialmente el salón del trono donde el rey recibía a embajadores de todos los países del mundo. Por fin fueron a ver la obra maestra del palacio, la biblioteca que le encantó a Andrew. Se maravilló con el libro de Santa Teresa de Ávila, uno de los tesoros más valiosos del Patrimonio Nacional.

Después de merendar en un parque en el pueblo de San Lorenzo de El Escorial subieron al coche y tomaron la carretera que conduce al valle de los Caídos a unos ocho kilómetros de distancia. Primero vieron la enorme cruz de piedra al doblar una esquina y a los pocos minutos estaban pasando por la entrada. Encontraron un aparcamiento cerca del pie de la cruz y Manuel dejó el coche al lado de un autocar que acababa de llegar lleno de turistas extranjeros. Pagaron las entradas y todos entraron en la basílica. Anduvieron hacia el altar mirando los tapices grandes en las paredes que contrastaban con las líneas rectas de la arquitectura moderna del monumento. Al llegar al altar levantaron los ojos para contemplar la bóveda, un mosáico de millones de cristales. Representaba a los pueblos de los cinco continentes acercándose a Jesucristo en el centro. Regresaron al patio delante de la puerta principal donde Andrew tuvo que cerrar los ojos un minuto ante la luz deslumbrante del sol. Finalmente subieron en el funicular para ver de más cerca las estatuas gigantescas alrededor del pie de la cruz.

Andrew tuvo que confesar que estaba muy cansado y que tenía mucha sed después de un día tan largo. Fueron a un bar que estaba en el aparcamiento y todos tomaron un refresco. Al volver a Madrid en el coche Andrew les dijo a sus amigos españoles que, aunque había sido un día fatigoso, lo había pasado muy bien.

Conversation 📼

Mientras está esperando su turno para visitar el Valle de los Caídos, Manuel Sánchez habla con su familia y con Andrew de lo que acaban de ver y de lo que están a punto de ver.

Manuel: Dime, Andrew, ¿qué opinas de El Escorial?

Andrew: Me gustó mucho la biblioteca. Es preciosa. ¡Cuánto valen todos esos libros!

Isabel: Es verdad. Manuel, ¿el libro de Santa Teresa es la versión original?

Manuel: Sí, desde luego. Un momento. Carlos, acércate más. Espera aquí en la cola.

Carlos: Lo siento, papá, pero tengo mucho calor.

Isabel: Siéntate aquí. Pero ¡qué tonto eres! ¡Llevas un jersey! Quítatelo.

Carlos: Sí, mamá.

Manuel: Juan, hazme un favor. Ve a comprar unos helados.

Juan: ¿Cómo?

Isabel: Oye, Juan, tu padre te está hablando.

Juan: Perdón. Estaba mirando estas diapositivas y . . .

Isabel: ¡No las toques, hombre!

Juan: ¿Qué quieres, papá?

Manuel: Toma este billete de quinientas y cómpranos unos helados. Allí está el quiosco.

Juan: Pero, papá . . .

Manuel: ¡Vete! ¡Date prisa!

Juan: Sí, papá. (Se va.)

Isabel: Andrew, Carlos, subid. Vamos a sacar las entradas.

Manuel: Isabel, espera un momento. Vamos a comer los helados.

Juan (acercándose): Aquí están los cinco helados.

Andrew: Lo siento, Sr. Sánchez, pero no me gustan los helados.

Manuel: ¡No me digas! No te preocupes. Yo comeré dos. Me encantan. Vete a comprar una naranjada entonces.

Andrew: Gracias.

Manuel: Bueno, aquí tengo las entradas. Ahora tenemos que esperar al guía. Sentaos todos.

Isabel: Ahí viene el guía y Andrew también.

Guía: Entreguen las entradas, por favor, señores. Pasen Vds. a la derecha.

Manuel: Perdone, señor, ¿puede decirme dónde está la tienda de recuerdos?

Guía: Aquí al lado. No se marche Vd. sin visitarla.

Manuel: De acuerdo.

Guía: Y no deje de subir a ver las estatuas al pie de la cruz. Son una verdadera maravilla.

Manuel: Bien.

Guía: Señores, esperen Vds. aquí dos minutos. (Se va.)

Andrew: Es un edificio muy impresionante. Carlos, ¿qué piensas del monumento?

Carlos: Pues, no sé. No creo que sea una buena idea glorificar la guerra.

Manuel: Yo no estoy de acuerdo contigo. Me parece importante que haya monumentos como éste para recordarnos que muchos españoles sacrificaron su vida por nosotros.

Isabel: De acuerdo, pero no queremos un monumento tan grande como éste. Nos costó millones de pesetas. ¿Cómo se puede justificar?

Manuel: Muy fácilmente. Como centro turístico gana muchas pesetas. Y, lo que es muy importante, atrae a muchos extranjeros.

Isabel: Pero no te olvides que los gastos para mantener un monumento tan grande son enormes. Y me dicen que hay problemas graves con la humedad.

Andrew: Yo pienso que, como es el único del mundo, se justifica.

Carlos: No digas tonterías.

Manuel: ¡Vale! ¡Vale! No queremos discusiones. Ah, el guía vuelve. Subid por aquí.

Guía: Señores y señoras, acérquense. Pasen, pasen.

Manuel: Vamos a ver el monumento. Decidiremos después si está justificado o no.

Explanations

(a) Vocabulary

el alcázar — castle	atraer — to attract
el ataúd — coffin	bajar — to go down
la autopista — motorway	conducir — to lead, drive
la biblioteca — library	darse prisa — to hurry up
la bóveda — vault	doblar — to turn
la colina — hill	encantar — to delight
el conocimiento — knowledge	enterrar — to bury
el correspondiente — pen friend	entregar — to hand in
el cristal — (piece of) glass	extenderse — to spread

la cruz — cross	hacer cola — to queue
el cuadro — picture	juntarse con — to join
la diapositiva — slide	marcharse — to go away, leave
el edificio — building	maravillarse con — to wonder at
el entierro — burial	subir — to go up
la estatua — statue	temer — to fear
el funicular — funicular railway	valer la pena — to be worth while
los gastos — expenses	
el guia — guide	dorado — gilt
el monje — monk	estrecho — narrow
el mármol — marble	lujoso — luxurious
la naranjada — orangeade	recto — straight
la obra maestra — masterpiece	valioso — valuable
el patrimonio — heritage	
el tapiz — tapestry	no deje de — don't fail to
el tesoro — treasure	
las tonterías — nonsense	

(b) Notes

1. Toledo is situated 70 kilometres south of Madrid. It is on a rocky outcrop surrounded on three sides by the river Tagus.

2. El Greco was a Greek painter who came to Spain to work for Philip II as the official court painter. His work is characterised by elongated figures and splashes of bright colour particularly on the cloaks of his male subjects. It is ironic that his masterpiece, 'The Burial of Count Orgaz', is in the alcove of an otherwise undistinguished church.

3. The Palace Monastery of El Escorial was conceived by Philip II in 1557 and it is amazing that it took only just over twenty years to complete. It remains a fitting memorial to a great era and a powerful ruler in Spanish history.

4. The Hapsburg dynasty began with the accession to the Spanish throne of Charles V, the Holy Roman Emperor, and the father of Philip II, in 1516. It ended with the death of Charles II in 1700. After the War of Spanish Succession (1700–1713) the French Bourbon dynasty began its reign and it is still the ruling family of Spain today.

5. The Valley of the Fallen was conceived by Franco to remember the half million Spaniards who died in the Spanish Civil War. It will be always remembered as Franco's memorial and it is significant that he asked to be buried there after his death in 1975.

6. Santa Teresa de Ávila was a mystic whose ideas have greatly influenced Spanish Catholic thought over the centuries. Her book is the most treasured possession of the Escorial, standing in pride of place in the library in its own glass case.

(c) Grammar

The imperative.

e.g.: *Oye. No la toques.*
Perdone. No deje de subir.

See Section 38 of the Grammar Summary.

Exercises

(a) Series A

A. Write answers in Spanish to the following questions, using complete sentences.

1. ¿Cómo ha sido la historia de España?
2. ¿Cómo son las calles de Toledo?
3. ¿Quién es el pintor famoso de Toledo?
4. ¿Cuándo fue destruido el Alcázar?
5. ¿Dónde está *El entierro del Conde de Orgaz*?
6. ¿Quién hizo construir El Escorial?
7. ¿Qué ocurrió en 1700?
8. ¿Qué dinastía siguió la de los Hapsburgos?
9. ¿Quién hizo construir *El Valle de los Caídos*?
10. Cite dos monumentos importantes en la ciudad de Madrid.

B. Write answers in Spanish to the following questions, using complete sentences.

1. ¿Quién es Andrew?
2. ¿Por qué está en España?
3. ¿Por qué es fácil visitar El Escorial y El Valle de los Caídos en un día?
4. ¿Qué hizo Isabel mientras Manuel sacaba el coche del garaje?
5. ¿Por qué es necesario salir temprano los domingos?
6. ¿Cuánto tiempo estuvieron en camino?
7. ¿Qué parte del palacio visitaron primero?
8. ¿Qué contienen los ataúdes?
9. ¿Cómo son los salones de los Borbones?
10. ¿Cómo son los apartamentos de Felipe II?
11. ¿Cuál es la obra maestra del palacio?
12. ¿A qué distancia está el Valle de los Caídos?
13. ¿Qué parte del monumento vieron primero?
14. ¿Qué estaba sobre las paredes de la basílica?
15. ¿Qué había encima del altar?
16. ¿Por qué tuvo que cerrar los ojos Andrew cuando salió de la basílica?
17. ¿Para qué subieron en el funicular?
18. ¿Qué opinó Andrew de la excursión?

C. You play the role of Isabel. You give some instructions to Carlos and Juan by saying in Spanish the English in brackets.

Carlos: Tengo mucho calor, mamá.
(Sit here. How silly you are! You're wearing a jumper! Take it off!)
Carlos: Sí, mamá.
(Juan, do me a favour. Go and buy me some ice creams.)
Juan: Perdón, estaba mirando estas diapositivas.
(Don't touch them!)
Juan: No, mamá. ¿Qué dices?
(Take this note and buy us some ice creams.)
Juan: Pero, mamá . . .
(Go on! Hurry up!)
Juan: Sí, mamá.

D. Rewrite the following sentences, making them into commands by changing the infinitive of the verb into the imperative. Use the imperative form as indicated in brackets.

1. Sentarse aquí. (*tú*)
2. No tocar los tapices. (*Vds.*)
3. Irse en seguida. (*tú*)
4. Darse prisa. (*vosotros*)
5. No decírmelo. (*Vd.*)
6. Subir todos. (*vosotros*)
7. Poner la mesa. (*tú*)
8. Seguir todo recto. (*Vd*)
9. Entregar los billetes. (*Vds.*)
10. Ponerse los guantes. (*vosotros*)
11. No preocuparse. (*Vds.*)
12. Venir acá. (*tu*)
13. Ser bueno. (*tú*)
14. No tener miedo. (*vosotros*)
15. No dejar de visitarnos. (*Vds.*)
16. No subir al coche. (*vosotros*)
17. Quedarse aquí. (*tú*)
18. No marcharse sin verle. (*Vd.*)
19. Hacerlo ahora. (*tú*)
20. No volverse. (*tú*)

E. Write an alternative version by following the example.

Vamos a verle.
Veámosle.

1. Vamos a comprarlos.
2. No vamos a tocarla.
3. Vamos a seguirlo.
4. Vamos a sentarnos.
5. Vamos a quedarnos aquí.
6. No vamos a hacerlo.

F. Write an alternative version by following the example.

Escribámosla.
Vamos a escribirla.

1. Escuchémosle.
2. Subamos por aquí.
3. No lo olvidemos.
4. Pidámoslo a papá.
5. No lo entreguemos.
6. No le sigamos.

G. Write the following verbs in the *tú, vosotros, Vd.* and *Vds.* forms of the imperative.

1. acercarse
2. irse
3. vestirse
4. quedarse
5. sentarse

H. Write all the answers in Exercise G in the negative.

I. Translate into Spanish:

Mr. Sánchez speaks to Andrew while they are returning to Madrid by car. 'Tell me, Andrew, what do you think of the Valley of the Fallen?' 'I thought that it was very impressive', said Andrew, 'but I think it is a bad idea to glorify war'. 'I agree with you', Mrs. Sánchez said. 'It would be better to forget such things'. Mr. Sánchez shook his head. 'That is not true', he said. 'We should remember those who gave their lives for us.' 'But how can one justify such an enormous monument?' asked Mrs. Sánchez. 'Very easily', Mr. Sánchez replied. 'As a tourist centre it is very important and earns a lot of money.' 'Nonsense', she said. 'Don't forget that the costs to maintain such a big monument are very high. And I'm told that there are serious damp problems.'

Mr. Sánchez fell silent. He knew that his wife was right.

(b) Series B

A. Study the first text, then, without looking at it, write in Spanish a summary of it, using the following guide lines.

1. Toledo histórico — calles estrechas — colina — la catedral — cuadro de El Greco — el Alcázar — la iglesia de Santo Tomé.
2. El Escorial — Felipe II — símbolo del catolicismo — rey y monje — vida austera — los Borbones.
3. El Valle de los Caídos — Franco — Guerra Civil — enterrado — controversia — concepto grandioso.

B. Study the second text, then, without looking at it, write answers in Spanish to the following questions.

1. ¿Cuáles son los planes para el domingo?
2. ¿Cómo llegaron a El Escorial?
3. Escriba una frase acerca de cada uno de los siguientes: el panteón, los salones de los Borbones, los apartamentos de Felipe II, la biblioteca.
4. ¿Qué vieron en la basílica del Valle de los Caídos?
5. ¿Qué vieron al subir en el funicular?

C. You play the role of Andrew. You are talking to Manuel Sánchez as you visit the Valley of the Fallen. Say in Spanish the English in brackets.

Manuel: Andrew, mira esos tapices en las paredes.
(Are they old?)
Manuel: Sí. Contrastan con el resto del edificio, ¿no?
(Yes, the architecture is very modern.)
Manuel: Acércate. Levanta los ojos. Mira la bóveda encima del altar.
(It's beautiful. What is it made of?)
Manuel: Es un mosáico de cristales.
(What does it represent?)
Manuel: Los pueblos de los cinco continentes.
(Who is in the centre?)
Manuel: Jesucristo.
(Of course! It's the biggest mosaic I have ever seen in my life.)

D. Express in Spanish:

1. Children, don't cross the street yet.
2. I'll take the white shirt. Wrap it up please.
3. Ladies and gentlemen, sit down for a moment please.
4. John, don't touch the tapestry. It is very valuable.
5. Mary, here are your gloves. Put them on straight away.
6. Go over to the cash desk.
7. Let us see what is happening.
8. Stay here. (familiar plural)
9. Go straight on. (polite singular)
10. Don't forget to visit the Prado museum. (polite plural)

16 Los Jóvenes Adultos en España — sus Actitudes y Opiniones

Conversation 🔲

In an interview, a young Spanish adult, José González, and his wife, Cecilia, express their views on a number of topics. Here is an extract in which they talk about economic problems.

Interviewer: ¿Cuáles son los problemas de un joven matrimonio hoy en día en España?

Cecilia: Nosotros empezamos sin tener nada, nada más que los dos teníamos el trabajo que es muy importante hoy en España, porque no todo el mundo puede decir lo mismo . . . y hemos tenido mucha suerte también. Entonces una vez que puedes tener una casa y trabajando los dos se puede vivir bien, trabajando los dos ¿no? Es muy importante la ayuda de la mujer hoy día. Es vital que la mujer trabaje, aunque en España no gusta que la mujer trabaje. Se piensa que quitamos los puestos a muchos hombres y en la mayoría de los casos pienso yo que pueden tener razón, porque las mujeres que trabajan y están casadas, pues . . . hay muchas que no cumplen en su cometido, porque no ponen interés; van simplemente a ganarse el sueldo. Entonces, las empresas, todo esto, lo llevan muy mal, ¿no? Luego cuando tienen hijos son cuatro meses que están sin trabajar y se las pagan. Como está hoy España, los puestos de trabajo los deberían ocupar los hombres ¿no? He oído un comentario esta mañana — aunque no creo que sea posible — en que decían que a las mujeres, con maridos que ganan un buen sueldo, les van a quitar el puesto de trabajo para remediar el paro. Pienso que no se puede hacer . . . pienso que las mujeres no llegamos a consentirlo.

Interviewer: ¿Qué opinas tú, José? ¿Sería una buena idea quitar el empleo a las mujeres?

José: No, no creo que sea una buena idea. Pienso que no es la solución al paro, quitando a todas las mujeres de trabajar, porque eso, para mí, no soluciona el problema del paro. Eso es empezar a radicalizar las cosas, hacer separatismos, a crear más problemas de los que tenemos. Hay una población femenina que son varios millones, trabajando en bancos, en centros asistenciales, en clínicas, en fábricas, talleres, etc. La mujer hoy día está empezando a tener lugar en todos los sitios de trabajo y desde luego creo que sería crear un auténtico problema laboral. Como en todos los países hay que encontrar una solución buscando una forma más honrada de trabajar, no sé como, pero no quitando el trabajo a las mujeres.

[José continues by talking about changes in attitudes to marriage.]

Hace bastantes años en España empezaba una crisis que antes se conocía hasta cierto punto. Había separaciones, había divorcios, había divorcios no legales. Pero precisamente ahora se está empezando a notar por la sociedad, por la forma de vida, por el sistema de trabajo, por lo que sea, que la gente se casa sin cabeza, y evidentemente eso es una repercusión que se nota precisamente en el trabajo, en la sociedad, en la economía, en todo. Hay muchos matrimonios que se casan con dieciocho años, matrimonios que se casan ya con ella embarazada, personas que no son conscientes que se casan y que destrozan hogares, destrozan a hijos, destrozan a quienes se pongan delante precisamente por su egoísmo.

Interviewer: ¿Crees que hay una nueva libertad en España?

José: Bueno, no creo que haya una nueva libertad en España. Para mí, personalmente, la libertad es la misma que hemos tenido siempre. Pienso que hay una nueva forma de vida, una nueva forma de convivencia y de gobierno pero no hay una nueva libertad. Antes había una libertad normal para los ciudadanos normales. Yo pienso que quienes han tomado la libertad de una forma violenta son los que llamaron dictadura a lo que no era dictadura realmente. Para los que estamos estudiando o trabajando, y respetando las leyes de este país no hay ni más ni menos libertad. La libertad de este país la hacemos nosotros que respetamos las leyes; no la hace el gobierno, no la hace la policía, no la hacen las manifestaciones. En España en este momento estamos pasando por una crisis, debido a la cantidad de personas en la calle que son maleantes, son ladrones, son violadores de las leyes en sí. El resto de la población seguimos viviendo normal.

Cecilia: Yo pienso igual. Realmente nosotros seguimos siendo las mismas personas. Lo único que tenemos ahora son los derechos constitucionales, votamos, podemos expresar nuestras ideas. Pero seguimos teniendo la misma vida que antes, seguimos trabajando, luchando en esta vida que nos toca vivir, y expresándonos hasta cierto punto, ¿no?, porque realmente tenemos que someternos al gobierno como antes. En las elecciones podemos votar pero es la única diferencia que yo veo hasta ahora.

[José continues by expressing his alarm at the apparent lack of authority today in Spain.]

Hay organizaciones terroristas que están haciendo lo que les da la gana con este país, con el gobierno, con todas las instituciones. En los años que hace que ha cambiado nuestro gobierno, deben de haber muerto centenares de personas por atentados terroristas y no se han tomado medidas. Y hay que tomar medidas para que esto no vuelva a ocurrir.

Interviewer: Muchas gracias, Cecilia y José, por vuestras opiniones que han sido muy interesantes.

Explanations

(a) Vocabulary

el atentado — attack
el ciudadano — citizen
el comentario — comment
la convivencia — coexistence
el centro asistencial — social welfare
   centre
el derecho — right
el egoísmo — selfishness
la empresa — firm, company
el hogar — home
el ladrón — thief
la ley — law
el maleante — evildoer, crook
la manifestación — demonstration
el matrimonio — married couple
las medidas — means
el paro — unemployment
el taller — workshop

cumplir en su cometido — to fulfil
   one's commitment
destrozar — to destroy
llevarlo mal — to take it badly
quitar — to take away
remediar — to resolve, help
tener lugar — to take place
tener suerte — to be lucky

embarazada — pregnant
honrado — honourable

centenares de — hundreds of
hasta cierto punto — to a certain extent
no les da la gana — they don't feel
   like it
sin cabeza — recklessly

(b) Notes

When José talks of terrorist attacks in Spain, he is referring to the acts of ETA, the militant wing of the Basque separatist movement, which is seeking total independence from Spain.

(c) Grammar

1. Forms of the present subjunctive.
   See Section 39 of the Grammar Summary.

2. Uses of the present subjunctive:
   (i) in impersonal expressions
       e.g. *Es vital que la mujer trabaje.*
   (ii) not to think or say that . . .
       e.g. *No creo que sea una buena idea.*
   (iii) after an indefinite antecedent
       e.g.. *Harán lo que les dé la gana.*
   (iv) after *para que* . . .
       e.g.: *Para que esto no vuelva a ocurrir.*
   See Section 41, parts 4–7 of the Grammar Summary.

3. *Seguir* and *continuar* followed by the present participle.
   e.g.: *Seguimos siendo las mismas personas*
   See Section 18 of the Grammar Summary.

Exercises

(a) Series A

A. Study Cecilia's first response and then copy and complete the following sentences.

1. Cuando empezaron Cecilia y José no tenían más que . . .
2. Tuvieron también mucha . . .
3. Trabajando los dos es posible . . .
4. Hoy en día es muy importante que la mujer . . .
5. Si las mujeres trabajan, unos dirían que ellas . . .
6. Cecilia piensa que posiblemente . . .
7. Muchas no cumplen en su cometido porque . . .
8. Van sencillamente a . . .
9. Cuando tienen hijos no trabajan durante . . .
10. Un comentario dice que van a quitar los puestos a las mujeres para . . .

B. Study José's first response and then write answers to the following sentences, using complete sentences.

1. ¿José cree que es una buena idea quitar el empleo a las mujeres?
2. ¿Cuántas mujeres trabajan en España?
3. ¿Qué crearía el quitar el empleo a las mujeres?
4. ¿Qué hay que buscar para solucionar el problema?
5. ¿La crisis del matrimonio se ha mejorado o se ha empeorado?
6. ¿Cómo se casa la gente?
7. ¿A qué edad se casan muchos?
8. ¿Qué característica muestran los que destrozan hogares?

C. Study the responses of both José and Cecilia to the question about liberty. Then without looking at the text write a retranslation of the following English sentences.

1. I do not think that there is a new liberty in Spain.
2. The liberty is the same that we have always had.
3. For those of us who are studying or working and respecting the laws of this country, there is no more and no less liberty.
4. In Spain at this moment we are going through a crisis due to the numbers of people in the street who are crooks and thieves.
5. We continue to have the same life as before.
6. We have to bow to the government as before.
7. There are terrorist organisations which are doing what they like.
8. Measures must be taken so that this does not happen again.

D. You are a reporter sent to interview José González. As you are meeting him for the first time you address him in the polite form. Ask the questions in Spanish as indicated by the English in brackets.

José: Buenos días. ¿Qué quiere Vd. saber?
(What are the problems of a young married couple these days in Spain?)
José: Bueno, una falta de dinero. Pero trabajando los dos se puede vivir bien.
(Is it important that the woman should work?)
José: Sí, la ayuda de la mujer es muy importante.
(Some say that women who work are taking work from men. Do you agree?)

José: Sí, hasta cierto punto estoy de acuerdo. Pero no sería posible quitar los puestos a las mujeres. No lo permitirían.

(Where do women work these days?)

José: En bancos, en centros asistenciales, en clínicas, en fábricas, talleres, etc.

(Has the attitude of the Spaniard towards marriage changed?)

José: Sí, ahora la gente se casa sin cabeza.

(Is there a new liberty in Spain?)

José: Podemos votar pero no veo otra diferencia. Hay algunos que han tomado la libertad de una forma violenta.

(What do you mean?)

José: Las organizaciones terroristas están haciendo lo que les da la gana.

(Thank you very much. Your opinions have been very interesting.)

E. Write the sentences, putting the correct form of the present subjunctive.
  1. Es importante que la mujer . . . (*trabajar*)
  2. No creo que (ellos) . . . razón. (*tener*)
  3. Atacan a quienes . . . delante. (*ponerse*)
  4. Hay que hacer algo para que no . . . a ocurrir. (*volver*)
  5. Es vital que . . . el problema. (*resolverse*)
  6. No dice que . . . libertad. (*haber*)
  7. Hay más divorcios por el sistema de trabajo o por lo que . . . . (*ser*)
  8. Hay que mantener la autoridad de la ley para que nosotros no . . . confianza. (*perder*)

F. Write the sentences, putting the correct form of the verb in brackets.
  1. Nosotros seguimos . . . pobres. (*ser*)
  2. Los españoles siguen . . . sus derechos. (*tener*)
  3. ¿Sigues . . . en la misma empresa? (*trabajar*)
  4. Yo sigo . . . a los maleantes. (*denunciar*)
  5. José sigue . . . sus ideas. (*expresar*)

G. Write in Spanish:

  1. He does not think that it is a good idea to take jobs away from women.
  2. It is very important for us to have work.
  3. A woman works so that she can help to maintain the family.
  4. It is necessary for there to be more respect for the law.
  5. There must be authority so that people know what they can do.
  6. The crooks will do whatever they like.
  7. Terrorists are prepared to kill anyone who gets in their way.
  8. I do not say that there is a simple solution.

(b) Series B

A. Write in Spanish a summary of the attitudes and opinions expressed in the interview under the following headings.

  Ceci: Lo necesario para vivir bien.
  La importancia de la ayuda de la mujer.
  La polémica de la mujer que trabaja.
  José: Los resultados de quitar el trabajo a la mujer.
  Los cambios en actitudes hacia el matrimonio.
  La libertad en España.

Ceci: Las diferencias que nota entre la España de hoy en día y la España de antes.

José: La falta de autoridad.

B. Look at the following menu and answer the questions set on it.

LISTA DE PLATOS

Entremeses

entremeses variados
ensalada mixta
jamón serrano
jamón de York

Sopas

sopa de cebolla
gazpacho
sopa de fideos

Huevos

huevos fritos
huevos pasados por agua
tortilla francesa
tortilla española

Pescados

mariscos
merluza
bacalao
trucha

Carnes

pollo asado
filete de ternera
albóndigas
chuletas de cordero

Legumbres

champiñones
judías verdes
guisantes
zanahorias
patatas fritas
menestra

Postres

naranja
plátano
uvas
helado
flan
queso

Bebidas

cerveza
vino tinto
vino blanco
sangría
agua mineral
zumo de naranja
zumo de piña
café con leche
café solo
café cortado

1. You would like to order a meal. Write down the following items in Spanish.

   Cured ham; iced soup; hake; roast chicken; peas; carrots; fried potatoes; grapes; cheese; white coffee; a bottle of white wine.

2. Your friends who are with you do not speak Spanish. They want to know whether the restaurant offers: (a) cooked ham; (b) mushroom soup; (c) plain omelette; (d) cod; (e) pork chops; (f) broad beans; (g) apples; (h) pineapple juice.
   Write 'yes' or 'no' in each case.

C. Read the following horoscope from a teenage magazine for girls and write in English answers to questions set on it.

aries	(21 de marzo al 20 de abril)	Vas a cobrar mucho dinero esta semana y en sucesivas. El tiempo de la cosecha está llegando para ti. Pon de nuevo al cobro las facturas que te devolvieron impagadas.	*Amor.* — No sabrás negarle nada a tu amor y ello puede costarte todo lo que ganas y más. Ponle un coto a los regalos y no hables tanto de lo que tienes. Resérvatelo.
tauro	(21 de abril al 20 de mayo)	Escucha a todo el mundo, pero decide tú lo que debes o no debes hacer, porque serás el mejor inspirado. Los asuntos profesionales van a tope. Trabaja mucho y verás.	*Amor.* — Te interesas por una persona que puede incrementar tu fortuna, pero parece que un amigo se interesa igualmente por la misma persona y podría arrebatártela. ¡Ojo!
géminis	(21 de mayo al 21 de junio)	Las influencias reinantes te permitirán realizar todos tus deseos, por difíciles que sean. Prepárate, pues, a tener todo lo que has ambicionado. Jefes complacientes.	*Amor.* — Le caes muy bien a tu jefe, y a una cantidad de personas más. No provoques sus celos, porque podrías verte en la calle. Asegúrate de la sinceridad de tus sentimientos.

If you are Aries:

1. What is going to happen to you in the coming weeks?
2. What are you told to do about unpaid bills?
3. In your love life, what will you not be able to do?
4. What will be the result?

If you are Taurus:

5. What advice are you given in the first sentence of the horoscope?
6. What is going to happen in business?
7. In your love life, what could the person whom you like do?
8. Why are you being warned?

If you are Gemini:

9. Why are you told to fulfil your ambitions this week?
10. How will your bosses be?
11. In your love life, is your boss going to be favourably disposed towards you?
12. What will cause you to be thrown out into the street?

D. Tell the story illustrated by the pictures on page 123, writing in the past tense.
(L: *150 words*)

E. *Conversation* Answer these questions orally.

1. ¿Cómo se llama Vd.? ¿Cuál es su nombre?
2. ¿Cuántos años tiene Vd.? ¿Qué edad tiene Vd.?
3. ¿Dónde vive Vd.?
4. ¿Es una casa o un piso?
5. ¿Es una casa de uno o dos pisos?
6. ¿Qué habitaciones hay en la planta baja?

7. ¿Qué habitaciones hay en el primer piso?
8. ¿En qué habitación desayuna Vd.?
9. ¿En qué habitación descansa Vd.?
10. ¿En qué habitación cena Vd.?
11. ¿Tiene la casa un jardín?
12. ¿Qué hay en el jardín?
13. ¿Quién cuida del jardín?

What has happened?

17 La Nueva Democracia

El 20 de noviembre de 1975 el general Francisco Franco murió y España, que había sido una dictadura desde la guerra civil, llegó a ser una democracia con el rey, Juan Carlos I, jefe de estado.

Los españoles acudieron a las urnas, por primera vez en cuarenta años, en 1977 para elegir a un gobierno. Eligieron a 350 diputados para el congreso y 207 senadores para el senado. Votaron por el partido del centro derecha, UCD, y el jefe del partido, Adolfo Suárez, pasó a ser el primer presidente elegido de la nueva democracia.

Después de cinco años, durante los cuales Suárez dimitió, los españoles se desengañaron con el gobierno conservador y en 1982 eligieron a un gobierno socialista bajo el andaluz, Felipe González.

Son muchos los problemas con los que el presidente tiene que enfrentarse. Sin duda el mayor es el del terrorismo. Los terroristas de ETA no van a desaparecer. Van a continuar exigiendo la autonomía vasca, que significa para ellos la independencia total. Los españoles están hartos de oír y leer reportajes de atentados de terroristas contra las fuerzas del orden, especialmente la Guardia Civil.

Otro problema que se hace peor cada año es el del desempleo. Sería aun peor si todos los españoles que trabajan en el extranjero volvieran a España para buscar empleo.

Ha habido importantes cambios sociales en los últimos años. El divorcio está permitido y es probable que se permita el aborto dentro de poco. Antes los trabajadores pertenecían a sindicatos verticales porque las comisiones obreras estaban prohibidas. Tampoco podían ponerse en huelga; hoy en día las huelgas están permitidas legalmente.

Hay más libertad pero esto da licencia a los maleantes que antes tenían miedo de los 'grises' del General Franco. El aumento de atracos en las calles debe preocupar al gobierno. En los periódicos se leen artículos que critican las fuerzas del orden porque no imponen sanciones suficientemente severas. Antes había prisioneros políticos en la cárcel como es natural bajo un régimen que no toleraba la oposición política. Uno de los primeros actos del nuevo gobierno de Suárez fue el de dar libertad a los que habían opuesto la dictadura de Franco.

Todos los elementos ya mencionados son parte de la Constitución de 1978, que es la base de la nueva democracia y, con el apoyo del Rey, ha mantenido la estabilidad política y económica desde entonces. Ha habido varios golpes desde 1975 reforzando la convicción que España tiene una democracia frágil pero hasta ahora todos han fracasado.

En la política exterior Felipe González tiene que tomar decisiones importantes sobre tres cuestiones contundentes. Primero tiene que encontrar una manera en que España pueda ingresar en el Mercado Común. Segundo tiene que tomar una decisión definitiva sobre la OTAN. Los Estados Unidos quieren que España sea miembro de la OTAN. Felipe no está convencido de las ventajas pero es posible que tenga que aceptar, ya que es la única manera de ingresar en la CEE. Tercero tiene que resolver el problema de Gibraltar. El gobierno español quiere que Inglaterra devuelva el peñón a España pero los gibraltareños, quieren permanecer bajo la soberanía británica. Los oficiales de la Comunidad no aceptarían a un miembro que es enemigo de otro miembro.

En el futuro las diferentes regiones de España van a continuar reclamando sus derechos. El movimiento hacia la automonía que empezó hace muchos años en el País Vasco y Cataluña se ha extendido por el resto del país. Las comunidades autónomas ya existen y tienen el derecho de autodeterminación en muchas cuestiones. España ha cambiado mucho desde la muerte del Caudillo.

Andrew, who has returned for another holiday in Madrid with his Spanish friends, goes on a bus trip with Carlos.

La familia Sánchez está muy contenta de que Andrew venga a estar con ellos en Madrid otra vez.

Un día Carlos quiere llevar a Andrew al centro en autobús y va a un quiosco cerca de casa para comprar un bonobús, que es un billete válido para diez trayectos. Los Sánchez viven en la Avenida Pío XII en el norte de Madrid y así Carlos y Andrew van andando a la plaza del Perú para coger el autobús número 51 que va a la Puerta del Sol.

El Palacio de Comunicaciones, Madrid (Robert P. Clarke)

Al pasar por la Plaza Dominicana Andrew se extraña de que la calle que toman haya cambiado de nombre. Ya no se llama la Avenida del General Mola, que así es como se llamaba cuando Andrew estuvo en Madrid antes, sino la Calle del Príncipe de Vergara. Carlos le dice que mire por la ventanilla cuando lleguen al centro. Al pasar por la plaza de la Cibeles y delante del Palacio de Comunicaciones Carlos le indica a Andrew el letrero al final de la calle. Andrew ve que, después de medio siglo en que la calle principal de Madrid ha tenido el nombre oficial de la Avenida de José Antonio, se llama otra vez la Gran Vía. Andrew está muy interesado y le dice a Carlos que le indique más ejemplos. Carlos le dice que hay varios; por ejemplo, la Avenida de la Castellana continúa ahora hasta la Plaza de Castilla. Antes la parte más alta se llamaba la Avenida del Generalísimo. Andrew quiere que Carlos le diga por qué han cambiado los nombres de algunas de las calles y no de otras. Carlos le explica que el gobierno de la nueva democracia prefiere que los españoles no recuerden a los generales nacionalistas de la guerra civil, los cuales representan una época pasada. Sin embargo los nombres de las calles que recuerdan a otras personas famosas de la historia española como la calle de Goya y la calle de Velázquez quedan sin alterar.

Andrew tiene que hacer un estudio sobre algún aspecto de su estancia en Madrid como parte de su curso de español en Inglaterra. Le pide a Carlos que haga una lista de los cambios más importantes y el significado de los nombres. Carlos está de acuerdo y le dice que lo hará cuando vuelvan a casa.

Conversation 📼

Carlos, Juan y Andrew van a tomar unas copas en la terraza de un café con dos chicas, Marisol y Conchita. Es una tertulia.

Marisol: Conchita, me alegro mucho que hayas decidido ir a la universidad.

Conchita: Sí, pero hay tantos licenciados parados hoy en día. No sé si hago bien o no.

Marisol: No lo dudes, chica. Estoy segura que haces bien. Me sorprende que hayas escogido la Universidad Complutense.

Conchita: Es que me ofrecen el curso que quería hacer.

Marisol: Andrew, ¿es difícil para los jóvenes encontrar trabajo en Inglaterra?

Andrew: Sí, sobre todo en algunas zonas como en el noreste.

Juan: Yo quiero ir a Inglaterra. Conchita, ¿has visto las fotos de Inglaterra que trajo Andrew?

Conchita: No. Andrew, déjame verlas, por favor.

Andrew: Lo siento pero están en casa.

Conchita: ¡Qué lástima! Carlos, creo que tu madre viene a ver a mi madre mañana. Pídele que traiga las fotos cuando venga.

Carlos: Seguro. Andrew, ¿qué impresiones tienes de España?

Andrew: Bueno, desde mi última visita hace dos años noto que los precios han subido bastante, sobre todo la carne. Cuesta aun más que en Inglaterra.

Carlos: Sí, la inflación es terrible.

Juan: No es tan mala como antes.

Carlos: Es verdad.

Juan: Andrew, si voy a Inglaterra el año próximo ¿cuánto dinero recomiendas que lleve conmigo?

Andrew: Bueno, si quieres comprar unos regalos para la familia, unas cinco mil pesetas. Mi padre es muy generoso; no querrá que pagues nada.

Conchita: Andrew, ¿qué te ha gustado en España?

Andrew: Como siempre, los españoles; son tan simpáticos conmigo.

Conchita: ¡Qué amable!

Andrew: Y la comida me encanta.

Marisol: Andrew, tienes que venir a cenar con nosotros. Le diré a mi madre que prepare una cena especial en tu honor.

Andrew: Muchas gracias. Acepto con mucho gusto.

Conchita: ¿Cuándo te marchas?

Andrew: El sábado que viene

Conchita: Querrás pasar la última noche con los Sánchez, ¿verdad? ¿Te parece bien el jueves?

Andrew: Creo que sí, a menos que la Sra. de Sánchez tenga otros planes. Te llamaré en cuanto llegue a casa para confirmarlo.

Conchita: Muy bien. Bueno, Marisol. Ya son las once. Tengo todavía unos deberes que hacer antes de mañana.

Marisol: Sí, yo tengo que irme a casa también. (Se levantan) Pues, adiós a todos, y, Andrew, hasta el jueves.

Andrew: Hasta el jueves y gracias.

Explanations

(a) Vocabulary

el apoyo — support
el aumento — increase
la cárcel — prison
la carne — meat
el caudillo — leader (i.e. Franco)
las comisiones obreras — workers' trade unions
el diputado — member of parliament
el golpe — coup, blow
el letrero — sign
el licenciado — graduate
la urna — ballot box
el sindicato vertical — official trade union
la soberanía — sovereignty
el trayecto — journey

desengañarse con — to become disillusioned with
devolver — to give back

dimitir — to resign
elegir — to elect
enfrentarse con — to face
exigir — to demand
extrañarse — to be surprised
fracasar — to fail
imponer — to impose
ingresar — to enter
ponerse en huelga — to go on strike
reclamer los derechos — to claim one's rights
tener miedo de — to fear

contundente — weighty
harto de — fed up with

¡Qué lástima! — What a pity!

(b) Notes

1. The Spanish parliament is called *Las Cortes*, or, more accurately nowadays, *el congreso de los diputados*, and is situated in San Jerónimo between the Puerta del Sol and the Prado Museum in the centre of Madrid.

2. The *sindicatos verticales* were unions which had representatives from workers, management and government. The *comisiones obreras* or workers' committees are more like our own trade unions. In Franco's time they were illegal and operated under cover.

3. The *grises* were Franco's secret police whose duties were to search out subversive elements opposed to the regime. They were so called because of their grey uniform.

4. In this chapter there are a number of initials. Here is an explanation.
UCD: Unión de Centro Democrático. (It disbanded and reformed under the name of Centro Democrático y Social, C.D.S. after its disastrous showing in the 1982 elections.)
ETA: The Basque terrorist organisation.
OTAN: Organización del Tratado del Atlántico del Norte.
CEE: Comunidad Económica Europea.

5. (a) Estados Unidos is often seen in journals as E.E.U.U.
(b) Comisiones Obreras is often seen in journals as C.C.O.O.

6. Most Spanish towns have had an Avenida de José Antonio as the main street. This commemorated José Antonio Primo de Rivera, the founder of the *Falange* movement. They have now all been renamed.

7. A *bonobús* is a ticket which is valid for ten journeys. It is stamped in an automatic machine as one gets on the bus. There is a single fare for any bus journey in Madrid, as for any journey by underground.

8. General Mola was a nationalist general in the Civil War.

9. *El Palacio de Comunicaciones* is a rather grand name for the central post office.

10. The Avenida del Generalísimo was named after General Franco himself.

11. Goya and Velázquez are famous Spanish painters. Many of their finest works can be seen in the Prado in Madrid.

12. There are two universities in Madrid: *La Universidad Autónoma* and *La Universidad Complutense.*

(c) Grammar

Uses of the subjunctive.

(i) After a verb of wanting or preferring that someone should do something or that something should happen.
e.g.: *No querrá que pagues nada.*

(ii) After a verb expressing emotion.
e.g.: *Se extraña que la calle haya cambiado de nombre.*

(iii) After a verb of telling, asking or recommending someone to do something.
e.g.: *Le dice que mire por la ventana.*

(iv) After *cuando* and *en cuanto* followed by a future idea.
e.g.: *Lo hará cuando vuelvan a casa.*

(v) After *a menos que.*
e.g.: *A menos que la Sra. de Sánchez tenga otros planes.*
See Section 41, parts 8–12, of the Grammar Summary.

Exercises

(a) Series A

A. Write answers in Spanish to the following questions, using full sentences.

    1. ¿En qué año hubo las primeras elecciones generales?

    2. ¿Qué partido ganó más votos en las primeras elecciones?

    3. ¿Cómo se llamaba el primer presidente elegido?

    4. ¿Cómo se llama el presidente socialista?

    5. ¿De qué región de España es el presidente socialista?

    6. ¿Qué es la ETA?

    7. ¿Qué empeoraría el desempleo en España?

    8. ¿Bajo el régimen de Franco fueron legales las huelgas?

    9. ¿Por qué se leen artículos en los periódicos que critican las fuerzas del orden?

    10. ¿Qué es la base de la nueva democracia en España?

    11. ¿Qué ha demostrado la fragilidad de la democracia?

    12. ¿Cuáles son las tres importantes cuestiones en plan de asuntos exteriores?

    13. ¿Por qué no puede Inglaterra devolver Gibraltar a los españoles?

    14. ¿Qué movimiento va extendiéndose en España?

B. Write answers in Spanish to the following questions, using full sentences.

    1. ¿Por qué está contenta la familia Sánchez?

    2. ¿Por qué va Carlos a un quiosco?

    3. ¿Dónde cogen el autobús?

    4. ¿Por qué está sorprendido Andrew?

    5. ¿Qué le dice Carlos?

    6. ¿Qué es el Palacio de Comunicaciones?

    7. ¿Cómo se llama la calle principal de Madrid ahora?

    8. ¿Cómo se llamaba antes la parte más alta de la Avenida de la Castellana?

    9. ¿Quiénes fueron Velázquez y Goya?

    10. ¿Qué pide Andrew a Carlos?

C. You are at a *tertulia*. You chat to the young people about their hopes and ambitions. Say in Spanish the English in brackets.

Carlos: Yo voy a ser mecánico.
(Really? But there are so many mechanics these days.)
Carlos: Ya lo sé. No sé si hago bien o no.
(I'm sure you are doing the right thing.)
Marisol: Yo quiero ser médico. Voy a la universidad en octubre.
(I'm pleased you are going to university.)
Juan: Yo quiero ir también para estudiar idiomas.
(Which languages do you want to study?)
Juan: Francés y alemán.
(I'm surprised you don't want to study English. It is so important nowadays.)
Juan: Sí, pero lo encuentro muy difícil. Una cosa, ¿has ido a visitar el Prado?
(Not yet. Is there one picture which you recommend me to see?)
Juan: Sí, *Las Meninas* de Velázquez. Es una maravilla.
(Thanks. I'll visit the Prado when I go to town tomorrow.)

D. Write and complete the sentences, putting the correct form of the subjunctive of the verb in brackets.

1. Te recomiendo que . . . más cuidado. (*tener*)
2. Te recomiendo que . . . con el director. (*hablar*)
3. Te recomiendo que . . . más sensato. (*ser*)
4. Te recomiendo que . . . el Prado. (*visitar*)
5. Te recomiendo que . . . menos ruido. (*hacer*)
6. Te recomiendo que . . . otro más pequeño. (*buscar*)

E. Write: Voy a decirle que . . . in front of the following statements, and make the necessary changes.

e.g.: *Viene a verme.*
      Voy a decirle que venga a verme.

1. Llama a su madre.
2. Me envía una foto.
3. Me escribe pronto.
4. Sube a su cuarto.
5. Va al palacio de comunicaciones.
6. Coge el autobús.

F. Write the sentences, changing *si* to *cuando*, and make the necessary change to the verb.

e.g.: *Se lo explicaré si le veo.*
      Se lo explicaré cuando le vea.

1. Iré a la playa si hace mucho calor.
2. Nos veremos si viene a España.
3. Te escribiré si regresan.
4. Te lo diré si me da el dinero.
5. Cenaremos si tu padre vuelve a casa.
6. Tendremos una fiesta si viene a Inglaterra.

G. Write: Me extraña que . . . in front of the following sentences, and make the necessary changes.

1. Ha decidido no ir a la universidad.
2. Vas a comprar una moto.
3. Hacéis tantos deberes.
4. Escogen paella.
5. No me conocen.

H. Write the exercise by following the example.

No comprará un periódico. Tendrá que bajar al pueblo.
No comprará un periódico a menos que baje al pueblo.

1. No llegaré a tiempo. Tendré que coger el autobús.
2. No les veremos. Tendrán que venir a visitarnos.
3. Saldremos del restaurante. Tendrán que servirnos pronto.
4. Nunca será tuya. Tendrás que comprarla a plazos.

I. Rewrite the following commands by changing them into sentences which begin Quiero que . . . and change the verb as appropriate.

1. Hazlo en seguida.
2. Ven a vernos.
3. Ponlo en la mesa.
4. Sal de aquí.
5. Siéntate.
6. Dimo la vordad.

J. Express in Spanish:

1. I prefer him to leave now.
2. He has asked me to do it.
3. I am sorry that you [polite singular] can't come.
4. Tell him to go away!
5. He wants me to go out with him.
6. We will meet you [familiar singular] at the airport when you arrive.
7. I am pleased that he is learning English.
8. It is impossible for me to do it now.
9. I will see her as soon as she comes up.
10. He has told me to write to her.

K. *Composition* Write a composition entitled Una tertulia en un café de Madrid. Use the following outline:

Los amigos — se reúnen — toman algo — hablan de sus planes — hablan con Andrew, un inglés — Andrew habla de sus planes — se despiden. (*130 words*)

(b) Series B

A. The following notices are often seen in Spain. Write down what they mean.

In the street:

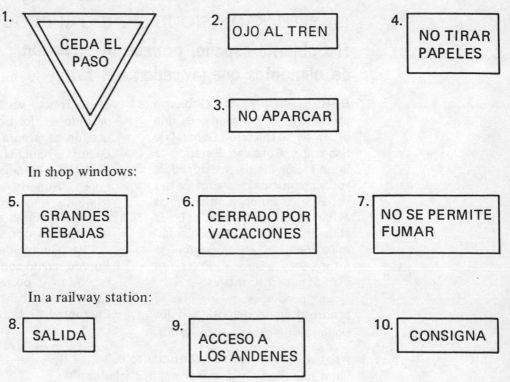

1. CEDA EL PASO

2. OJO AL TREN

3. NO APARCAR

4. NO TIRAR PAPELES

In shop windows:

5. GRANDES REBAJAS

6. CERRADO POR VACACIONES

7. NO SE PERMITE FUMAR

In a railway station:

8. SALIDA

9. ACCESO A LOS ANDENES

10. CONSIGNA

B. Read the following postcard.

Granada, martes

Hola Peter

    Aquí estoy en la sierra con mi familia. Vamos a pasar dos semanas. Llovió ayer pero hace sol hoy. Generalmente hace bastante calor por el día y frío por la noche. Esta mañana fui a pescar con mi padre. Mañana vamos todos a ver la Alhambra.

        Recuerdos a todos,   Ricardo

Now you send Ricardo a postcard in which you tell him:

You are at the seaside resort of Bournemouth with friends. You are there for ten days. The weather has not been good but you hope it will improve. You went on a boat trip yesterday and tomorrow you are going on a picnic in the country.

C. Read the following newspaper article. Write down in English answers to the questions set on it.

CATASTROFE NUCLEAR

LA SITUACION SIGUE SIENDO «PREOCUPANTE»

El Gobierno español prohíbe importación de alimentos que procedan del Este

BARCELONA.— El Gobierno prohibió ayer, por medio de una orden de la Dirección General de Sanidad y Consumo Exterior, la importación de diversos productos alimenticios de varios países del Este de Europa con el fin de evitar la entrada en el país de alimentos afectados por contaminación radiactiva, según se informó a Europa Press en medios gubernamentales.

Los productos de los que se prohíben importaciones son los siguientes: leche y sus derivados, carne fresca, verduras frescas y pescado de río. Los países de los que no se acepta la entrada de dichos productos son la Unión Soviética, Polonia, Checoslovaquia, Hungría, Bulgaria y Rumania.

Tales medidas son similares a las tomadas por diversos países de la Comunidad Económica Europa, como consecuencia de la explosión y posterior fuga radiactiva de la central nuclear de Chernobyl, en Ucrania.

1. What does the situation continue to be?
2. What has the Spanish government forbidden?

132

3. Why?
4. What food products are mentioned?
5. What have other countries in the Common Market done?
6. What caused the crisis?

D. *Conversation*

1. ¿Qué familia tiene Vd.?
2. ¿Qué hace su padre/madre/marido/esposa?
3. ¿Qué hace su hijo/hija/hermano/hermana?
4. ¿A qué hora se despierta Vd.?
5. ¿A qué hora se levanta Vd.?
6. ¿Se viste Vd. antes de lavarse?
7. ¿Dónde se lava Vd.?
8. ¿Qué hace Vd. luego?
9. ¿Qué toma Vd. de desayuno?
10. ¿Tiene Vd. un empleo o es Vd. estudiante?
11. Si Vd. tiene un empleo ¿dónde trabaja Vd.?
12. Si Vd. es estudiante ¿dónde estudia Vd.?

18 La Corrida de Toros

La corrida es la fiesta nacional de España aunque más espectadores asisten a los partidos de fútbol.

La temporada taurina empieza en la primavera y termina a fines de verano. Durante la temporada hay de vez en cuando novilladas en que los matadores jóvenes practican su arte contra novillos, y por fin los novillos salen de la plaza sin que el torero los mate.

Las corridas más importantes se celebran muchas veces en las fiestas de alguna ciudad y es entonces cuando los matadores más famosos aparecen. Algunos llegan a ser héroes nacionales, ganando una fortuna. En los años cuarenta el torero más famoso se llamaba Manolete que fue matado por un toro en 1947. En los años sesenta El Cordobés captó la admiración de los aficionados con su valor y, aunque fue herido varias veces, siguió lidiando después de recuperarse.

Aunque los toreros más famosos son del siglo veinte la corrida se remonta hasta la época romana en que perseguían a los toros a caballo y los derribaban cogiéndolos por los cuernos.

Se publicaron textos sobre el arte taurino en el siglo XVI pero no hubo toreros profesionales hasta el siglo XVIII.

Normalmente en una corrida hay tres toreros y seis toros; es decir cada torero lidia dos toros. La corrida empieza normalmente a las cinco de la tarde, cuando suena el clarín. Los toreros van en procesión de un lado al otro del ruedo cada uno con su cuadrilla, precedidos por los picadores en sus caballos. Los matadores están vestidos de su traje de luces, un traje magnífico de seda o raso bordado en oro y plata. Es un espectáculo magnífico bajo el sol deslumbrante.

Terminado el paseíllo, sale el primer toro del toril mientras los espectadores lanzan gritos de admiración. Luego los peones agitan capas de color rosa y amarillo para que el toro embista, seguido del matador, dando diferentes pases.

El clarín suena otra vez y los picadores montados a caballo entran en el ruedo. El toro enfurecido por los engaños de los peones ataca violentamente a los picadores y sus caballos. Muchas veces los derriban y el caballo tiene que salir herido del ruedo a pesar de la protección que lleva. Los picadores deben hostigar al toro con su lanza o vara para quebrantarle el espíritu y hacerlo más manso.

El clarín vuelve a sonar para anunciar la llegada de los banderilleros. Quizás tengan más valor que todos porque no tienen la capa del torero para distraer al toro. Cuando el toro corre hacia el banderillero, éste tiene que esquivar en el último momento y clavar las banderillas en el cuello o lomo del toro cuando pasa.

Por fin llega la última parte de la actuación. El matador entra otra vez, toma la muleta roja y, después de saludar al presidente de la corrida, inicia la faena final. Le incita al toro para que le embista; le engaña con pases diversos mereciendo los aplausos del público. Si consigue una serie de buenos pases que dejan confuso al toro los espectadores gritan 'Olé' al ritmo de los pases. Por fin cuando el toro

Una corrida de toros (Robert P. Clarke)

aturdido deja de correr y se queda inmóvil el matador toma el estoque para dar punto final al acto. Si logra acertar al toro en el lugar exacto cortando la columna vertebral el toro muere instantáneamente. Inmediatamente las mulas entran en el ruedo y arrastran el cuerpo del toro muerto al patio. Cinco veces más se celebra una ceremonia semejante hasta que se termina la corrida y el público se va para casa.

Mr. Julio García takes his English colleague John White to a bullfight while he is in Madrid.

El Sr. García tiene un coche pero cuando decide llevar al Sr. White a los toros le recomienda que vayan en autobús porque es totalmente imposible aparcar cerca de la Plaza. Al llegar a las Ventas ven a una muchedumbre enorme luchando para comprar entradas. Afortunadamente el Sr. Gracía ha sacado las entradas con anticipación. Antes de entrar Julio va a un quisco para comprar unos puros para fumar durante la corrida. Al salir a las gradas el Sr. White se deslumbra con el sol por un momento pero cuando van a sentarse a la sombra sus ojos se acostumbran pronto a la claridad de un día de verano español. Se sientan en las almohadillas que el Sr. García ha alquilado y esperan el comienzo de la corrida.

Es la primera vez que John White presencia una corrida y no sabe lo que va a ocurrir. Suena el clarín a las cinco en punto y Julio le dice con una sonrisa a su colega que es la única cosa en España que empieza a tiempo.

Le encantan a John los trajes de luces de los matadores que centellean al sol. También le impresiona la bravura del toro cuando sale al ruedo. Embiste al matador y a los peones, desahogando su furia después de estar encerrado en el toril. El primer matador es muy bueno y mata al toro con la primera estocada. Mientras las mulas sacan al toro del ruedo el matador va a recibir los aplausos de los espectadores entusiasmados que echan flores al ruedo. El Sr. White está a gusto pero ve que un alemán que está sentado a su lado no se siente bien. Le pide al Sr. White que le deje pasar y desaparece debajo de la gradería.

En las próximas cuatro lidias los toreros hacen bastante bien pero en la última ocurre algo que el Sr. White va a recordar durante el resto de su vida. Quizás el matador tenga demasiada confianza en sí mismo o no preste suficiente atención. De todas formas el toro le da una cornada tremenda en el muslo, le lanza al aire y le embiste otra vez cuando está tumbado en la arena. Los peones se abalanzan sobre la víctima y le sacan rápidamente de la plaza. Una ambulancia le lleva al hospital.

Los señores White y García salen de la Plaza después de haber visto lo mejor y lo peor de la corrida. El primer torero recibió dos orejas por su habilidad pero el matador en el último encuentro recibió heridas graves y tuvo que permanecer en el hospital largo tiempo.

Conversation 📼

Julio García le invita a John White a tomar una copa con él en una cafetería cercana antes de volver al centro. Allí discuten lo que han visto.

Julio: ¿Qué tal tu primera corrida entonces?

John: Tengo que confesar que, aunque me gustó el espectáculo, me molesta ver la muerte de un animal noble.

Julio: Pero no te molesta comer la carne de vaca que ha sido matada en un matadero.

John: Sí, es verdad.

Julio: Se dice que en Inglaterra la aristocracia y la gente rica va de caza de zorros. ¿No te parece igualmente cruel?

John: Sí. Yo soy miembro de la campaña contra los deportes crueles.

Julio: Entonces, estás de acuerdo conmigo ¿verdad?

John: Hasta cierto punto. Pero yo veo una diferencia importante entre una corrida de toros y la caza de zorros. En una corrida los espectadores van a la plaza de toros y pagan mucho dinero para mirar y aplaudir a un hombre que mata a un animal.

Julio: Pero es un espectáculo artístico, ¿no? Es la batalla entre un animal feroz y salvaje y un hombre valeroso protegido sólo por su habilidad.

John: Sí, en efecto. Yo aprecio la belleza de la corrida con tal que no maten al toro.

Julio: Cualesquiera que sean tus razones te ruego que no critiques nuestro deporte nacional.

John: ¡Hombre! ¡No te pongas tan serio!

Julio: ¿Vas a volver a ver otra corrida entonces?

John: No dije eso. Voy a esperar hasta que aparezcan los periódicos. Quiero ver lo que le ha ocurrido al torero herido.

Julio: Dudo que vaya a torear más en esta temporada. Pero estoy seguro que querrá volver al ruedo cuanto antes.

John: ¿Cuántas corridas torean en una temporada?

Julio: Más de cien si no son heridos.

John: Tengo que decirte que yo no me arriesgaría la vida en una plaza de toros. Aunque me paguen una fortuna no voy a entrar nunca en un ruedo.

Julio: ¡Ni yo tampoco! ¡Bueno, basta de corridas! Vamos a tomar otra copita. Te invito.

John: Muchas gracias

Explanations

(a) Vocabulary

la almohadilla — cushion	abalanzarse — to rush forward
la capa — cloak, cape	acertar a — to hit
la claridad — brightness	alquilar — to hire
el clarín — bugle	arrastrar — to drag
la cornada — goring	arriesgar — to risk
la corrida — bullfight	bordar — to embroider
la cuadrilla — team	captar — to capture
el cuerno — horn	centellear — to sparkle
el cuello — neck	clavar — to nail, stick
el encuentro — encounter	derribar — to knock down
el engaño — trick (with the cloak)	desahogar — to vent
la estocada — sword thrust	distraer — to distract
el estoque — matador's sword	embestir — to attack
la faena — series of passes	encerrar — to enclose, pen in
las gradas — tiered seating	engañar — to trick, deceive
la gradería — tiered seating	esquivar — to pull to one side, dodge
la habilidad — skill	estar a gusto — to enjoy oneself
el lomo — back (of animal)	herir — to injure, wound
el matadero — slaughter house	hostigar — to harass, bait
el matador — bullfighter	ir de caza — to go hunting
la muerte — death	lidiar — to fight
la muleta — red cloak	permanecer — to remain
el muslo — thigh	quebrantar — to break
la novillada — bullfight with young bulls	remontarse hasta — to go back to
el novillo — young bull	sonar — to sound
la oreja — ear	torear — to fight
el oro — gold	
el palo — stick	amarillo — yellow

el paseíllo — parade
el peón — bullfighter's helper, pawn
la plata — silver
el puro — cigar
el raso — satin
el ruedo — ring, arena
la seda — silk
el torero — bullfighter
el toril — bull pen
el traje de luces — bullfighter's costume
  (lit. suit of lights)
la vara — rod, stick
el zorro — fox

aturdido — dazed
entusiasmado — excited
manso — tame
taurino — bullfighting (adj.)
tumbado — lying

con anticipación — in advance
cuanto antes — as soon as possible
de todas formas — in any case
en punto — precisely

(b) Notes

1. The *fiestas* of a town or city are an occasion for big bullfights with the biggest names. Typical are the *Fallas* of Valencia, the *Feria* of Seville, the *Sanfermines* of Pamplona and the *ferias del Pilar* in Saragossa.

2. Bullfights begin traditionally at five o'clock in the afternoon and they have a reputation for beginning on time.

3. It is quite common for the thrust with the sword to miss its mark so that the bull does not die instantly. Then it has to be finished off with a short-bladed dagger.

4. The bullring of Madrid is called Ventas. To reach it from the centre, you take the Calle de Acalá at the main post office and continue eastwards for three kilometres. Ventas is on the left immediately before the Calle de Acalá flies over the M-30, the motorway which cuts right through the east of Madrid, linking the roads of the north with those of the south.

5. You can buy tickets for the bullfight which are *sol, sombra* or *sol y sombra*. Naturally the tickets for *sombra* are more expensive, since the spectator has the sun behind him rather than in his eyes.

6. Bullfighters are awarded either one ear, two ears or, in exceptional cases, two ears and a tail of the bull they have killed if they perform particularly well.

(c) Grammar

Further uses of the subjunctive.
 (i) *sin que*
    e.g.: *. . . sin que el torero los mate.*
 (ii) *hasta que*
    e.g.: *. . . hasta que aparezcan los periódicos.*
(iii) *cualquiera que*, etc.
    e.g.: *Cualesquiera que sean tus razones.*
(iv) *Pedir/rogar que*
    e.g.: *Te ruego no critiques nuestro deporte nacional.*
 (v) *con tal que*
    e.g.: *Con tal que no maten al toro.*

Exercises

(a) Series A

A. Write answers in Spanish to the following questions, using full sentences.

1. ¿Cuál es la fiesta nacional de España?
2. ¿A qué deporte asisten más espectadores?
3. ¿Cuándo empieza la temporada taurina?
4. ¿Cuándo termina?
5. ¿Cómo son los matadores en novilladas?
6. ¿Salen vivos o muertos los toros de las novilladas?
7. ¿Cuándo tienen lugar las corridas más importantes?
8. ¿Los matadores ganan mucho o poco?
9. ¿En qué década toreó Manolete?
10. ¿Cómo se llamaba el torero más famoso de los años sesenta?
11. ¿Cuándo empezó la corrida?
12. ¿Cuándo empezó a haber toreros profesionales?
13. ¿Qué ocurre para celebrar el comienzo de la corrida?
14. ¿Por quiénes está acompañado el matador?
15. ¿Cómo está vestido?
16. ¿Para qué agitan las capas los peones?
17. Cuando el toro ataca a los caballos ¿qué pasa muchas veces?
18. Los picadores hostigan al toro. ¿Para qué?
19. ¿Por qué son más valerosos los banderilleros?
20. ¿Qué toma el matador cuando entra?
21. ¿Cómo merece los aplausos del público?
22. ¿Cuándo toma el estoque?
23. ¿Qué tiene que hacer para matar al toro instantáneamente?
24. ¿Qué hacen las mulas después de entrar?
25. ¿Cuántas lidias hay en una corrida normalmente?

B. Write answers in Spanish to the following questions, using complete sentences.

1. ¿Qué le recomienda el Sr. García al Sr. White?
2. ¿Qué hace la muchedumbre?
3. ¿Por qué está contento el Sr. García?
4. ¿Qué hace antes de entrar?
5. ¿Cómo está el Sr. White cuando sale a las gradas?
6. ¿Qué ha alquilado el Sr. García?
7. ¿Por qué no sabe el Sr. White lo que va a ocurrir?
8. ¿A qué hora empieza la corrida?
9. ¿Por qué está furioso el toro?
10. ¿Cómo sabemos que el primer matador es muy bueno?
11. ¿Qué hacen los espectadores para mostrar su entusiasmo?
12. ¿Qué le pide el alemán al Sr. White?

13. ¿Cuáles son las razones por las que el matador es herido?
14. ¿Dónde está herido?
15. ¿Cómo premiaron al primer matador?
16. ¿Qué hacen los dos amigos después de la corrida?

C. Imagine you are John White. Have a conversation with Julio García in the café. Say in Spanish the English in brackets.

Julio: ¿Qué tal la corrida?
(I liked it, but I don't like to see the death of a noble animal.)
Julio: Pero comes carne de vaca, ¿no?
(That's true.)
Julio: La caza de zorros es igualmente cruel.
(Yes. I am a member of the campaign against cruel sports.)
Julio: Estás de acuerdo conmigo entonces.
(To a certain extent. In a bullfight spectators go to the bull ring and pay a lot of money to watch and applaud a man killing a bull.)
Julio: Pero es muy artístico.
(Yes, in fact I appreciate the beauty of the bullfight provided that the bull is not killed.)

D. Write in Spanish, paying particular attention to the uses of the subjunctive:

1. We go into the bullring without the man in the ticket office looking at our tickets.
2. Wait until the bullfighter kills the bull.
3. Whatever the reasons are I do not accept them.
4. I ask you [polite singular] not to buy the tickets in advance.
5. I like bullfighting provided that the bullfighter kills the bull with skill.
6. I doubt whether it is possible.
7. Perhaps I am wrong.

E. Write answers to the questions by expressing in Spanish 'whenever, etc., it may be'.

e.g.: *¿Cuál es la causa?*
Cualquiera que sea.

1. ¿Cuándo vas a una corrida?
2. ¿Cuáles son tus razones?
3. ¿Dónde vas a quedarte?
4. ¿Quién va a acompañarme?
5. ¿Cómo vas a hacerlo?

F. *Composition:* Una visita a una corrida Study the second text and then, without looking at it, write a composition about a visit to a bullfight. (*130 words*)

(b) Series B

A. Write a definition in Spanish of the following bullfighting terms.

1. la cuadrilla
2. el peón
3. el picador
4. el banderillero

5. la muleta
6. el estoque

B. Look at the following label taken from a bottle of cocktail drink and write answers in English to the questions set on it.

NEGRITA

COCO PUNCH

se distingue por su exótico y suave sabor.
Debe tomarse muy frío o con hielo.
Por su escasa graduación alcohólica,
apetece en todo momento,
siendo ideal como aperitivo y refresco.

COCO PUNCH NEGRITA

es la base de un sinfín de originales
y exquisitas combinaciones con:
jugo de piña, ron, frutas, etc.

SERVIR FRIO

1. What is the basis of the cocktail?
2. What distinguishes it?
3. How should it be taken?
4. Why is it a refreshing drink on all occasions?
5. What are the ingredients mentioned?

C. The following article is taken from a tourist brochure about the holiday resort of Laredo in northern Spain. Write answers in English to the questions set on it.

La arena dorada de La Salvé, la playa de Laredo, parece querer abarcar la bahía en un abrazo cálido de cinco kilómetros de longitud. Los modernos edificios surgidos con el «boom» de los años 60, respaldan el gran arenal y ofrecen en toda esta parte baja y llana el aspecto de 'Copacabana', como algunos han denominado a la villa capital de la Costa Esmeralda. En el extremo de las edificaciones residenciales, buena parte de ellas integradas por bellos chalets, se levanta el moderno Club Náutico y, a mitad de camino, la sociedad de Tenis. Un grato paseo marítimo en el arranque de esta parte nueva, ofrece al visitante su acogedor ambiente.

LAREDO, VIEJA Y NUEVA

En la parte vieja, entre el puerto y en la antigua carretera a Bilbao, la puebla laredana, habla de su historia de pescadores, y de tipismo. Recuerda las estancias de Isabel la Católica, de Carlos V, Felipe II, doña Juana . . ., y la Armada Invencible. Carlos V, el personaje central de su historia de visitantes ilustres, tiene aquí sus monumentos y su plaza. Fue en 1556 cuando llegaba, camino de su retiro a Yuste.

1. What makes the area of La Salvé look like Copacabana beach in Rio de Janeiro?
2. What is Laredo?
3. Where can the visitor appreciate the friendly atmosphere?
4. What was the main industry of old Laredo?
5. Why was Laredo significant in the time of Charles V?

D. *Composition* Write a composition in Spanish, using the following outline.

Hace tres meses Vd. recibió una invitación de un amigo español a pasar quince días con él en Calpe. ¿Qué preparativos hizo Vd.?

Una carta a su amigo — necesidad de sacar un pasaporte — visita a la agencia de viajes — ir de compras para ropa nueva y otras cosas — visita al banco — hacer la maleta.   (AEB: *100 words*)

E. *Conversation* Answer the following questions orally.

1. ¿A qué hora sale Vd. de casa?
2. Si Vd. va a un instituto describa su día.
3. Si Vd. trabaja describa su día.
4. ¿Dónde almuerza Vd.?
5. ¿A qué hora vuelve Vd. a casa?
6. ¿Qué le gusta hacer por la noche?
7. ¿A qué hora se acuesta Vd.?
8. ¿Qué hace Vd. los sábados?
9. ¿Qué hace Vd. los domingos?
10. ¿Tiene Vd. un trabajo temporal?

19 Recursos e Industria

El suelo español es pobre en fuentes de energía y los yacimientos todavía existentes son pocos. Sin embargo hay una gran variedad de minerales.

Los minerales de España estuvieron codiciados por los romanos y griegos en tiempos antiguos. Había cobre que se extraía de las minas del Río Tinto en el sur, estaño de Galicia y plomo de Murcia y Alicante pero ya están agotadas o en vías de agotamiento.

Hoy en día los más importantes recursos son los de carbón en Asturias y los de hierro en las provincias vascongadas. Hay otros yacimientos también. En Huelva, por ejemplo, hay el mayor yacimiento de pirita del mundo. Se extrae el ácido sulfúrico que es muy importante en la industria química.

Las fuentes de energía en España son principalmente el carbón, que es insuficiente para las necesidades del país, y el petróleo, que se ha encontrado en yacimientos petrolíferos considerables en el Mar Mediterráneo cerca de la boca del Ebro. Sin embargo los descubrimientos no han sido tan grandes como los del Mar del Norte; por consiguiente, España se ve obligada a importar grandes cantidades de petróleo de los países productores del Oriente Próximo y de Venezuela. El petróleo bruto importado se destila y purifica en las varias refinerías, la mayoría de las cuales se encuentran en la costa, como la de Algeciras cerca de Gibraltar. El punto central de los oleoductos es la refinería de Puertollano donde se encuentra el mayor complejo petroquímico de toda España.

Aunque los yacimientos de las fuentes tradicionales de energía como el carbón son pobres, España tiene grandes reservas de uranio que sirve para generar energía nuclear.

También son muy importantes los saltos de agua. Estos consisten en aprovechar la caída de las aguas en una presa o embalse para producir electricidad. Estas fuentes de energía se llaman centrales hidroeléctricas y se encuentran por toda España, especialmente en los ríos Duero, Tajo y Ebro. A veces hay problemas causados por la falta de lluvias y los veranos secos y, por eso, se están construyendo centrales nucleares para regularizar la situación.

La industria está en vías de desarrollo y la economía está experimentando un cambio importante. Después de dos siglos en que la economía ha sido agrícola está en fase de transición. Ahora España tiene una economía que es a la vez agraria e industrial. Hay tres problemas graves que impiden el desarrollo industrial: la importación de materias primas que son muy costosas, la escasez de combustibles y la falta de capital. Este último problema ha resultado en grandes inversiones extranjeras.

Sin embargo la industria siderúrgica es muy grande con cuatro plantas mayores, tres en el norte industrializado y una en Valencia. Estas plantas son los Altos Hornos que producen el acero y hierro con que se fabrican maquinaria, coches,

Un embalse (Robert P. Clarke)

etc. Hay varias fábricas de automóviles por toda España aunque la fábrica Seat en Barcelona es todavía la más importante.

También hay la industria naviera que es la que ha adquirido mayor desarrollo en los últimos años hasta colocarse en cuarto lugar del mundo. Hay astilleros importantes en El Ferrol y Bilbao en el norte y en Cádiz en el sur.

La industria textil que se concentra en Barcelona se encuentra en dificultades económicas como en muchos países, debido al alto coste de materias primas como la lana y el algodón. Así se han creado muchas fábricas alrededor de Barcelona que producen tejidos artificiales de alta calidad.

No olvidemos la artesanía en que el hombre elabora directamente los productos. Son famosos desde hace siglos los cueros de Córdoba, los damasquinados de Toledo y la cerámica de Levante y Cataluña.

John Jackson makes plans to establish a car factory in Spain.

Recientemente el Sr. Jackson, un norteamericano, estuvo en España para hacer una investigación sobre la posibilidad de establecer una fábrica de coches. Primero quería montar unas oficinas con un personal fijo de unas veinte personas en principio y, en caso de continuar, aumentaría hasta cien.

El Sr. Adolfo Garrido es un agente inmobilario con una oficina en Zaragoza. La semana pasada llevó al Sr. Jackson a ver un solar que se encontraba a diez kilómetros de la ciudad. Era un lugar poco acogedor con escombros y zarzas por todas partes. Era difícil imaginarse que pudiera establecerse allí una empresa. Sin embargo el Sr. Garrido le aseguró al Sr. Jackson que sí era posible. Hacía falta que éste le enseñara los planos para que él le diera detalles de costes, materiales necesarios, facilidades, etc. El Sr. Jackson no estuvo convencido al mirar la escena desolada ante sus ojos y dijo para sí que si hubiera sabido como era el solar se habría quedado en Zaragoza. El Sr. Garrido, viendo que no le gustaba al Sr. Jackson lo que veía, antes de que abanondara el solar, insistió que viniera con él a su coche donde tenía los planos para el desarrollo de aquella zona. El Sr. Jackson aceptó y antes de que pudiera cambiar de idea, el Sr. Garrido le condujo a su coche.

Conversation 📼

Mr. Jackson and Mr. Garrido sit in the car discussing plans.

Adolfo: Mire. Aquí ve Vd. los planos. Será una zona industrial muy importante.

John: ¿Pero cuándo van a poner los servicios?

Adolfo: Me aseguran que empezarán a fines del año con el agua y la electricidad y pondrán los otros servicios durante el año que viene.

John: Vale.

Adolfo: ¿Cuántas oficinas necesitarán Vds.?

John: Bueno, en principio, sólo un despacho para mí y otro más pequeño para una secretaria.

Adolfo: ¿De qué tamaño?

John: Unos cuarenta metros cuadrados para mí y veinticinco para la secretaria.

Adolfo: ¿Qué dimensiones?

John: No sé exactamente. Digamos siete metros de largo por seis de ancho para mí.

Adolfo: ¿Y para la secretaria?

John: No importa realmente. Comoquiera que sea, con tal que tenga veinticinco metros cuadrados.

Adolfo: Bien. Pero ¿no me dijo Vd. que habría un personal de veinte?

John: Sí, es verdad. Necesitaremos más oficinas después de dos o tres meses.

Adolfo: A propósito, su jefe me llamó por teléfono esta mañana. Me pidió que le enseñara a Vd. otro solar que tenemos al sur de Zaragoza. Lo malo es que no estará disponible por tres años pero creo que quizás le convenga mejor.

John: Suponiendo que decidamos instalar una fábrica aquí será fácil encontrar personal, ¿no?

Adolfo: Por supuesto. Aunque el paro no es tan malo aquí como por ejemplo en Andalucía siempre hay personas buscando empleo. Dondequiera que se instale una nueva fábrica en España habrá trabajadores.

John: Me habla Vd. como si estuviéramos en los Estados Unidos.

Adolfo: Esto pasa por todo el mundo. Ojalá que los ministros pudieran encontrar una solución al problema del paro.

John: Si hubiera una solución alguien la habría encontrado ya hace mucho tiempo.

Adolfo: Tiene Vd. razón. Yo tengo un hijo que va a terminar su carrera universitaria este año. Me dice que muchos de sus amigos están parados. Por inteligentes que sean todavía les resulta difícil encontrar trabajo.

John: Bueno, ya son las cinco. Antes de volver al hotel quisiera ver los otros planos. Si puede llevarme a la oficina.

Adolfo: Con mucho gusto. Vámonos entonces.

Explanations

(a) Vocabulary

el acero — steel
el agente inmobilario — estate agent
el agotamiento — exhaustion
el algodón — cotton
el alto horno — blast furnace
la artesanía — craft
el astillero — dockyard
el carbón — coal
la central — power station
la cerámica — pottery
el cobre — copper
el combustible — fuel
el cuero — leather
el damasquinado — damascene work
el despacho — office
el embalse — dam, reservoir
la escasez — shortage
los escombros — rubble
el estaño — tin
la fuente — source
la inversión — investment
las materias primas — raw materials
el oleoducto — oil pipe
el personal fijo — permanent staff
el petróleo — oil
el plomo — lead
la presa — dam
el recurso — resource

el salto de agua — waterfall
el solar — building site
el tamaño — size
el tejido — fabric, cloth
el yacimiento — deposit
la zarza — bramble

aceptar — to agree
agotar — to exhaust
codiciar — to covet
convenir — to suit
extraer — to extract
impedir — to prevent
montar — to set up

acogedor — welcoming
cuadrado — square (adj.)
disponible — available
naviero — shipping (adj.)
químico — chemical
siderúrgico — iron and steel (adj.)

a la vez — both
en principio — at first
en vías de — in the process of
ojalá — would that it were so
por todas partes — everywhere

(b) Notes

1. The car building industry has greatly increased in Spain in the last two decades. Many of the international car companies now manufacture their products in Spanish factories. Recently General Motors has opened one near Saragossa, although the largest is still the Seat factory in Barcelona. Spain now manufactures as many cars as Britain.

2. Damascene work is that of inlaying metal with such materials as gold and silver. This skilled craft is still practised in Toledo and in some of the factories the tourist is welcomed to see the craftsmen at work.

(c) Grammar

1. The formation of the imperfect subjunctive.
   See Section 40 of the Grammar Summary.

2. Further uses of the subjunctive.
  (i) after *si* and *como si*
      e.g.: *Si hubiera una solución . . .*
            Me habla como si estuviéramos en los Estados Unidos.
  (ii) *ojalá*
      e.g.: *Ojalá que los ministros pudieran encontrar una solución.*
  (iii) *antes de que*
      e.g.: *Antes de que abandonara el solar . . .*
  (iv) *quisiera*
      e.g.: *Quisiera ver los planos.*
  (v) *suponiendo que*
      e.g.: *Suponiendo que decidamos instalar una fábrica . . .*
  (vi) *por . . . que . . .*
      e.g.: *Por inteligentes que sean . . .*
See Section 41, parts 3, 18–22, of the Grammar Summary.

Exercises

(a) Series A

A. Write answers in Spanish to the following questions, using complete sentences.

    1. ¿Quiénes codiciaron los minerales de España?
    2. ¿Qué se saca de las minas del Río Tinto?
    3. ¿Cuáles son los dos más importantes recursos hoy en día?
    4. ¿Por qué es importante la pirita?
    5. ¿Dónde se ha encontrado petróleo?
    6. ¿Es suficiente?
    7. ¿Qué se hace en una refinería?
    8. ¿Por qué es importante Puertollano?
    9. ¿Para qué sirve el uranio?
    10. ¿Por qué son importantes los saltos de agua?
    11. ¿Dónde se encuentran los embalses especialmente?
    12. ¿Por qué son necesarias las centrales nucleares?
    13. ¿Qué tipo de economía tiene España hoy en día?
    14. ¿Cómo son las materias primas importadas?
    15. ¿Cuál ha sido el resultado de la falta de capital?
    16. ¿Qué produce la industria siderúrgica?
    17. ¿Cuál es la fábrica de coches más importante?
    18. ¿Cuántos países tienen una industria naviera más grande que la de España?
    19. ¿Qué ha causado dificultades en la industria textil?
    20. Dé tres ejemplos de la artesanía española.

B. Write answers in Spanish to the following questions, using complete sentences.

    1. ¿El Sr. Jackson es inglés?
    2. ¿Por qué estuvo en España?
    3. ¿Habría un personal de cuántas personas en principio?
    4. ¿Dónde trabaja el Sr. Garrido?
    5. ¿Dónde se encontraba el solar?

6. ¿Cómo era el solar?
7. ¿Qué le aseguró al Sr. Jackson el Sr. Garrido?
8. ¿Qué iba a darle el Sr. Garrido?
9. ¿Qué dijo para sí?
10. ¿Qué insistió el Sr. Garrido?

C. You take the part of John Jackson. Say in Spanish the English in brackets.

Adolfo: ¿Cuántas oficinas necesita Vd.?
(At first only one office for me and another smaller one for the secretary.)
Adolfo: ¿Qué tamaño?
(About forty square metres for me and twenty-five for the secretary.)
Adolfo: ¿Qué dimensiones?
(I don't know exactly. Let's say seven metres long by six metres wide for me.)
Adolfo: ¿Y para la secretaria?
(It really doesn't matter. Any way you like, provided it has twenty-five square metres.)
Adolfo: Bien. Pero ¿no me dijo Vd. que habría un personal de veinte?
(Yes, that's right. We shall need more offices after two or three months.)

D. Complete the following sentences, using the correct form of the verb in brackets.

1. El agente dijo que quería que su cliente . . . con él. (*ir*)
2. Ojalá que (nosotros) . . . allí. (*estar*)
3. Dijo que el coche llegaría antes de que (ellos) . . . (*salir*)
4. Le estaba hablando como si le . . . (*conocer*)
5. Si (yo) . . . lo que iba a hacer no lo habría hecho. (*saber*)
6. Yo estaba contento que (tú) . . . tanta suerte. (*tener*)
7. Yo dudaba que los tapices . . . valiosos. (*ser*)
8. (Yo) . . . comprar un recuerdo de España. (*querer*)
9. Suponiendo que nosotros . . . una oficina aquí ¿cuánto nos costaría? (*montar*)
10. Por rico que . . . no me casaría con él. (*ser*)

E. Express in Spanish:

1. If we had more money we would buy a new car.
2. Wherever they go they will not be happy.
3. The conductor told me to get off the bus.
4. He answered the questions as if he understood what they were saying.
5. They said that they wanted someone to help them.
6. They arrived home before it started raining.
7. I wish there were less unemployment.
8. No matter how clever he is, he will not win.
9. They said they would leave when my father arrived.
10. I would like to know how many permanent staff there will be.

(b) Series B

A. Study the following advertisements taken from a Madrid newspaper and write answers in English to the questions set on them.

1. Which of the developments offers homes to rent?
2. What extra attraction does the Moraleja development offer?
3. Where can you get information about the Pozuelo development apart from Calle Benito Gutiérrez?
4. Which of the developments mentions particular rooms in the home?
5. If you buy a property on the Majadahonda development, what financial help is offered?

B. Write a letter to the tourist office in Barcelona on behalf of a neighbour who is planning to visit the city in two months' time. You want information on the following points:

Are there plenty of good hotels?
What kinds of public transport are there?
What are the places of cultural and historical interest in Barcelona?
Are there any tourist attractions in the surrounding area?
What activities for young people are there?
Are there opportunities for tennis and swimming?
What entertainments are there — for example, theatre, cinema, concerts?
What are the regional foods and where can one enjoy them?
What are the possibilities of renting a car and what would be the cost?

(150 words)

149

C. *Composition* Vd. acaba de volver a casa después de dos semanas de vacaciones en Benidorm. Descubre que ha dejado alguna ropa en una de las lavadoras del hotel y escribe al director dándole la información siguiente:

fecha de sus vacaciones
por qué le gustaron sus vacaciones
lo que ha olvidado
descripción de la ropa
lo que quiere Vd. que haga el director
su deseo de pagar.

(AEB: *100 words*)

D. *Conversation*

1. ¿Le gustan a Vd. los deportes?
2. ¿Cuál es su deporte favorito?
3. ¿Le gusta nadar?
4. ¿Dónde nada Vd.?
5. ¿Dónde va Vd. de vacaciones?
6. ¿Dónde fue Vd. de vacaciones el año pasado?
7. ¿Ha ido Vd. a España alguna vez?
8. ¿Qué impresiones tiene de su visita?
9. ¿Cuáles son sus pasatiempos favoritos?
10. ¿Qué hará Vd. esta tarde?
11. ¿Qué hará Vd. mañana?
12. ¿Qué hará Vd. durante el fin de semana?

20 España, País de Contrastes

En todos los aspectos de la vida española se pueden ver contrastes. El clima español debe de ser uno de los más variados de Europa. En el norte, es decir el territorio entre Galicia y el País Vasco es bastante semejante al clima inglés, húmedo con lluvias abundantes.

Más allá de la cordillera cantábrica, en la meseta castellana, el clima cambia totalmente. Allí es continental con veranos calurosos e inviernos fríos. En Madrid en invierno hace más frío muchas veces que en Londres, mientras que en el verano, durante el día, la temperatura puede subir a treinta y cinco grados sobre cero o aun más. Se dice del clima madrileño: 'Nueve meses de invierno y tres de infierno'. Aunque es un poco exagerado indica los altibajos del clima de la capital.

En la costa oriental el clima es mediterráneo, que quiere decir que es templado, con temperaturas que no son muy bajas ni muy altas. Los inviernos son suaves y los veranos cálidos. En efecto muchos ingleses, sobretodo los que están jubilados, van a pasar el invierno en lugares como Torremolinos o Marbella para evitar el frío y la humedad de Inglaterra.

La variedad de culturas se puede explicar en parte por causa de la geografía de España. Hay muchas sierras o cordilleras que hacen difícil el pasaje . . . en efecto es uno de los países más montañosos de Europa con una capital que ésta situada a seiscientos metros sobre el nivel del mar. En tiempos antiguos España no era un país unido sino una colección de diferentes reinos. Portugal se ha quedado independiente del resto de la península ibérica. Un vestigio de los reinos antiguos es el hecho de que se hablan cuatro idiomas en España. Aparte del castellano, se habla gallego en Galicia, el vasco o vascuence en las provincias vascongadas y el catalán en Cataluña.

Las diferentes culturas se manifiestan muy claramente en la música y los bailes de las regiones. Andalucía ofrece al viajero todo lo que se considera típicamente español, sobretodo la alegría y la espontaniedad del flamenco. Sin embargo es totalmente diferente de los bailes de Galicia o Cataluña. En Galicia los gallegos son más serios y su seriedad se muestra en la muñeira, un baile lento y triste acompañado por la gaita. En Cataluña el baile típico es la sardana en que un grupo de personas cogidas de la mano bailan rítmicamente en un círculo al son de la 'tenora'.

Los colores varían mucho según la región. Sobretodo en el verano, dejando atrás los campos verdes del norte, el viajero pasa por las llanuras pardas de la meseta, salpicadas por campos de trigo dorado y girasoles enormes. Es la zona donde un sol implacable quema las tierras que son duras de cultivar. Los colores cambian otra vez al llegar a Valencia donde el sistema de riego, construido hace casi mil años por los moros, da verdura a la vega donde se cultivan naranjos y arroz. En Andalucía el sol brilla en un cielo de un azul intenso y se refleja en las paredes

La sardana (Robert P. Clarke)

blancas de las casas. En resumen, Galicia es todo gris y verde; Andalucía es todo azul y blanco.

Hay contrastes entre la vida de la ciudad y la del campo. En las grandes ciudades hay problemas de contaminación del aire y atascos durante las horas puntas. En cambio, muchas de las zonas rurales, especialmente en la meseta, sufren del problema de la despoblación y el viajero pasa por llanuras vastas donde no vive nadie.

Finalmente se ven contrastes muy evidentes en el nivel de vida. Al lado de los hoteles de cinco estrellas de las ciudades se encuentran chabolas humildes. Cuando se habla de España se habla de un país unificado bajo la corona pero no cabe duda que es un país de una variedad extraordinaria.

Rodrigo Villar writes to a colleague, Enrique Jordán, in Argentina in response to his letter.

Madrid
30 de marzo de 1985

Muy señor mío,

Acabo de recibir su carta en la que Vd. me explica sus razones por su visita a España. Permítame que corrija algunas ideas suyas de nuestro país que son erróneas.

Primero, las mujeres visten su traje tradicional solamente en días de fiesta o en las ferias como la de Sevilla. En la recepción que va a celebrarse en su honor le recomiendo que vista un traje normal.

Siento que Vd. no pueda quedarse en casa con nosotros. El piso donde vivimos es bastante pequeño. Sin embargo he reservado una habitación en un buen hotel cerca de la oficina y estoy seguro que le gustará. En su carta Vd. pidió permiso para ver la catedral que Gaudi construyó. La iglesia de la Sagrada Familia, a la cual Vd. se refiere, está en Barcelona. Tengo que decirle que Madrid no tiene una catedral famosa como París o Londres. Puesto que los trámites de los negocios son bastante complicados es posible que sigan hasta el fin de semana. Si Vd. puede aplazar su vuelo de regreso hasta el lunes siguiente habrá tiempo de ver Barcelona si le parece. He reservado la habitación para seis días, esperando que Vd. pueda quedarse unos días más de lo previsto. No obstante si no es posible puede anular la reserva cuando llegue. Puede recoger su billete de avión en la oficina de Iberia en el aeropuerto de Buenos Aires.

Iré al aeropuerto de Barajas para recibirle.

Feliz viaje.

Le saluda atentamente

Rodrigo Villar

Conversation 📼

En el aeropuerto.

Enrique: Perdone. Esperaba a alguien pero no le veo.
Pasajero: Pregunte en información.
Enrique: ¿Dónde está?
Pasajero: Allí al fondo.
Enrique: Muchas gracias.
Pasajero: De nada.
Enrique (en Información): Por favor, señorita, un colega me ha prometido recibirme aquí en el aeropuerto pero no le encuentro. ¿Hay por casualidad algún recado para mí?
Empleada: ¿Cómo se llama Vd.?
Enrique: Jordán, Enrique Jordán.
Empleada: A ver . . . No, lo siento, Sr. Jordán, pero no tengo nada.
Rodrigo (se acerca corriendo): Es Vd. el Sr. Jordán, ¿verdad?
Enrique: Sí, y Vd. el Sr. Villar.
Rodrigo: Sí. Por favor, llámame Rodrigo. Y nos tratamos de tú, ¿verdad?
Enrique: Con mucho gusto. Muchas gracias por tu última carta.
Rodrigo: Tenía miedo de que no llegara antes de que salieras. Sabes como es el correo.
Enrique: Sí, pero no hubo problema. Llegó hace tres días. Estoy muy contento de estar en Madrid.
Rodrigo: ¡Seguro! Bueno, vámonos. Sígueme. Allí está la salida.
Enrique: Gracias. ¿Dónde está el coche?
Rodrigo: Allí al otro lado. Pero, ¡cuidado! No cruces la calle aquí. Hay un paso de peatones más allá. Si cruzas aquí te ponen una multa.
Enrique: ¡Ni hablar! Te sigo.
Rodrigo: Bueno. Bienvenido a Madrid.

La Iglesia de la Sagrada Familia (Robert P. Clarke)

Explanations

(a) Vocabulary

el baile — dance
la cordillera — mountain range
la corona — crown
el correo — mail
la gaita — bagpipes
el girasol — sunflower
el infierno — hell
la llanura — plain
la multa — fine
el nivel — level
el recado — message
el reino — kingdom
el riego — irrigation
la tenora — a kind of clarinet
el traje — suit, dress
los trámites — procedure
anular — to cancel

aplazar — to postpone
corregir — to correct
quemar — to burn
recibir — to meet, receive
salpicar — to dot, sprinkle
vestir — to wear

cálido — hot, warm
caluroso — hot
duro — hard
húmedo — damp, wet
jubilado — retired
pardo — brown
previsto — anticipated
semejante — similar
suave — gentle, mild, soft
templado — temperate, mild

(b) Notes

1. The irrigation system of the Valencian *huerta* is famous. It was constructed during the Moors' occupation of that part of Spain a thousand years ago and still operates effectively to this day. The water is rationed by a system of sluice gates which must be opened and closed at appropriate times. Any disputes are brought to the *Tribunal de las Aguas*, which meets every Thursday morning in front of the door of Valencia cathedral. It is one of the oldest courts in the world.

2. Hotels in Spain are graded strictly and given a star rating of one to five. There are maximum charges which can be made for each category and these must be displayed in every room.

3. The church of the Holy Family in Barcelona is one of the finest creations of the Spanish architect Gaudi.

4. One of the most sensitive areas of social contact is the use of the polite or familiar form for 'you'. One should never use the familiar form to adults one does not know personally — for example, shop assistants or waiters. To do so would be regarded as rude and a social blunder.

5. *Iberia* is the national airline of Spain.

(c) Grammar

1. All forms of radical changing verbs.
   e.g.: *Lo siento. Te sigo.*
   See Section 43 of the Grammar Summary.

2. *Para* and *por*.

   e.g.: *¿Hay un recado para mí?*
   . . . razones por su visita.

   See section 42 of the Grammar Summary.

3. Spelling changes.

   e.g.: *No cruces la calle.*

   See Section 44 of the Grammar Summary.

4. Accents.
   See Section 45 of the Grammar Summary.

Exercises

(a) Series A

A. Write answers in Spanish to the following questions, using complete sentences.

   1. ¿Cómo es el clima del norte?
   2. ¿Cómo es el clima de la meseta?
   3. ¿Cómo es el clima de Levante?
   4. ¿Por qué pasan muchos ingleses el invierno en la Costa del Sol?
   5. ¿A qué altura está situada Madrid?
   6. ¿Cómo era España en tiempos antiguos?
   7. ¿Qué es el baile de Andalucía?
   8. ¿Cómo es la muñeira de Galicia?
   9. ¿Qué instrumento acompaña la sardana?
   10. ¿Qué productos se cultivan en la meseta?
   11. ¿Quiénes construyeron el sistema de riego en Valencia?
   12. ¿Cuáles son los problemas de las ciudades grandes?
   13. ¿En qué consiste el problema de la despoblación rural?
   14. ¿Cómo se manifiestan los contrastes en el nivel de vida?

B. Read and study the letter which Rodrigo Villar writes to Enrique Jordán. Write a letter which might have prompted such a reply. Here is a guide to help you.

   Fotos de chicas llevando trajes con faldas largas de colores vistosos. El deseo de hospedarse con una familia española.
   La catedral de Gaudí. ¿Está en Madrid?
   Llegar el lunes. ¿Terminar los negocios el jueves? ¿El billete de avión? ¿Qué hacer al llegar a Madrid? (*150 words*)

C. You are in an airport lounge and you have misplaced a suitcase. Say in Spanish the English in brackets.

   Viajero: Sí, señor.
   (Ask a passerby where to go.)
   Viajero: Pregunte en Información.
   (Thank him.)
   Empleada: ¿Vd. desea?
   (Tell her you have lost a suitcase.)
   Empleada: ¿De qué color es?

(Tell her it is of brown leather.)

Empleada: ¿De qué tamaño?

(It's quite big.)

Empleada: ¿Qué contiene?

(Clothes, books, personal things.)

Empleada: Vd. tiene suerte, señor. Está aquí. Hay que cuidar de las maletas en un aeropuerto.

(Tell her you are sorry to be a nuisance.)

Empleada: Bueno. ¿Quiere Vd. firmar aquí?

(Thank her very much and say goodbye.)

D. Write the sentences, putting the verb in brackets into the appropriate form of the present tense.

1. Yo no . . . nunca en el tren. (*dormir*)
2. El Sr. Villar . . . un recibo. (*pedir*)
3. Siempre (ellos) . . . la ventana. (*cerrar*)
4. ¿Dónde . . . Vd. al tenis? (*jugar*)
5. . . . antes de lavarme. (*vestirse*)
6. ¿No . . . (tú) bien? (*sentirse*)

E. Write the sentences, putting the verb in brackets into the appropriate form of the preterite tense.

1. Ayer mi niña . . . su traje nuevo. (*vestir*)
2. . . . por el camino y encontraron a sus amigos. (*seguir*)
3. ¡En el bar (ellos) nos . . . cerveza caliente! (*servir*)
4. El Sr. Jordán . . . en seguida. (*dormirse*)
5. Después de comer tanto (ellos) . . . enfermos. (*sentirse*)
6. Los hombres . . . en el aeropuerto. (*despedirse*)

F. Write the present participle of the following verbs.

1. Despedirse
2. Repetir
3. Dormir
4. Preferir
5. Sentir

G. Write the sentences, putting in either *para* or *por*.

1. He reservado una habitación . . . esta noche.
2. Este regalo es . . . mi hijo menor.
3. Gracias . . . la información.
4. Este tren es . . . Madrid.
5. ¿Cuánto pagó Vd. . . . el coche?
6. Voy a enviar la carta . . . avión.
7. Hay que estudiar mucho . . . aprobar el examen.
8. Le di cien pesetas . . . el cartel.
9. Vd. tiene que seguir . . . esta calle.
10. Llegamos tarde . . . haber perdido el tren.

H. Write the sentences, putting the appropriate form of the verb in brackets.

1. ¡ . . . Vd. todo recto! (*seguir*)
2. Me detuve y luego . . . la calle. (*cruzar*)

3. No quiero que . . . Vd. la cuenta. (*pagar*)
4. Estará Vd. muy contento con tal que . . . un buen hotel. (*escoger*)
5. Prefiero que tú . . . el piano. (*tocar*)
6. Es preciso que Vds. . . . en seguida. (*empezar*)

I. Write the following words, putting an accent if necessary.

Tambien, geografia, farmacia, muchisimo, azul, franceses, judias, facil, television, leido, agencia, magnifico.

(b) **Series B**

A. Read the following recipe and write answers in English to the questions set on it.

TRUCHAS A LA MOLINERA
Calcule una trucha de 150 g. por persona. Limpie el pescado a fondo, sazone el interior y los lomos con sal y deje reposar unos minutos. Ponga a calentar abundante aceite en una sartén amplia. Pase las truchas por leche y harina y empiece a freir por tandas. Recuerde que el aceite no debe estar demasiado caliente, para que se hagan bien en el interior, sin achicharrarse por fuera. Reserve el pescado en una fuente puesta al calor. Cuando todas estén fritas, derrita a fuego suave 100 g. de mantequilla, añada el zumo de un limón, mezcle bien, vierta sobre las truchas y sirva caliente. Se pueden adornar con perejil picado.

1. What is the food in the recipe?
2. After calculating the weight, what are you next told to do?
3. What do you use as seasoning?
4. What are you told to heat up?
5. In what kind of container?
6. What must you dip the food in before putting it in the container?
7. What must you be careful not to do?
8. What would be the result if you did?
9. What do you now put the food into?
10. What do you have to do with the butter?
11. What do you now add?
12. What can you use to decorate the food?

B. The following letter is written by a girl who calls herself 'Aquarius' to a teenage magazine for girls. An 'agony aunt' then offers advice. Read the letter and the advice and then write answers in English to the questions set on it.

158

Queridos amigos de SUPER POP:

Soy una chica de 15 años, a la que le gustaría que le dierais un consejo. Hace poco tuve un desengaño amoroso. Me dieron esperanzas y me hice ilusiones que, luego, no sirvieron para nada.

Ahora me gusta Carlos tanto como el otro o más y mis amigos me han dicho que él también está por mí. Tengo miedo de volverme a hacer ilusiones y llevarme de nuevo un desengaño. Confío mucho en mis amigos, pero en este caso no puedo hacerlo. ¿Qué debo hacer?

Acuario

Querida Acuario:

Como sabrás los asuntos del amor suelen ser un mundo complicado, en el que se entremezclan muchos sentimientos. Por eso, los únicos que saben lo que verdaderamente sienten, son los mismos interesados. Nunca te puedes fiar de lo que te digan terceras personas, porque aunque intenten auydarte, quizá, te están liando y no con mala intención, al contrario. Además, tienes que ser tú quien decida, no tus amigos.

Por otro lado, un desengaño amoroso no es el fin. Aunque haga daño, es mejor tomárselo como una página acabada y empezar una nueva, a ser posible con las mismas ganas e ilusiones, pero también con un poquito más de experiencia, lo cual es bastante importante.

En tu caso concreto, déjate guiar por tus propias intuiciones y no por las de los demás. Incluso, si es posible, intenta ser tú misma quien dé ese paso adelante. Piensa que los errores son humanos y si este chico no es el amor de tu vida, seguro que hay otro esperándote por ahí.

1. In the first paragraph of the letter the girl explains the nature of her problem. What is it?
2. What is her dilemma as expressed in the second paragraph of the letter?
3. At the end of her letter she wonders if she could do something. What?
4. The 'agony aunt' tells her she should not trust the advice of others. Why?
5. How should a broken love affair be regarded?
6. How should Aquarius now face the future?
7. What should be her guide?
8. What is the final comment?

C. Write a letter to a penfriend in which you describe some aspects of the English way of life and English schools.

(150 words)

D. *Conversation*

1. ¿Qué planes tiene para las vacaciones que vienen?
2. ¿Qué hace Vd. durante las fiestas navideñas?
3. ¿Qué hace Vd. para celebrar el año nuevo?
4. ¿Cuáles son sus planes para el año que viene?
5. ¿Qué tiempo hace en este momento?
6. ¿Qué tiempo hacía ayer?
7. ¿Qué hora es?
8. ¿Cuáles son sus horas de trabajo?
9. ¿Desde hace cuánto tiempo estudia Vd. español?
10. ¿Desde hace cuánto tiempo vive Vd. en su casa?

21 La Visita

Lesley Hammond, una chia inglesa, está estudiando español como parte de su curso en un colegio privado. El año pasado su padre, que habla muy bien español, escribió a un colega suyo que vive en Valencia porque sabía que él tenía una hija, Paloma, que estudiaba inglés. En su carta sugirió que Lesley y Paloma pudieran hacer un intercambio durante el verano. Paloma iría a hospedarse con la familia inglesa en julio y Lesley iría a Valencia durante el mes de agosto.

Here is the letter which Peter Hammond wrote to his friend and colleague, Antonio Roca.

Hayes, 21 de marzo de 1986

Querido Antonio,
Hace mucho tiempo que no nos vemos. ¿Cómo van las cosas en España? Aquí los negocios van mal debido a la situación económica pero tenemos planes para mejorarlos el año que viene. Te escribo para pedirte un favor. ¿Sabes que mi hija, Lesley, lleva dos años estudiando español? Ha hecho grandes progresos durante el año pasado y ahora lo lee y escribe muy bien. Lo malo es que no tiene confianza para hablarlo. Ya sé que tu hija, Paloma, está muy interesada en sus estudios de inglés y se me ocurrió recientemente la idea de un intercambio. Creo que en España el año escolar termina generalmente antes del fin de junio porque hace tanto calor. Aquí en Inglaterra las clases no terminan hasta mediados de julio. Si le parece a Paloma, puede venir a vivir con nosotros durante el mes de julio y asistir a algunas de las clases de Lesley. Luego las dos chicas pueden regresar juntas a Valencia para el mes de agosto.

Si te convienen las fechas que propongo, escríbeme pronto para confirmar los detalles.

Recuerdos a la familia y un abrazo afectuoso de
Peter

Antonio Roca replied immediately.

Valencia, 27.3.86

Querido Peter,
Muchas gracias por tu carta. Nos encanta a todos la idea del intercambio, sobretodo a Paloma. En realidad ella me propuso algo parecido el otro día cuando me estaba hablando de sus estudios ingleses.

Esta mañana fui a la agencia de viajes y me dijeron que un vuelo sale de Valencia para Heathrow el día dos de julio con llegada a las 15.30.

Vivís bastante cerca del aeropuerto, ¿no? Espero que no tendrás inconveniente en ir a recibirla. Las dos chicas pueden volver a España el día treinta y Lesley puede hospedarse con nosotros hasta el fin de agosto.

Le he dicho a Paloma que escriba a Lesley cuanto antes. Ya sé que tiene algunas preguntas que quisiera hacerle acerca de su visita a Inglaterra.

Recuerdos por parte de mi familia.
Saludos,
Antonio

160

Here is Paloma's letter.

Valencia, 30.3.86

Querida Lesley,

¡Cuánto me alegró leer la carta de tu padre! Me hace mucha ilusión ir a Inglaterra y conocerte a ti y a tu familia. Llegaré el dos de julio. ¿Qué tiempo hará entonces en Inglaterra? ¿Qué ropa tendré que llevar conmigo? A mí me gustan mucho los deportes, sobretodo el tenis. ¿Vale la pena llevar mi raqueta? También me gustaría nadar. ¿Hay una piscina cerca de tu casa? Me dicen que el mar está muy frío en la costa inglesa comparado con el Mediterráneo. ¿Es verdad?

Nada más por el momento. Tengo que terminar mis deberes de inglés antes de acostarme.

Besos a todos,

Paloma

As Lesley and Paloma arrive at Valencia airport on the second half of their exchange, they become temporarily separated. Lesley has to go through customs on her own, where this conversation takes place.

—¿Tiene Vd. algo que declarar?
—No, no tengo nada que declarar. Estoy de vacaciones.
—Haga el favor de abrir esta maleta.
—¿Cuál?
—La más grande. (Lesley abre la maleta) ¿Qué es esto?
—Es un regalo para la madre de mi amiga española.
—¿Dónde lo compró?
—En Inglaterra.
—¿Dónde vive su amiga española?
—En Valencia. Voy a hospedarme con ella.
—¿Cuánto tiempo piensa Vd. pasar en España?
—Un mes. Me marcho a fines de agosto.
—Muy bien. Puede pasar.
—Gracias.

As Lesley and Paloma go through the airport terminal building, they hear this announcement.

La compañía Iberia anuncia la salida de su vuelo 834 con destino Barcelona. Por favor, señores pasajeros de este vuelo Iberia, diríjanse a la puerta número uno para su embarque. Vayan provistos del documento nacional de identidad o pasaporte.

When Lesley reaches the home of Paloma, she is greeted by Paloma's mother, Carmen.

—Bienvenida a nuestra casa. Espero que lo pases bien con nosotros. Aquí está tu dormitorio y el cuarto de baño está enfrente. Desayunamos juntos en la cocina a las ocho y media y cenamos aquí en el comedor a las nueve de la noche, cuando Antonio vuelve del trabajo. Si quieres ver la televisión hay un televisor en el salón.

Espero que te guste tu dormitorio. Mira, hay una vista bonita de la ciudad desde la ventana. Allí al fondo se puede ver la catedral. El dormitorio de Paloma está al lado. El dormitorio donde vas a dormir era el de mi hija mayor, ¿sabes? Ya no vive con nosotros. Vive en Mallorca donde tiene un empleo en una oficina de viajes.

Si quieres saber algo más, pregúntamelo.

Paloma, ¿quieres enseñar el resto de la casa a Lesley?

A few days later, Paloma wants to take Lesley out. She tells her to listen to the weather forecast on the radio. This is what Lesley hears.

📻 He aquí el boletín meteorológico para hoy. En toda la zona de Levante va a hacer mucho calor. Valencia tendrá una temperatura máxima de treinta y cinco grados. En Castellón hará más fresco con brisas del mar. Cielo despejado. Al anochecer habrá chubascos con la posibilidad de tormentas. Se advierte a los campistas que puede haber inundaciones por la noche.

Lesley goes on an excursion to Barcelona. She visits the cathedral and listens to the guide, who gives this commentary.

📻 La catedral está situada en el corazón del barrio gótico de la ciudad. Es un admirable ejemplar del estilo gótico. Empezó a edificarse a finales del siglo trece y se terminó a principios del siglo quince. Destaca la belleza de su claustro y de su coro con bajorrelieves de gran valor artístico.

   Miren Vds. el Cristo de Lepanto. Verán Vds. que tiene el cuerpo torcido. La leyenda dice que esto es porque la imagen, al ver que se aproximaba una bala de cañón de los veleros turcos enemigos, se apartó de la cruz para esquivarla. Esto ocurrió en la batalla de Lepanto en 1571.

When Lesley returns home, she is asked by her neighbour to help him write a letter to book a holiday in Spain for next year. Here is the letter.

Hayes, 14.9.86

Hotel Buenavista
Calle Alfonso XIII
Alicante

Muy señor mío,
Le dirijo esta carta a fines de reservar tres habitaciones en su hotel desde el 27 de junio hasta el 11 de julio de 1987. Necesitamos una habitación doble con cama de matrimonio, otra con dos camas sencillas para nuestras dos hijas y también una habitación individual para mi suegra. Prefiero que las habitaciones sean exteriores.
   Le agradecería si me comunicase Vd. el precio de cada habitación, así como cuánto costaría la pensión completa por persona.
   En espera de recibir sus noticias le doy las gracias por anticipado.
   Muy afectuosamente,

John Palmer

Part II

Grammar Summary

Grammar Summary

1. *Articles*

The definite article

Masc. sing.	Fem. sing.	Masc. plur.	Fem. plur.
el	la	los	las

The indefinite article

Masc. sing.	Fem. sing.	Masc. plur.	Fem. plur.
un	una	unos	unas

e.g.: *el pueblo, la ciudad, los pueblos, las ciudades*
un pueblo, una ciudad, unos pueblos, unas ciudades

The pronoun **lo** is used before an adjective to make it into a noun or noun phrase.

e.g.: *lo mejor* — the best, the best thing
lo peor — the worst, the worst thing.
lo importante — the important thing
lo de la lotería — the business about the lottery

lo que is used to express 'that which', 'what'.

e.g.: *No entiendo lo que dice* — I do not understand what he says.

[handwritten: DECIR = to say]

[handwritten: SUBIR = to rise, climb, mount, get on etc.]

2. *Endings of Present Tense of Regular Verbs*

There are three kinds of regular verbs, which are referred to by the endings of their infinitives, -ar, -er and -ir.

To form the present tense, find the stem of the verb by removing the infinitive ending.

e.g.: *hablar* has the stem *habl-*
comer has the stem *com-*
subir has the stem *sub-*

[handwritten: To speak / To eat / see above]

Put the following endings on the stem:

-ar verbs

yo	-o	nosotros	-amos
tú	-as	vosotros	-áis
él		ellos	
ella	-a	ellas	-an
Vd.		Vds.	

-er verbs

yo	-o	nosotros	-emos
tú	-es	vosotros	-éis
él		ellos	
ella	-e	ellas	-en
Vd.		Vds.	

-ir verbs

yo	-o	nosotros	-imos
tú	-es	vosotros	-ís
él		ellos	
ella	} -e	ellas	} -en
Vd.		Vds.	

Here are the patterns of the present tenses of three common regular verbs:

mirar   to look

miro	I look	miramos	we look
miras	you look (familiar singular)	miráis	you look (familiar plural)
mira	he, she, it looks	miran	they look
Vd. mira	you look (polite singular)	Vds. miran	you look (polite plural)

comer   to eat

como	I eat	comemos	we eat
comes	you eat (fam. sing.)	coméis	you eat (fam. plur.)
come	he, she, it eats	comen	they eat
Vd. come	you eat (pol. sing.)	Vds. comen	you eat (pol. plur.)

vivir   to live

vivo	I live	vivimos	we live
vives	you live (fam. sing.)	vivís	you live (fam. plur.)
vive	he, she, it lives	viven	they live
Vd. vive	you live (pol. sing.)	Vds. viven	you live (pol. plur.)

The Present Continuous Tense of Regular Verbs

To form the present continuous tense, you take the present tense of **estar** and the present participle of the verb. To form the present participle:

-ar verbs
Remove the -ar and add -ando.
-er verbs
Remove the -er and add -iendo.
-ir verbs
Remove the -ir and add -iendo.

Here are three examples of regular verbs in the present continuous tense:

hablar   to speak, talk

estoy hablando   I am speaking
estás hablando   you are speaking (fam. sing.)
está hablando   he, she, it is speaking
Vd. está hablando   you are speaking (pol. sing.)
estamos hablando   we are speaking
estáis hablando   you are speaking (fam. plur.)
están hablando   they are speaking
Vds. están hablando   you are speaking (pol. plur.)

beber   to drink

estoy bebiendo   I am drinking
estás bebiendo   you are drinking (fam. sing.)
está bebiendo   he, she, it is drinking
Vd. está bebiendo   you are drinking (pol. sing.)

estamos bebiendo   we are drinking
estáis bebiendo   you are drinking (fam. plur.)
están bebiendo   they are drinking
Vds. están bebiendo   you are drinking (pol. plur.)

escribir   to write

estoy escribiendo   I am writing
estás escribiendo   you are writing (fam. sing.)
está escribiendo   he, she, it is writing
Vd. está escribiendo   you are writing (pol. sing.)
estamos escribiendo   we are writing
estáis escribiendo   you are writing (fam. plur.)
están escribiendo   they are writing
Vds. están escribiendo   you are writing (pol. plur.)

3.   *Gustar*

Note that there is no word in Spanish for 'to like'. If you wish to say that you like something or somebody, you have to say that something or somebody is pleasing to you. Note carefully the following examples:

Me gusta España — I like Spain
Me gustan los españoles — I like the Spaniards
Le gusta tomar una cerveza antes de comer — He likes to have a beer before lunch
¿Te gusta comer en este restaurante? — Do you like eating in this restaurant?

4.   *Adjectives*

Most adjectives end in -o in their masculine singular form. They behave in the following way. The ending is:

-o when agreeing with a masculine singular noun
-a when agreeing with a feminine singular noun
-os when agreeing with a masculine plural noun
-as when agreeing with a feminine plural noun

e.g.: *el chico es alto*
    la chica es alta
    los chicos son altos
    las chicas son altas

When an adjective ends in -e, it remains the same with all singular nouns and adds -s with all plural nouns.

e.g.: *el vestido verde*
    la falda verde
    los vestidos verdes
    las faldas verdes

When an adjective ends in a consonant, it remains the same with all singular nouns and adds -es with all plural nouns.

e.g.: *el vestido azul*
    la falda azul
    los vestidos azules
    las faldas azules

Exceptions

Adjectives of nationality which end in a consonant in their masculine singular form add -a for the feminine singular form and -as for the feminine plural form.

e.g.: *el chico es español*
la chica es española
los chicos son españoles
las chicas son españolas

Also adjectives ending in -or or -án (except **mejor**, **peor**, **mayor** and **menor**) behave in the same way.

e.g.: *es un hombre hablador*   } talkative - chatty
es una mujer habladora
es un niño holgazán   } idle, lazy, slack
es una niña holgazana

Special adjectives are dealt with in Section 17.

5. *The Personal* a

If a verb is followed by a person as the direct object, it is necessary to insert a.

e.g. *Alonso lleva a Alejandro a ver la granja.*
Mario no conoce al hombre que llama.

The personal a is not used in the following cases:
(i) After tener.

e.g.: *El Sr. Quintana tiene un hijo.*

(ii) When the person is not specified.

e.g.: *Alonso busca un jornalero.*

(iii) When a group of people in general is referred to.

e.g.: *Detesta las mujeres.*

6. *Question Words*

¿Qué . . .?	What . . . ?
¿Quién . . .?	Who . . .?
¿Cuál . . .?	What, which . . .?
¿Cómo . . .?	How . . .?
¿Por qué . . .?	Why . . .?
¿Dónde . . .?	Where . . .?
¿Cuándo . . .?	When . . .?
¿Cuánto, -a, -os, -as . . .?	How much, how many . . .?

The difference between ¿Qué? and ¿Cuál? should be carefully studied. ¿Cuál? should not be used as an adjective.

e.g.: *¿Qué copa?* — Which glass?

However, 'Which . . .?' as a pronoun should be expressed by ¿Cuál . . .?

e.g.: *¿Cuál es tu copa?* — Which is your glass?

If you want to express 'What is/are . . .?' in Spanish, it may be ¿Qué es/son . . .? or ¿Cuál es/Cuáles son . . .? ¿Qué? is used merely to define a person or thing.

e.g.: *¿Qué es esto?* — What is this?

¿Cuál? is used to elicit some kind of further description or information.

e.g.: *¿Cuál es la capital de España?* — What is the capital of Spain?
¿Cuál es tu opinión? — What is your opinion?

7. Ser and estar

It is important to differentiate between the two verbs for 'to be' in Spanish. The irregular forms of the tenses of ser and estar are in the verbs table. However, it is important to remember the following rules.

Estar is used

(i) for position:

e.g.: *Mi esposa está en Barcelona.*
Mi oficina está en el centro de la ciudad.

(ii) before an adjective which describes a temporary state rather than a permanent characteristic:

e.g.: *Estoy muy ocupado.*

(iii) in the continuous tenses:

e.g.: *Está lloviendo.*

(iv) with a past participle to describe a state:

e.g.: *¿Está Vd. casado?*

Ser is used to express permanent characteristics or conditions.

(i) Name:

e.g.: *¿Quién es Vd.? Soy Pedro Duarte.*

(ii) Nationality, etc.:

e.g.: *Son españoles. Él es andaluz, ella es barcelonesa.*

(iii) Colours:

e.g.: *La falda es roja.*

(iv) Jobs and professions:

e.g.: *José Luis es un alumno del instituto. Su padre es dentista.*

(v) Permanent conditions:

e.g.: *El hotel es muy bueno y no es muy caro.*

Note that estar can never take a noun as its complement.

e.g.: *Es un hotel barato.*

Note:

It's good — *Es bueno.*
It's fine, O.K. — *Está bien.*

The adjectives 'rich', 'poor', 'young' and 'old' are considered to be sufficiently permanent to require ser.

e.g.: *Pedro no es viejo.*

8. *Reflexive Verbs*

Reflexive verbs follow the same pattern as any other verb, except that you must remember to include the reflexive pronoun with the verb.

e.g.: *Levantarse*   to get up

me levanto	I get up	nos levantamos	we get up
te levantas	you get up (fam. sing.)	os levantáis	you get up (fam. plur.)
se levanta	he, she, it gets up	se levantan	they get up
Vd. se levanta	you get up (pol. sing.)	Vds. se levantan	you get up (pol. plur.)

Special Points

The reflexive pronoun is placed immediately in front of the verb, except in the following cases: (a) an infinitive; (b) a present participle; (c) a positive command. In these cases the reflexive pronoun is joined on to the end of the verb. Also notice that the pronoun has to change to match the subject of the main verb. Study the following examples:

Voy a levantarme — I am going to get up
Vamos a levantarnos — We are going to get up
Estoy lavándome — I am washing myself

Note that it is also correct to say: *Me voy a levantar, me estoy lavando.*
   Reflexive verbs in commands are explained in Section 38.
   The pronoun **se** can be used with an active verb to express the passive in English.

e.g.: *Se cultivan naranjas en Valencia* — Oranges are grown in Valencia

9. *Adverbs: Formation*

Take the feminine form of the adjective and add -mente.

e.g.: *básica, básicamente*

If the feminine form of the adjective is the same as the masculine form, it does not change when -mente is added.

e.g.: *simplemente, fácilmente*

Some adverbs do not end in -mente. The most common are bien, mal, despacio (although lentamente is also common). If two adverbs are together, -mente is added only to the second one.

e.g.: *Habla clara y distintamente.*

10. *Numbers*

Cardinal Numbers

0	cero	31	treinta y uno
1	uno (un), una	32	treinta y dos
2	dos	40	cuarenta
3	tres	41	cuarenta y uno
4	cuatro	50	cincuenta
5	cinco	51	cincuenta y uno
6	seis	60	sesenta
7	siete	61	sesenta y uno
8	ocho	70	setenta
9	nueve	71	setenta y uno

10	diez	80	ochenta
11	once	81	ochenta y uno
12	doce	90	noventa
13	trece	91	noventa y uno
14	catorce	100	cien (ciento)
15	quince	101	ciento uno
16	dieciséis	102	ciento dos
17	diecisiete	200	doscientos/as
18	dieciocho	300	trescientos/as
19	diecinueve	400	cuatrocientos/as
20	veinte	500	quinientos/as
21	veintiuno	600	seiscientos/as
22	veintidós	700	setecientos/as
23	veintitrés	800	ochocientos/as
24	veinticuatro	900	novecientos/as
25	veinticinco	1000	mil
26	veintiséis	2000	dos mil
27	veintisiete	10 000	diez mil
28	veintiocho	100 000	cien mil
29	veintinueve	1 000 000	un millón
30	treinta	2 000 000	dos millones

Special Points

(i) Uno loses its final o when in front of a masculine singular noun.

e.g.: *un chico* — a boy, one boy

(ii) The hundreds agree with the noun they are describing.

e.g.: *Quinientas pesetas*

(iii) Other numbers do not alter.

e.g.: *Cuatro pesetas*

(iv) Cien is used when the number is exactly 100.

e.g.: *Cien pesetas. ¿Cuántos libros? Cien*

Ciento is used for numbers 101–199.

e.g.: *Ciento cincuenta*

Ordinal Numbers

primero	sexto
segundo	séptimo
tercero	octavo
cuarto	noveno
quinto	décimo

Special Points

(i) Ordinal numbers agree with their nouns like any other adjective.

e.g.: *la segunda calle a la derecha*

171

(ii) Primero and tercero lose their final o when in front of a masculine singular noun (see Section 17).

(iii) The ordinal numbers exist beyond tenth but are rarely used. Use the cardinal number after the noun instead.

    e.g.: *El siglo veinte* — the twentieth century.

(iv) With kings and queens omit 'the' and write the number as a Roman number.

    e.g.: *Felipe segundo* — Felipe II.

11. *Time*

¿Qué hora es? — What time is it?
Es la una — It is one o'clock
Son las dos — It is two o'clock
Son las doce — It is twelve o'clock
¿A qué hora? — At what time?
A las cinco — At five o'clock
Las dos y cinco — Five past two
Las dos y diez — Ten past two
Las dos y cuarto — Quarter past two
Las dos y veinte — Twenty past two
Las dos y veinticinco — Twenty-five past two
Las dos y media — Half past two
Las tres menos veinticinco — Twenty-five to three
Las tres menos veinte — Twenty to three
Las tres menos cuarto — Quarter to three
Las tres menos diez — Ten to three
Las tres menos cinco — Five to three
Es mediodía — It is midday
Es medianoche — It is midnight

12. *Object Pronouns*

Direct Object

me — me
te — you (fam. sing.)
le, lo — him
le, lo — you (pol. sing., masc.)
la — her
la — you (pol. sing., fem.)
lo — it (masc.)
la — it (fem.)
nos — us
os — you (fam. plur.)
les, los — them (masc. — people)
les, los — you (pol. plur., masc.)
las — them (fem. — people)
las — you (pol. plur., fem.)
los — them (masc. — things)
las — them (fem. — things)

Indirect Object

me — to me
te — to you (fam. sing.)
le — to him, to her, to you (pol. sing.)
nos — to us
os — to you (fam. plur.)
les — to them, to you (pol. plur.)

The object pronouns are placed immediately before the verb. (For exceptions, see below.)

e.g.: *Lo compra* — He buys it
Nos hablan — They talk to us
No te comprendo — I don't understand you

Special Points

The object pronoun is joined on to the end of the verb in the following three cases.
(a) infinitive:

e.g.: *Viene a verlo* — He is coming to see it
(b) present participle:

e.g. *vendiéndolo* — selling it
(c) positive command:

e.g.: *Escúcheme* — Listen to me (this is covered in more detail in Section 38)

When two object pronouns, one direct, one indirect, are together, the indirect always goes before the direct.

e.g.: *Va a vendérmelo* — He is going to sell it to me
Me lo ha explicado — He has explained it to me

When le or les comes before lo, la, los or las, you must change the le or les to se.

e.g.: *Se lo doy* — I give it to him
Voy a enseñárselo — I am going to show it to him

As se can mean 'to him', 'to her', 'to you' (polite), 'to them', it is often necessary to add a él, a ella, a Vd., a ellos, a ellas, a Vds. to make the meaning clear.

e.g.: *Voy a dárselo a él* — I am going to give it to him
Voy a dárselo a Vd — I am going to give it to you

Note the need for an accent on the ending of the infinitive when you add two object pronouns (see Section 45 for further explanation).
When two verbs are together, with the second one in the infinitive, object pronouns can either be put on the end of the infinitive or placed in front of the first verb.

e.g.: *Se la voy a prestar* or *Voy a prestársela* — I am going to lend it to him

Similarly, in the continuous tenses object pronouns can either be joined on to the end of the present participle or placed before the part of estar.

e.g.: *Se los estoy enviando* or *Estoy enviándoselos* — I am sending them to her

13. Negatives

Study the following negatives:
nadie — nobody

nada — nothing
nunca/jamás — never
ninguno, -a, -os, -as — no (adj.), none
tampoco — (n)either
ni . . . ni . . . — neither . . . nor . . .

When the adjective ninguno comes before a masculine singular noun, it loses its final o and becomes ningún.

e.g.: *ningún ruido* — no noise
ningún amigo — no friend

When the negative word comes after the verb, no must be placed before the verb.

e.g.: *No viene nadie* — Nobody is coming

If the negative word comes before the verb, no is not required.

e.g.: *Nunca salen de noche* — They never go out at night

14. *Infinitives after Prepositions*

In English we often follow a preposition with the present participle of the verb. In Spanish the infinitive must be used.

e.g.: *Antes de acostarse* — before going to bed
Después de casarse — after getting married
Al pasar por caja — on paying at the cash desk
Sin esperarles — without waiting for them

15. *Radical Changing Verbs in the Present Tense*

Many Spanish verbs change their root or stem when the stress falls on it. This happens in all parts of the present tense except the first and second persons plural (the nosotros and vosotros forms).

(i) In this group the e in the syllable before the ending becomes ie.

e.g.: *empezar*   to begin

empiezo	empezamos
empiezas	empezáis
empieza	empiezan
Vd. empieza	Vds. empiezan

(ii) In this group the o in the syllable before the ending becomes ue.

e.g.: *volver*   to return

vuelvo	volvemos
vuelves	volvéis
vuelve	vuelven
Vd. vuelve	Vds. vuelven

Other forms of radical change will be explained in Section 43.

16. *Conocer and saber*

There are two verbs in Spanish for 'to know' and it is important to understand the difference.

(i) Saber means to know a fact or to know that . . .

    e.g.: *Sé donde está* — I know where it is
          Sabe que es verdad — He knows that it is true

(ii) Conocer means to know a person or a place.

    e.g.: *No conozco a su mujer* — I do not know your wife
          No conocen bien Londres — They don't know London well

17. *Special Adjectives*

This group of adjectives loses the final o when it comes in front of a masculine singular noun.

bueno, buen	tercero, tercer
malo, mal	alguno, algún
primero, primer	ninguno, ningún

e.g.: *Hace buen tiempo, el primer ministro, ningún dinero.*

Grande loses -de when it comes before any singular noun and in this case it means 'great' rather than 'big'.

e.g.: *Londres es una gran ciudad* — London is a great city
      Madrid es una ciudad grande — Madrid is a big city

18. *Verbs Followed by an Infinitive*

When two verbs are together, with the second one in the infinitive, sometimes it is necessary to put a, sometimes de before the infinitive. Sometimes there is no preposition at all. It is impossible to give a complete list but here is a list of the more common structures.

(i) Verbs which take no preposition:

querer	to wish, want	lograr	to manage
desear	to wish, want	conseguir	to manage
poder	to be able	decidir	to decide
deber	to have to	pensar	to expect or to intend to
		preferir	to prefer

(ii) Verbs which take a:

ir a	to go	invitar a	to invite
venir a	to come	ayudar a	to help
empezar a	to begin	enseñar a	to teach
ponerse a	to begin	volver a	to . . . again

(iii) Verbs which take de:

acabar de	to have just	tratar de	to try
cesar de	to stop	haber de	to have to
terminar de	to stop	tener ganas de	to feel like
dejar de	to stop		

e.g.: *No han podido venir* — They have not been able to come
      Empieza a trabajar — He begins working
      Ha cesado de llover — It has stopped raining

Seguir and continuar are unusual in that they take the present participle.

e.g.: *Sigue nevando* — It continues to snow

19. *Ir a to Express the Future*

An action in the future can be expressed by using the present tense of ir, followed by a and the verb in the infinitive.

e.g.: *Van a comprar la casa* — They are going to buy the house
Voy a casarme — I am going to get married
Va a vender su moto — He is going to sell his motorbike

20. *Tener Phrases*

There are a number of special expressions which use tener. The most common are the following:

tener . . . años — to be . . . years old
tener calor — to be hot (of a person)
tener cuidado — to take care
tener frío — to be cold (of a person)
tener ganas de — to feel like
tener hambre — to be hungry
tener lugar — to take place
tener miedo — to be afraid
tener prisa — to be in a hurry
tener que . . . — to have to . . .
tener razón — to be right
tener sed — to be thirsty
tener sueño — to be sleepy, tired
tener suerte — to be lucky

In these expressions, if you want to include 'very', you must use mucho or mucha, not muy.

e.g.: *Tengo mucho calor* — I am very hot

21. *Comparative and Superlative of Adjectives and Adverbs*

rico — rich
más rico — richer
el más rico — the richest

These are the masculine singular forms. They can be made feminine or plural in the normal way.

rápidamente — quickly
más rápidamente — more quickly
lo más rápidamente — the most quickly

e.g.: *Juan es más alto que José* — Juan is taller than José
María es la chica más inteligente de la clase — María is the most intelligent girl in the class
Conduce más lentamente que su marido — She drives more slowly than her husband

Special Points

(i) Menos translates 'less' or 'not so'.

e.g.: *Es menos bonita* — She is not so pretty

(ii) Tan . . . como . . . translates 'as . . . as . . .'

e.g.: *Mi hijo es tan alto como yo* — My son is as tall as me

(iii) There are two special forms of grande, depending on the meaning.

grande — big más grande — bigger el más grande — the biggest
grande — great mayor — greater, older el mayor — the greatest, the oldest

Also note: menor — younger el menor — the youngest

(iv) Note the following irregular adverbs:

bien — well mejor — better lo mejor — the best
mal — badly peor — worse lo peor — the worst
mucho — much más — more lo más — the most
poco — little menos — less lo menos — the least

22. *Possessive Adjectives*

	singular		plural	
	masculine	feminine	masculine	feminine
my	mi	mi	mis	mis
your (fam. sing.)	tu	tu	tus	tus
his	su	su	sus	sus
her	su	su	sus	sus
your (pol. sing.)	su	su	sus	sus
our	nuestro	nuestra	nuestros	nuestras
your (fam. plur.)	vuestro	vuestra	vuestros	vuestras
their	su	su	sus	sus
your (pol. plur.)	su	su	sus	sus

Be careful that you make the possessive adjective agree with the noun which follows it.

e.g.: *¿Has oído su nuevo disco?* — Have you heard their new record?

As su can have so many meanings, you can add de él, de ella, de Vd., de ellos, de ellas, de Vds. to avoid confusion.

e.g.: *Prefiero su casa de ella*
It would also be common to find:
   Prefiero la casa de ella

23. *Possessive Pronouns*

	singular		plural	
	masculine	feminine	masculine	feminine
mine	el mío	la mía	los míos	las mías
yours (fam. sing.)	el tuyo	la tuya	los tuyos	las tuyas
his	el suyo	la suya	los suyos	las suyas
hers	el suyo	la suya	los suyos	las suyas
yours (pol. sing.)	el suyo	la suya	los suyos	las suyas
ours	el nuestro	la nuestra	los nuestros	las nuestras
yours (fam. plur.)	el vuestro	la vuestra	los vuestros	las vuestras
theirs	el suyo	la suya	los suyos	las suyas
yours (pol. plur.)	el suyo	la suya	los suyos	las suyas

Special Points

(i) El suyo, la suya, etc., can have six possible meanings: his, hers, yours (pol. sing.), theirs (masc.), theirs (fem.), yours (pol. plur.). To avoid confusion, suyo, suya, etc., can be replaced by de él, de ella, de Vd., de ellos, de ellas, de Vds.

e.g.: *No me gusta su casa. Prefiero la de ella* — I don't like his house. I prefer hers

(ii) When the possessive pronoun comes immediately after a part of ser, it is usual to omit the definite article.

e.g.: *Esa moto es suya* or *Esa moto es de él* — That motorbike is his

24. *The Preterite Tense*

The preterite or simple past tense tells of completed actions in the past.

e.g.: *Ayer compré un traje nuevo* — Yesterday I bought a new suit

Even if the action went on for a long time, if it is completed, the preterite must be used.

e.g.: *Los moros permanecieron en España casi ochocientos años* — The Moors stayed in Spain for nearly eight hundred years

Here is an example of a regular ar verb in the preterite tense:

tomé	tomamos
tomaste	tomasteis
tomó	tomaron
Vd. tomó	Vds. tomaron

Here is an example of a regular er verb in the preterite tense:

comí	comimos
comiste	comisteis
comió	comieron
Vd. comió	Vds. comieron

The endings of ir verbs in the preterite are the same as those of er verbs.

25. *Irregular Preterites*

Some verbs have a special preterite form which has to be specially learned. Note that there are no accents on the first and third person singular forms. Here is one example of an irregular preterite:

> **tener** to have

tuve	tuvimos
tuviste	tuvisteis
tuvo	tuvieron
Vd. tuvo	Vds. tuvieron

Although the following verbs have different ways of forming their stems, their endings are the same as those of the example above. Any slight changes from the model above are shown in brackets.

andar	to walk	anduve
conducir	to drive	conduje (condujeron)
decir	to say, tell	dije (dijeron)
estar	to be	estuve
hacer	to do, make	hice (hizo)
obtener	to obtain	obtuve
poder	to be able	pude
poner	to put	puse
producir	to produce	produje (produjeron)
querer	to wish, want	quise
saber	to know	supe
suponer	to suppose	supuse
tener	to have	tuve
traer	to bring	traje (trajeron)
venir	to come	vine

There are three verbs whose preterite does not conform to any pattern and they must be learned individually.

> dar to give

di	dimos
diste	disteis
dio	dieron
Vd. dio	Vds. dieron

> ser to be, and ir to go

fui	fuimos
fuiste	fuisteis
fue	fueron
Vd. fue	Vds. fueron

Although the preterites of ser and ir are identical, it should be always clear from the context which is meant.

e.g.: *Mari Carmen fue al hospital* — Mari Carmen went to the hospital
Fue entonces cuando se dio cuenta — It was then that she realised

26. *The Imperfect Tense*

The imperfect tense is used to express something which was happening, or used to happen, or for description in the past.

Here is an example of a regular -ar verb in the imperfect tense:

tomaba   I was taking, used to take
tomabas   you were taking, used to take (fam. sing.)
tomaba   he, she, it was taking, used to take
Vd. tomaba   you were taking, used to take (pol. sing.)
tomábamos   we were taking, used to take
tomabais   you were taking, used to take (fam. plur.)
tomaban   they were taking, used to take
Vds. tomaban   you were taking, used to take (pol. plur.)

Here is an example of a regular er verb in the imperfect tense:

comía   I was eating, used to eat
comías   you were eating, used to eat (fam. sing.)
comía   he, she, it was eating, used to eat
Vd. comía   you were eating, used to eat (pol. sing.)
comíamos   we were eating, used to eat
comíais   you were eating, used to eat (fam. plur.)
comían   they were eating, used to eat
Vds. comían   you were eating, used to eat (pol. plur.)

The ir verbs behave in exactly the same way as the er verbs. Thus:

vivía I was living, used to live

etc.

Irregular Imperfects

ser	to be
era	éramos
eras	erais
era	eran
Vd. era	Vds. eran

ir	to go
iba	íbamos
ibas	ibais
iba	iban
Vd. iba	Vds. iban

ver	to see
veía	veíamos
veías	veíais
veía	veían
Vd. veía	Vds. veían

To express 'was . . .ing', it is possible to use the imperfect continuous. It is formed by using the imperfect of estar with the present participle.

e.g.: Estaba lloviendo — It was raining

27.   *Difference between Imperfect and Preterite*

It is very important to be aware of the difference between the past tenses, the imperfect and the preterite. You must use the imperfect to describe something which was going on and the preterite to describe something which came to interrupt it. Study the following examples.

Cuando llamaron me estaba bañando — When they called I was having a bath
Mientras estábamos en la fiesta mi abuelo se desmayó — While we were at the party my grandfather fainted
Elena estaba preparando la cena cuando llegué — Elena was preparing the supper when I arrived

28. *Demonstrative Adjectives*

	this, these	that, those (near you)	that, those (over there)
masc. sing.	este	ese	aquel
fem. sing.	esta	esa	aquella
masc. plur.	estos	esos	aquellos
fem. plur.	estas	esas	aquellas

e.g.: *Prefiero este vino* — I prefer this wine
Esas uvas son muy ricas — Those grapes are delicious
¿Ves aquella casa? — Do you see that house?

29. *Demonstrative Pronouns*

These are the same as the demonstrative adjectives but they carry an accent on the stressed syllable.

	this one, these	that one, those (near you)	that one, those (over there)
masc. sing.	éste	ése	aquél
fem. sing.	ésta	ésa	aquélla
masc. plur.	éstos	ésos	aquéllos
fem. plur.	éstas	ésas	aquéllas

e.g.: *¿Qué barco? Aquél* — Which boat? That one.
No me gustan estas gambas. Prefiero ésas — I don't like these prawns. I prefer those

Note the following neuter pronouns, which do not refer to a specific noun.

esto this
eso that
aquello that

e.g.: *¿Qué quiere decir esto?* — What does this mean?
Eso no es importante — That is not important

30. *Relative Pronouns*

The word for 'who' or 'which' in Spanish is que. 'Whom' is either que or a quien(es).

e.g.: *Los gitanos que viven en Sacromonte* — The gypsies who live in Sacromonte
El autobús que está lleno — The bus which is full
El niño que [a quien] ves en la foto es mi hijo — The boy whom you see in the photo is my son

Although we often omit the relative pronoun in English, it must never be omitted in Spanish.

e.g.: *Las chicas que [a quienes] encontré ayer* — The girls I met yesterday

'Whom' after a preposition is quien.

e.g.: *El hombre con quien hablabas* — The man you were talking to

'Whose' is expressed by cuyo, -a, -os, -as.

e.g.: *El hombre cuyo coche voy a comprar* — The man whose car I am going to buy

'Which' after a preposition is expressed in either of the following ways:

el que, la que, los que, las que
el cual, la cual, los cuales, las cuales

It agrees with the noun to which it refers.

e.g.: *La casa detrás de la que [la cual] hay un bosque* — The house behind which there is a wood
Los cuadros por los que [los cuales] he pagado una fortuna — The pictures for which I have paid a fortune

A, en, or de can be followed by the above forms or simply by que.

e.g.: *La cartera en que [el que, el cual] hay mi pasaporte* — The wallet in which there is my passport

Lo que translates 'what' in the middle of a sentence.

e.g.: *Sé lo que están diciendo* — I know what they are saying

31. *Desde, desde hace and acabar de*

Desde means 'since' and is used with the present tense in Spanish where we would use the perfect tense in English.

e.g.: *Vivimos aquí desde enero* — We have lived here since January

The pluperfect tense in English is rendered by the imperfect tense in Spanish.

e.g.: *Trabajaba para la compañía desde la guerra* — He had worked for the company since the war

Desde hace is expressed in English by 'for', with the same sequence of tenses as above.

e.g.: *Estudio español desde hace dos años* — I have been studying Spanish for two years

Note the question which would give such an answer:
¿Desde hace cuánto tiempo estudia Vd. español?
or
¿Cuánto tiempo hace que estudia Vd. español?

Acabar de means 'to have just' and is followed by the infinitive. The sequence of tenses is as above.

e.g.: *Acabamos de mudarnos de casa* — We have just moved house
Acababa de llegar — He had just arrived

32. *The Perfect Tense*

The perfect tense expresses 'has or have done something'. It is formed by using the present tense of haber followed immediately by the past participle.

Present tense of haber:

he	I have	hemos	we have
has	you have (fam. sing.)	habéis	you have (fam. plur.)

ha he, she, it has	han they have
Vd. ha you have (pol. sing.)	Vds. han you have (pol. plur.)

To form the past participle:

ar verbs — remove the ar from the infinitive and add -ado.
-er and -ir verbs — remove the -er or -ir and add -ido.

hablar hablado
beber bebido
subir subido

e.g.: *He hablado con el profesor* — I have spoken to the teacher
    ¿Ha terminado Vd. el informe? — Have you finished the report?

There are some irregular past participles which must be carefully learned. The most common are:

abrir abierto	poner puesto
cubrir cubierto	romper roto
escribir escrito	ver visto
hacer hecho	volver vuelto
morir muerto	

Also the compounds of these verbs, such as descubierto, devuelto.

33.   *The Pluperfect Tense*

The pluperfect tense translates 'had done something'. It behaves in exactly the same way as the perfect tense, except that the imperfect of haber is used instead of the present tense.

e.g.: *No le había visto antes* — I had not seen him before
    Lo habían hecho ya — They had already done it

34.   *The Passive*

The passive expresses the idea of an action being done to something or somebody. It is formed by using either ser or estar followed by the past participle. Use estar to express a state.

e.g.: *La puerta está cerrada* — The door is closed (state)

Use ser to express an action

e.g.: *La puerta es cerrada por Juan* — The door is closed by John (action)

Note that the past participle behaves like an adjective and must agree. To express 'by' use por.

Although the passive can be found in Spanish, there are circumstances when it is best avoided. To do so you should use one of the following three methods.

(i) Make the passive structure active and use the reflexive form.

e.g.: Spanish is spoken here — *Aquí se habla español*
    Oranges are grown in Valencia — *Se cultivan naranjas en Valencia*

(ii) If it is possible reverse the sentence, changing it from passive to active.

e.g.: He was met by a courier — *Un guía le recibió*

(iii) Make the verb active and use the 'they' form, which makes it sound indefinite.

e.g.: The carts are brought to the square — *Traen los carros a la plaza*

183

35. *The Future Tense*

If the verb is regular, you form the future by using the infinitive as the stem and adding the following endings.

yo	-é		nosotros	-emos
tú	-ás		vosotros	-éis
él			ellos	
ella	-á		ellas	-án
Vd.			Vds.	

Some verbs do not use their infinitive as the stem and these have to be carefully learned.

decir	diré		saber	sabré
haber	habré		salir	saldré
hacer	haré		tener	tendré
poder	podré		valer	valdré
poner	pondré		venir	vendré
querer	querré			

Also, compounds of these verbs have the same irregular form.

e.g.: *detener detendré*

Here are some examples of the use of the future tense.

Comeremos a las diez — We will eat at ten o'clock
¿Cuándo saldrá Vd.? — When will you leave?
Hablaré con el director — I shall speak to the headmaster

36. *The Conditional Tense*

The rules for forming the stem are identical with the rules for the future. The conditional endings for all verbs are as follows:

yo -ía		nosotros -íamos	
tú -ías		vosotros -íais	
él		ellos	
ella -ía		ellas -ían	
Vd.		Vds.	

Here are some examples of the use of the conditional tense.

Dijo que vendría a vernos — He said he would come to see us
Me gustaría visitar España — I should like to visit Spain
Pensaron que podrían hacerlo — They thought they could do it

Note these compound tenses:

No lo habría dicho — I would not have said so
Habríamos debido hacerlo or *Deberíamos haberlo hecho* — We ought to have done it
Habría podido verle or *Podría haberle visto* — I might have seen him

37. *Strong Pronouns*

mí	me		nosotros	us
ti	you (fam. sing.)		vosotros	you (fam. plur.)
él	him, it		ellos	them (masc.)

184

ella   her, it   ellas   them (fem.)
Vd.   you (pol. sing.)   Vds.   you (pol. plur.)
sí   oneself, etc.

Strong pronouns should be used only after prepositions and should not be confused with object pronouns.

e.g.: *para mí* — for me
      con ellos — with them

Sí means oneself, himself, herself, yourself (polite), themselves, yourselves (polite) when it refers back to the subject of the sentence.

e.g.: *Estaba fuera de sí* — He was beside himself

Note the special forms: conmigo = with me, contigo = with you, consigo = with oneself, etc.

e.g.: *¿Vas a venir conmigo?* — Are you going to come with me?
      Lo lleva consigo — He takes it with him

38.   *The Imperative*

Here are the endings of the commands:

		positive	negative
-ar	fam. sing.	-a	-es
	fam. plur.	-ad	-éis
	pol. sing.	-e	-e
	pol. plur.	-en	-en
-er	fam. sing.	-e	-as
	fam. plur.	-ed	-áis
	pol. sing.	-a	-a
	pol. plur.	-an	-an
-ir	fam. sing.	-e	-as
	fam. plur.	-id	-áis
	pol. sing.	-a	-a
	pol. plur.	-an	-an

To form the stem of the familiar positive commands, take the infinitive and remove the ending. For example,

habla   hablad
come   comed
sube   subid

Exceptions:

decir   di
hacer   haz
ir   ve
poner   pon
ser   sé
salir   sal
tener   ten
venir   ven

There are no exceptions in the forms of the positive familiar commands in the plural.

To form the stem of all other commands, take the first person singular of the present tense and remove the o. For example,

	no hables
hable (Vd.)	no hable (Vd.)
	no habléis
hablen (Vds.)	no hablen (Vds.)
	no tengas
tenga (Vd.)	no tenga (Vd.)
	no tengáis
tengan (Vds.)	no tengan (Vds.)
	no vengas
venga (Vd.)	no venga (Vd.)
	no vengáis
vengan (Vds.)	no vengan (Vds.)

In the following exceptions the stem is not the stem of the first person singular although the endings are the same as above.

dar   dé
estar   esté
ir   vaya
saber   sepa
ser   sea

To express 'Let's . . .', take the first person singular and add the following endings:

-ar -emos
-er, ir -amos

e.g.: *Hablemos* — Let's talk
   Subamos — Let's go up

A more conversational way to express the same idea would be:

   Vamos a hablar
   Vamos a subir

'Let's go' is simply 'Vamos'.

Note how commands behave with reflexive verbs.
levántate — get up (fam. sing.)
no te levantes — don't get up (fam. sing.)
levántese (Vd.) — get up (pol. sing.)
no se levante (Vd.) — don't get up (pol. sing.)
levantémonos — let's get up (note that the s is omitted)
no nos levantemos — let's not get up
levantaos — get up (fam. plur.) (Note that the d is omitted)
no os levantéis — don't get up (fam. plur.)
levántense — get up (pol. plur.)
no se levanten — don't get up (pol. plur.)

If the verb has one or more object pronouns dependent on it, they behave in exactly the same way as the reflexive pronouns in the example above. In this case no final letters are omitted.

e.g.: *Tomadlo* — Take it

39. *Form of the Present Subjunctive*

Take the first person singular of the present tense, remove the final o and add the following endings.

-ar verbs

yo	-e	nosotros	-emos
tú	-es	vosotros	-éis
él		ellos	
ella } -e		ellas } -en	
Vd.		Vds.	

-er and -ir verbs

yo	-a	nosotros	-amos
tú	-as	vosotros	-áis
él		ellos	
ella } -a		ellas } -an	
Vd.		Vds.	

In the following exceptions the stem is not the stem of the first person singular, although the endings are the same as above.

dar	dé
estar	esté
haber	haya
ir	vaya
saber	sepa
ser	sea

40. *Forms of the Imperfect Subjunctive*

There are two forms of the imperfect subjunctive of -ar verbs and two forms of the imperfect subjunctive of -er, -ir verbs.

-ar verbs
Take the third person plural of the preterite tense, remove -aron and add the following endings:

either

yo	-ase	nosotros	-ásemos
tú	-ases	vosotros	-aseis
él		ellos	
ella } -ase		ellas } -asen	
Vd.		Vds.	

or

yo	-ara	nosotros	áramos
tú	-aras	vosotros	arais
él		ellos	
ella } -ara		ellas } aran	
Vd.		Vds.	

-er and -ir verbs
Take the third person plural of the preterite, remove -eron and add the following endings:

either

yo	-ese	nosotros	-ésemos
tú	-eses	vosotros	-eseis

él			ellos	
ella }	-ese		ellas }	-esen
Vd.			Vds.	
or				
yo	-era		nosotros	-éramos
tú	-eras		vosotros	-erais
él			ellos	
ella }	-era		ellas }	-eran
Vd.			Vds.	

41. *Uses of the Subjunctive*

In Main Clauses

(i) Imperative (all polite forms and the negative familiar forms), see Section 38. Also note:

Que entre — May he come in, show him in
Que suba — May he come up, send him up

(ii) After 'perhaps', thus expressing doubt.

e.g.: *Tal vez* [Quizás] *sea verdad* — Perhaps it is true

(iii) To express 'ought', 'might', 'would like'.

e.g.: *Vd. debiera hacerlo* — You ought to do it
Pudiera venir — He might come
Quisiera verlo — I would like to see it

In Subordinate Clauses

(iv) In impersonal expressions.

e.g.: *Es imposible que lo sepa* — It is impossible for him to know it

(v) Not to think or say that . . .

e.g.: *No pensó que hubiera mucha gente en el restaurante* — He did not think there would be many people in the restaurant

(vi) In a relative clause after an indefinite or negative antecedent.

e.g.: *Me preguntó si conocía alguien que pudiera ayudarle* — He asked me if I knew anyone who could help him
No había nadie que hablara inglés — There was nobody who spoke English

(vii) After para que.

e.g.: *Enciende una cerilla para que pueda ver* — Light a match so that I can see

(viii) After a verb of wanting or preferring that someone should do something or that something should happen.

e.g.: *Quiero que te vayas conmigo* — I want you to go with me
Prefiere que nos quedemos aquí — He prefers us to stay here

(ix) After a verb expressing emotion.

e.g.: *Siento que lo hayas perdido* — I am sorry you have lost it
Me alegro que se mejore — I am pleased that he is getting better

(x) After a verb of asking, telling, recommending someone to do something.

    e.g.: *Le rogué que saliera* — I asked him to leave
         Dígale que venga — Ask him to come
         Te recomiendo que pruebes esto — I recommend that you try this

(xi) After cuando and en cuanto when followed by a future idea.

    e.g.: *Cenaremos cuando lleguen* — We will have supper when they arrive
         Nos avisarán en cuanto decidan — They will let us know as soon as
they decide

(xii) After a menos que.

    e.g.: *No le veo a menos que baje al pueblo* — I don't see him unless he
comes down to the village

(xiii) After sin que.

    e.g.: *Salieron de la habitación sin que sus padres les oyeran* — They left the
room without their parents hearing them

(xiv) After hasta que.

    e.g.: *Debemos quedarnos aquí hasta que llegue el barco* — We must stay
here until the boat arrives

(xv) After cualquiera, comoquiera, dondequiera, etc.

    e.g.: *Cualesquiera que sean sus motivos yo no los comprendo* — Whatever
his motives may be I do not understand them

(xvi) After con tal que.

    e.g.: *No me preocuparé con tal que salgan antes del anochecer* — I shall not
worry provided they leave before it gets dark

(xvii) After dudar que.

    e.g.: *Dudé que pudiesen conseguirlo* — I doubted whether they could
manage it

(xviii) After si and como si if the statement is unlikely to be fulfilled.

    e.g.: *Si no lloviera saldría* — If it was not raining I would go out.
         Me contestó como si me entendiera — He answered me as if he under-
stood me

(xix) After antes (de) que.

    e.g.: *Haz tus deberes antes (de) que salgas* — Do your homework before
you go out

(xx) After ojalá

    e.g.: *Ojalá que fuera verdad* — Would that it were true

(xxi) After suponiendo que.

    e.g.: *Suponiendo que todos estuviesen aquí* — Supposing they were all here

(xxii) Por . . . que . . .

    e.g.: *Por rico que fuesen* — However rich they were

42. *Para and Por*

Para and por are both used to translate 'for'. You should use por in the sense of:

(i) 'on behalf of'

e.g.: *Lucharon por la patria* — They fought for their country

(ii) 'in exchange for'

e.g.: *Pagué quinientas pesetas por las entradas* — I paid five hundred pesetas for the tickets.
 Gracias por tu carta — Thank you for your letter

You should use para for all other meanings of 'for'.

43. *All Forms of Radical Changing Verbs*

In Section 15 radical changing verbs of group I are described. To summarise: In the present tense e changes to ie and o changes to ue when stressed. This also occurs in the present subjunctive.

Group II (All Verbs in this Group are -ir Verbs)

Exactly the same changes occur as in group I but there are also important additional changes:

(i) In the first and second person plural of the present subjunctive e changes to i or o changes to u.
(ii) In the present participle e changes to i or o changes to u.
(iii) In the third persons singular and plural of the preterite e changes to i and o changes to u.
(iv) Throughout both forms of the imperfect subjunctive, e changes to i and o changes to u.

Examples:

sentir to feel

Present tense		Present subjunctive	
siento	sentimos	sienta	sintamos
sientes	sentís	sientas	sintáis
siente	sienten	sienta	sientan
Vd. siente	Vds. sienten	Vd. sienta	Vds. sientan

Present participle sintiendo

Preterite tense		Imperfect subjunctive
sentí	sentimos	sintiese etc.
sentiste	sentisteis	or
sintió	sintieron	sintiera etc.
Vd. sintió	Vds. sintieron	

dormir to sleep

Present tense		Present subjunctive	
duermo	dormimos	duerma	durmamos
duermes	dormís	duermas	durmáis
duerme	duermen	duerma	duerman
Vd. duerme	Vds. duermen	Vd. duerma	Vds. duerman

Present participle durmiendo

Preterite tense		Imperfect subjunctive
dormí	dormimos	durmiese
dormiste	dormisteis	or
durmió	durmieron	durmiera
Vd. durmió	Vds. durmieron	

Group III (All Verbs in this Group are -ir Verbs)

e changes to i. This change occurs:

(i) In the present tense when the stress is on the stem.
(ii) In the present participle.
(iii) Throughout the present subjunctive.
(iv) In the third persons singular and plural of the preterite.
(v) Throughout both forms of the imperfect subjunctive.

Example:

pedir to ask for

Present tense		Present subjunctive	
pido	pedimos	pida	pidamos
pides	pedís	pidas	pidáis
pide	piden	pida	pidan
Vd. pide	Vds. piden	Vd. pida	Vds. pidan

Present participle pidiendo

Preterite tense		Imperfect subjunctive
pedí	pedimos	pidiese, etc.
pediste	pedisteis	or
pidió	pidieron	pidiera, etc.
Vd. pidió	Vds. pidieron	

44. Spelling Changes

There are rules concerning Spanish spelling which sometimes cause changes of spelling, particularly in the case of verbs.

(i) z changes to c when followed by e or i.

e.g.: *Crucé la calle* — I crossed the street

(ii) g (hard) changes to gu when followed by e or i.

e.g.: *Pagué la cuenta* — I paid the bill

(iii) c (hard) changes to qu when followed by e or i.

e.g.: *Me acerqué al guardia* — I went up to the policeman

(iv) g (soft) changes to j when not followed by e or i.

e.g.: *Coja el autobús* — Catch the bus

191

(v) gu changes to g when not followed by e or i.

e.g.: *Siga por esta calle* — Carry on along this street

(vi) i changes to y when it is unstressed and comes between two vowels.

e.g. *Leyó el artículo* — He read the article

45. *Accents*

The mark which sometimes appears over an n is called a tilde and means that you must pronounce the n as ny. The only other accent in Spanish is the stress mark which is like the French acute accent. Use the following rules when deciding whether to use an accent.

(i) If a word ends in a vowel or n or s, the stress naturally falls on the last but one syllable.

e.g.: *trabajaba, contento, hablas, contestan*

(ii) If the word ends in a consonant (apart from n or s), the stress is naturally on the last syllable.

e.g.: *azul, Madrid, llamar, reloj, andaluz*

(iii) If the word's pronunciation requires either of the above rules to be broken, a stress mark or accent must be placed over the stressed vowel.

e.g.: *habló, inglés, camión, película*

Other reasons for using an accent are as follows.

(iv) Question words.

e.g.: *¿Quién?, ¿Qué?*

(v) When two words with different meanings are spelt the same, one of them carries an accent.

e.g.: *sí* = yes, *si* = if, *mí* = me, *mi* = my

Note: Section 46 begins on page 194.

46. Verbs Table

Regular Verbs

Verb	Participles	Commands (tú and vosotros)	Present	Future
hablar to talk	hablando hablado	habla hablad	hablo hablas habla hablamos habláis hablan	hablaré hablarás hablará hablaremos hablaréis hablarán
comer to eat	comiendo comido	come comed	como comes come comemos coméis comen	comeré comerás comerá comeremos comeréis comerán
vivir to live	viviendo vivido	vive vivid	vivo vives vive vivimos vivís viven	viviré vivirás vivirá viviremos viviréis vivirán

Irregular Verbs

Verb	Participles	Commands (tú and vosotros)	Present
andar to walk	andando andado	anda andad	ando andas anda andamos andáis andan
caer to fall	cayendo caído	cae caed	caigo caes cae caemos caéis caen
conducir to drive	conduciendo conducido	conduce conducid	conduzco conduces conduce conducimos conducís conducen
dar to give	dando dado	da dad	doy das da damos dais dan

Imperfect	Conditional	Preterite	Present subjunctive	Imperfect subjunctive
hablaba	hablaría	hablé	hable	hablase, etc.
hablabas	hablarías	hablaste	hables	or
hablaba	hablaría	habló	hable	hablara, etc.
hablábamos	hablaríamos	hablamos	hablemos	
hablabais	hablaríais	hablasteis	habléis	
hablaban	hablarían	hablaron	hablen	
comía	comería	comí	coma	comiese,
comías	comerías	comiste	comas	etc. or
comía	comería	comió	coma	comiera,
comíamos	comeríamos	comimos	comamos	etc.
comíais	comeríais	comisteis	comáis	
comían	comerían	comieron	coman	
vivía	viviría	viví	viva	viviese, etc.
vivías	vivirías	viviste	vivas	or
vivía	viviría	vivió	viva	viviera, etc.
vivíamos	viviríamos	vivimos	vivamos	
vivíais	viviríais	vivisteis	viváis	
vivían	vivirían	vivieron	vivan	

Future	Preterite	Present subjunctive	Imperfect subjunctive
andaré	anduve	ande	anduviese, etc.
andarás	anduviste	andes	or
andará	anduvo	ande	anduviera, etc.
andaremos	anduvimos	andemos	
andaréis	anduvisteis	andéis	
andarán	anduvieron	anden	
caeré	caí	caiga	cayese, etc.
caerás	caíste	caigas	or
caerá	cayó	caiga	cayera, etc.
caeremos	caímos	caigamos	
caeréis	caísteis	caigáis	
caerán	cayeron	caigan	
conduciré	conduje	conduzca	condujese, etc.
conducirás	condujiste	conduzcas	or
conducirá	condujo	conduzca	condujera, etc.
conduciremos	condujimos	conduzcamos	
conduciréis	condujisteis	conduzcáis	
conducirán	condujeron	conduzcan	
daré	di	dé	diese, etc.
darás	diste	des	or
dará	dio	dé	diera, etc.
daremos	dimos	demos	
daréis	disteis	deis	
darán	dieron	den	

Verb	Participles	Commands (tú and vosotros)	Present
decir to say, to tell	diciendo dicho	di decid	digo dices dice decimos decís dicen
estar to be	estando estado	está estad	estoy estás está estamos estáis están
haber to have	habiendo habido	— —	he has ha hemos habéis han
hacer to do, to make	haciendo hecho	haz haced	hago haces hace hacemos hacéis hacen
ir to go	yendo ido	ve id	voy vas va vamos vais van
oír to hear	oyendo oído	oye oíd	oigo oyes oye oímos oís oyen
poder to be able	pudiendo podido	— —	puedo puedes puede podemos podéis pueden
poner to put	poniendo puesto	pon poned	pongo pones pone ponemos ponéis ponen

Future	Preterite	Present subjunctive	Imperfect subjunctive
diré	dijo	diga	dijese, etc.
dirás	dijiste	digas	or
dirá	dijo	diga	dijera, etc.
diremos	dijimos	digamos	
diréis	dijisteis	digáis	
dirán	dijeron	digan	
estaré	estuve	esté	estuviese, etc.
estarás	estuviste	estés	or
estará	estuvo	esté	estuviera, etc.
estaremos	estuvimos	estemos	
estaréis	estuvisteis	estéis	
estarán	estuvieron	estén	
habré	hube	haya	hubiese, etc.
habrás	hubiste	hayas	or
habrá	hubo	haya	hubiera, etc.
habremos	hubimos	hayamos	
habréis	hubisteis	hayáis	
habrán	hubieron	hayan	
haré	hice	haga	hiciese, etc.
harás	hiciste	hagas	or
hará	hizo	haga	hiciera, etc.
haremos	hicimos	hagamos	
haréis	hicisteis	hagáis	
harán	hicieron	hagan	
iré	fui	vaya	fuese, etc.
irás	fuiste	vayas	or
irá	fue	vaya	fuera, etc.
iremos	fuimos	vayamos	
iréis	fuisteis	vayáis	
irán	fueron	vayan	
oiré	oí	oiga	oyese, etc.
oirás	oíste	oigas	or
oirá	oyó	oiga	oyera, etc.
oiremos	oímos	oigamos	
oiréis	oísteis	oigáis	
oirán	oyeron	oigan	
podré	pude	pueda	pudiese, etc.
podrás	pudiste	puedas	or
podrá	pudo	pueda	pudiera, etc.
podremos	pudimos	podamos	
podréis	pudisteis	podáis	
podrán	pudieron	puedan	
pondré	puse	ponga	pusiese, etc.
pondrás	pusiste	pongas	or
pondrá	puso	ponga	pusiera, etc.
pondremos	pusimos	pongamos	
pondréis	pusisteis	pongáis	
pondrán	pusieron	pongan	

Verb	Participles	Commands (tú and vosotros)	Present
querer to wish, to want	queriendo querido	quiere quered	quiero quieres quiere queremos queréis quieren
saber to know	sabiendo sabido	sabe sabed	sé sabes sabe sabemos sabéis saben
salir to leave	saliendo salido	sal salid	salgo sales sale salimos salís salen
ser to be	siendo sido	sé sed	soy eres es somos sois son
tener to have	teniendo tenido	ten tened	tengo tienes tiene tenemos tenéis tienen
traer to bring	trayendo traído	trae traed	traigo traes trae traemos traéis traen
valer to be worth	valiendo valido	— —	valgo vales vale valemos valéis valen
venir to come	viniendo venido	ven venid	vengo vienes viene venimos venís vienen

Future	Preterite	Present subjunctive	Imperfect subjunctive
querré	quise	quiera	quisiese, etc.
querrás	quisiste	quieras	or
querrá	quiso	quiera	quisiera, etc.
querremos	quisimos	queramos	
querréis	quisisteis	queráis	
querrán	quisieron	quieran	
sabré	supe	sepa	supiese, etc.
sabrás	supiste	sepas	or
sabrá	supo	sepa	supiera, etc.
sabremos	supimos	sepamos	
sabréis	supisteis	sepáis	
sabrán	supieron	sepan	
saldré	salí	salga	saliese, etc.
saldrás	saliste	salgas	or
saldrá	salió	salga	saliera, etc.
saldremos	salimos	salgamos	
saldréis	salisteis	salgáis	
saldrán	salieron	salgan	
seré	fui	sea	fuese, etc.
serás	fuiste	seas	or
será	fue	sea	fuera, etc.
seremos	fuimos	seamos	
seréis	fuisteis	seáis	
serán	fueron	sean	
tendré	tuve	tenga	tuviese, etc.
tendrás	tuviste	tengas	or
tendrá	tuvo	tenga	tuviera, etc.
tendremos	tuvimos	tengamos	
tendréis	tuvisteis	tengáis	
tendrán	tuvieron	tengan	
traeré	traje	traiga	trajese, etc.
traerás	trajiste	traigas	or
traerá	trajo	traiga	trajera, etc.
traeremos	trajimos	traigamos	
traeréis	trajisteis	traigáis	
traerán	trajeron	traigan	
valdré	valí	valga	valiese, etc.
valdrás	valiste	valgas	or
valdrá	valió	valga	valiera, etc.
valdremos	valimos	valgamos	
valdréis	valisteis	valgáis	
valdrán	valieron	valgan	
vendré	vine	venga	viniese, etc.
vendrás	viniste	vengas	or
vendrá	vino	venga	viniera, etc.
vendremos	vinimos	vengamos	
vendréis	vinisteis	vengáis	
vendrán	vinieron	vengan	

Verb	Participles	Commands (tú and vosotros)	Present
ver	viendo	ve	veo
to see	visto	ved	ves
			ve
			vemos
			veis
			ven

Future	Preterite	Present subjunctive	Imperfect subjunctive
veré	vi	vea	viese, etc.
verás	viste	veas	or
verá	vio	vea	viera, etc.
veremos	vimos	veamos	
veréis	visteis	veáis	
verán	vieron	vean	

Index to Grammar Summary

Part III

Key to Exercises

Key to Exercises

In the exercises you are always instructed to use complete sentences. However, in this key, in order to save space, the minimum answer is given. In the free exercises a version is given but this should be seen as a guide, not a definitive answer.

CHAPTER 1

Series A

A

1. más de tres millones 2. almacenes 3. las últimas películas 4. muy prósperas 5. humildes 6. la falta de saneamiento 7. el barrio de Chamartín 8. almorzar 9. un bar 10. aire libre 11. dos cañas y unas tapas 12. ciega 13. una propina pequeña 14. su diario favorito 15. otro lado de la plaza

B

1. falso 2. verdadero 3. falso 4. falso 5. verdadero 6. falso 7. falso 8. verdadero

C

Una caña y boquerones.
Bueno, Martín ¿cómo van las cosas?
Me alegro.
Pues no. Es que no tengo mucho tiempo hoy.
No, no, te invito.
De nada.

D

1. están tomando   2. está comprando   3. están haciendo   4. están escuchando   5. está vendiendo   6. están comiendo

E

1. gustan 2. gusta 3. gusta 4. gustan 5. gustan 6. gusta

F

Hay avenidas magníficas. Se han construido edificios impresionantes. Los cines estrenan las últimas películas. Los cafés están concurridos. Las mujeres elegantes se pasean por las calles.

Series B

A

1. La población de Madrid es más de tres millones.
2. Se han construido muchos nuevos edificios impresionantes.
3. Los cafés están concurridos.

4. Vive en zonas residenciales nuevas.
5. Se ven en los escaparates de las tiendas de moda.
6. Hay chabolas en los alrededores.
7. Tienen luz eléctrica.
8. Han conseguido mejorar las condiciones.

B
1. Se sientan en la terraza.
2. Hace bastante calor.
3. Toma una caña y calamares en su tinta.
4. Toma una caña y boquerones.
5. No se sentía muy bien.
6. Está mucho mejor.
7. No tiene tiempo porque tiene cita a las tres.
8. Pide la cuenta.

C
1. Como se ha dicho muchas veces España es un país de contrastes.
2. Se han construido muchos nuevos edificios.
3. Los cines estrenan las últimas películas.
4. Los almacenes y las tiendas están llenos de géneros.
5. Sin embargo en los alrededores hay chabolas.
6. Afortunadamente las Asociaciones de Vecinos han conseguido mejorar las condiciones.

D
Los señores Rodríguez y Hierro van a un bar para tomar algo antes de ir a comer. Como hace calor se sientan en la terraza. El Sr. Rodríguez llama al camarero y pide dos cañas. También toman tapas. Les gustan los boquerones y calamares en su tinta. Mientras toman sus refrescos miran a la vendedora ciega que está vendiendo cupones de ciegos. Parece que no vende mucho. El Sr. Rodríguez le invita al Sr. Hierro a tomar otra caña pero el Sr. Hierro no tiene tiempo. Pagan la cuenta y van a un restaurante a comer.

CHAPTER 2

Series A

A
1. verdadero 2. falso 3. verdadero 4. falso 5. verdadero 6. verdadero 7. falso 8. verdadero

B
1. tiene sesenta y cinco años. 2. es más fácil ganar dinero allí. 3. mala gana. 4. toca el timbre. 5. no quiere ser granjero. 6. ver la propiedad.

C
Es mi hijo.
Porque cree que puede ganar más dinero en la ciudad.
Antes del fin del año.
Principalmente leche.
En la ciudad.

Tenemos unos manzanos.
La leche.
Es de tamaño mediano.

D

1. alta 2. secos 3. buena, barata 4. típicas 5. rentable 6. difícil

E

1. Al llegar Alejandro ve un letrero.
2. Alonso saluda al señor.
3. Alonso invita al hombre a entrar.
4. El Sr. Quintana dice que tiene un hijo.
5. Alejandro explica que busca labradores.
6. Al entrar en el bar vemos a los viejos que juegan al dominó.

F

1. quién 2. cuántos 3. dónde 4. qué 5. cuál 6. cuándo 7. cómo

G

España es un país de contrastes porque en el norte hay campos verdes como en Inglaterra y en la meseta hay tierra muy árida. Sin embargo en las zonas menos pedregosas se cultiva trigo. Se veían arados tirados por bueyes o caballos hasta bastante recientemente. Ahora hay tractores y cosechadoras. En Valencia se cultivan arroz, naranjas y hortalizas. En la huerta se ven barracas con paredes enjalbegadas y techumbre de paja. En Andalucía se produce el aceite de oliva. Hay muchos viñedos en la España seca y los vinos de Valdepeñas y La Rioja son famosos. Faltan los jóvenes en muchos pueblos del interior. Han ido a la ciudad o al extranjero para encontrar un trabajo menos exigente.

Series B

A

1. Se llaman la España Húmeda.
2. Se pueden ver ganados vacunos.
3. Están construidos sobre columnas de piedra o madera.
4. Es muy árida.
5. Los tractores y las cosechadoras reemplazan los caballos y los bueyes.
6. El resultado es una disminución de la mano de obra.
7. Se cultivan arroz, naranjas y hortalizas.
8. Los moros construyeron las acequias.
9. Es el aceite de oliva.
10. El clima cálido favorece el cultivo de la vid.
11. Valdepeñas y La Rioja son dos marcas famosas de vino español.
12. Sacan sus sillas a las puertas de sus casas para charlar.

B

1. Quiere jubilarse porque tiene sesenta y cinco años.
2. Va a la ciudad a trabajar.
3. Hay un letrero que dice 'En venta'.
4. Quiere saber por qué el Sr. Quintana piensa vender la granja.
5. Las lluvias son abundantes en Galicia.
6. La tierra es fértil.
7. Quiere ver la propiedad después de hacer unas preguntas.

C

Sí, pero primero quisiera hacerle algunas preguntas.
¿Quién es el hombre que vi al entrar?
¿Cuántos años tiene?
¿Por qué no quiere trabajar en la granja?
¿Cuándo quiere Vd. vender la granja?
¿Qué productos hay?
¿Dónde vende Vd. la leche?
¿Qué otros productos hay?
¿Cuál de los dos es más rentable?
¿Cómo es la casa?

D

1. Tiene un hijo.
2. Está esperando a su hermana menor.
3. No, no reconoce al hombre que llama.
4. Alonso invita al hombre a entrar.

E

1. ¿Dónde se ven hórreos?
2. ¿Cómo es la tierra en la meseta?
3. ¿Qué se cultiva aquí?
4. ¿Cuántos años tiene Alonso Quintana?
5. ¿Por qué va a vender la granja?
6. ¿Quién llama a la puerta?
7. ¿Cuándo quiere vender la granja?

F

1. La tierra es fértil. 2. Los dormitorios son grandes. 3. El clima es cálido. 4. Los vinos son famosos. 5. Es una industria importante. 6. Los campos son verdes.

CHAPTER 3

Series A

A

1. catorce 2. tres 3. un año 4. las nueve y media 5. recreo 6. se van para casa
7. las siete 8. más largas 9. días de fiesta 10. la iglesia

B

1. Tiene diecisiete años.
2. Hace el B.U.P.
3. No, va en autobús.
4. Espera con ganas el fin de semana.
5. Está cansado porque anoche salió hasta medianoche.
6. Es concienzudo.
7. Estudia afanosamente.
8. Está resuelto a sacar buenas notas.
9. Se acuestan tarde.
10. Hacen novillos.

C

Me levanto a las siete porque no me gusta andar con prisas por la mañana.
Unos panecillos y un tazón de café.
Me despido de mi madre y voy a coger el autobús.
Los viernes y los sábados por la noche.
Nunca.
Normalmente voy a un bar para charlar y tomar algo. Si ponen una película que
  quiero ver voy al cine.
De nada.

D

1. es 2. somos 3. está 4. es 5. son 6. está 7. es 8. estoy 9. es 10. están

E

1. se acercan 2. nos ponemos 3. se va 4. te acuestas 5. levantarme 6. divertirnos
7. me despierto 8. me despido

F

1. exactamente 2. totalmente 3. mal 4. fácilmente 5. bien

G

1. las siete 2. las ocho menos cuarto 3. las ocho y veinte 4. las once y media.
5. las ocho menos diez 6. las once y cuarto

H

1. catorce, dieciocho 2. trece 3. siete 4. diecisiete 5. cincuenta y cinco 6. diez,
quince

I

José Luis se despierta a las siete y se levanta pronto. Desayuna con su madre y su
hermano mayor y toma panecillos y un tazón de café. Va al instituto en autobús
porque no se fía de los gamberros que viven cerca. Sale con los amigos los viernes
y los sábados. Normalmente va a un bar para charlar y tomar algo. Si ponen una
película que quiere ver va al cine.

Series B

A

1. Tienen catorce años.
2. Tienen diecisiete años.
3. Tienen derecho a entrar en la universidad.
4. Duran una hora.
5. Tienen treinta minutos de recreo.
6. Van a la sala de profesores.
7. Descansan.
8. Hay siete clases.
9. Cenan.
10. Tienen tres meses de vacaciones.
11. No hay clases.
12. Hay colegios privados.

B

1. Estudia en el instituto Goya.
2. Hace el B.U.P.
3. No va en moto porque no se fía de los gamberros que viven cerca del instituto.
4. Espera divertirse.
5. Está cansado porque anoche salió hasta medianoche.
6. Tiene una clase de matemáticas.
7. Tendrá que recuperar los exámenes en septiembre.
8. Estudia afanosamente.
9. Toman los estudios a la ligera.
10. Hacen novillos.

C

¿Cuándo te levantas?
¿Qué tomas de desayuno?
¿Luego qué haces?
¿Por qué no vas en moto?
¿Cuándo sales con los amigos?
¿No sales con los amigos los domingos?
¿Los profesores les dan un castigo?
¿Qué haces cuando sales con tus amigos?
Muchas gracias.

D

1. ¿De dónde es Vd.? Soy de Londres.
2. ¿Dónde está el colegio? Está en Madrid.
3. ¿Qué hora es? Son las diez y media.
4. ¿Cómo es el colegio? Es bastante grande.
5. ¿Estás cansado? Sí, estoy muy cansado.

E

1. lenta y claramente 2. fácilmente 3. completamente 4. normalmente 5. simplemente 6. rápidamente

F

1. José Luis está sonriéndose.
2. No me encuentro muy bien.
3. Me fío de Vds.
4. ¿Cuándo te vas?
5. Nos despertamos tarde los domingos.
6. Están despidiéndose de sus padres.

G

1. ¿A qué hora se levanta Vd.?
2. ¿A qué hora va Vd. a marcharse?
3. ¿Se despide Vd. de su madre?
4. ¿Vd. y sus amigos van a verse mañana?
5. ¿A qué hora se acuesta Vd.?

H

Me levanto a las siete y media y voy a lavarme en el cuarto de baño. Después de vestirme voy a la cocina donde desayuno. Salgo de casa a las ocho y media y cojo el autobús cerca de mi casa. Voy al colegio y llego allí a las nueve. Las clases empiezan a las nueve y cuarto. Tengo clases de matemáticas y francés antes del recreo y clases de inglés y historia después. Durante la hora de comer voy a la cantina y charlo con mis amigos. Tengo tres clases más por la tarde y vuelvo a casa en autobús a las cuatro. Tomo una taza de café y hago mis deberes antes de cenar. A veces salgo a ver a mis amigos en el bar o me quedo en casa mirando la televisión. Me acuesto a las diez y media o a las once.

CHAPTER 4

Series A

A

1. Consiste en panecillos y café.
2. A veces se bebe chocolate.
3. Entran en un bar para tomar el desayuno allí.
4. Se toma entre las dos y las tres.
5. La siesta sigue el almuerzo.
6. Las frutas son bastante baratas y muy buenas.
7. Le dará una merienda de campo.
8. Les gusta salir a un restaurante para cenar.
9. El aceite de oliva predomina en la cocina española.
10. El ajo se emplea quizás excesivamente.

B

1. (b) 2. (c) 3. (b) 4. (c) 5. (a) 6. (b)

C

1. hace calor 2. son muy buenos aquí 3. pulpo 4. su tinta 5. demasiado dulce 6. no veo a Fernando Martín.

D

1. Los españoles lo beben.
2. Vamos a tomarla. (or La vamos a tomar.)
3. Los prefiero.
4. El barman las ofrece.
5. El Sr. Fernández le/lo invita.
6. El camarero les da el menú.
7. Ramón le echa el vino.
8. Deseo comprarlo. (or Lo deseo comprar.)
9. Ramón la paga.
10. Pedro no lo ha probado nunca.

E

1. no . . . nunca 2. no . . . ningunos 3. no . . . nadie 4. no . . . ni . . . ni 5. no . . . nada

F

1. No ha llegado nadie. 2. No me gusta nada. 3. No han salido tampoco. 4. No está allí ninguna persona.

G

Vale. ¿Quieres pan?
No me gusta ni el pan ni la mantequilla.
No. Prefiero la sopa de pescado.

Me dicen que los mariscos son muy buenos aquí.
No, no me gusta.
No, no me gusta el pulpo tampoco.
Para mi gusto es demasiado dulce.
Sí, prefiero un vino tinto seco.

H

—Debes probar los calamares en su tinta.
—Huy, no me gustan. Los prefiero rebozados.
—A mí me gustan mucho. Y el pulpo también.
—¿Te gusta el pescado?
—Sí, y los mariscos también. Son muy buenos.
—Cuando hace calor me gusta el gazpacho. Lo encuentro muy refrescante.
—No me gusta nada. Yo prefiero una sopa caliente.
—Y los postres, ¿cuáles te gustan?
—Me gustan las frutas porque son muy buenas y bastante baratas.
—Yo prefiero el flan.
—¿Te gusta la carne?
—Sí, pero no mucho. Prefiero la tortilla española. Es muy rica.
—De acuerdo.
—Vamos a tomar una tortilla entonces. ¡Te invito!

Series B

A

1. Consiste en panecillos y café.
2. Los hombres suelen entrar para tomar el desayuno allí.
3. Consiste en una legumbre guisada o una tortilla española, pescado y carne y finalmente un postre.
4. El hotel le dará una merienda de campo.
5. Los españoles salen a un restaurante para cenar.
6. Se usa el ajo excesivamente.

B

1. Van a una tasca primero.
2. Van a tomar un aperitivo y unas tapas.
3. No, no hay nadie allí.
4. Pide tortilla.
5. Toma flan de postre.
6. Deciden beber una botella de vino tinto.
7. Ramón invita a Pedro a tomar un coñac.
8. Se despiden el uno del otro.

C

1. Prefiere tomar el gazpacho cuando hace calor.
2. Opina que son muy buenos.
3. Está sentado en la mesa del rincón.
4. Los prefiere en su tinta.
5. Recomienda un Rioja.
6. Es un colega de Pedro.

D

¿Hay sopa de pescado?

Voy a tomar la tortilla.

Voy a tomar la merluza al horno y de postre flan

Me gustaría un vino tinto seco. ¿Cuál me recomienda Vd.?

E

1. Juan se los da (a ellos).
2. Pedro se lo muestra (a él).
3. El camarero se la ofrece (a ellos).
4. El dueño del hotel se la entrega (a ellos).
5. ¿Quién se lo ha dado?
6. No me la han dejado.

F

1. Los están comiendo.   2. Se lo voy a dar.   3. Lo puedo tomar.   4. Me están esperando. 5. Te quiero invitar.

G

1. No me apetecen los calamares tampoco.
2. Nunca voy a ese restaurante.
3. No hay ningunos bocadillos en la mesa.
4. No hay nadie en el bar.
5. No he comido nada.
6. No me gusta ni la mantequilla ni la margarina.

H

1. Después de cenar se acuesta.
2. Al llegar a casa toma un café.
3. Antes de salir del restaurante deja una propina.
4. El camarero trae el vino antes de servir la cena.
5. Antes de comer/almorzar van a tomar un aperitivo.
6. Sin esperar la cuenta sale del restaurante.

I

El Sr. Ochoa lleva a su esposa a cenar en un restaurante. Primero van a un bar para tomar un aperitivo. Como hace calor se sientan en la terraza. El camarero les pregunta qué quieren tomar. Pedro Ochoa decide tomar un whisky y su mujer, Conchita, toma un vermut. Después de pagar al camarero que les sirve, van al restaurante que está al lado del bar. Se sientan en la mesa del rincón y el camarero les trae el menú. Escogen espárragos con mayonesa, pollo al ajillo y de postre fruta. Les gusta mucho la cena y después de terminarla, Pedro deja una propina. Al salir del restaurante los señores de Ochoa se despiden del camarero y se van para casa.

CHAPTER 5

Series A

A

1. el hipermercado 2. mercado 3. jamones 4. huevos 5. módicos.

B

1. Marta es la hermana de Isabel.
2. Las chicas preparan el almuerzo los sábados.
3. El supermercado está cerca de la casa.
4. Piensan hacer una paella.
5. Para llegar al mercado tienen que torcer a la izquierda.
6. Compran un pollo en la pollería.
7. Las gambas cuestan mil quinientas pesetas el kilo.
8. Marta casi olvida las cebollas.
9. Mete las cosas en una cesta.
10. Cuando salen está empezando a llover.

C

Voy a hacer una paella. Necesito gambas.
¿Cuánto cuestan?
Vale
Medio kilo por favor.
Nada más gracias. Tenga. Ochocientas cincuenta pesetas.
Adiós.

D

1. cuelga 2. se sienta 3. almuerzan 4. prefiero 5. empezamos 6. suelen 7. se
encuentra 8. quieres 9. llueve 10. se duerme

E

1. sé 2. sabe 3. conoce 4. saben 5. conocemos 6. sé, conoce

F

1. buen 2. gran 3. mal 4. ningún 5. algún 6. tercera 7. grande 8. primera

G

Voy al mercado donde compro los ingredientes que necesito para hacer una tortilla
española. Primero voy a la pollería donde compro una docena de huevos. Luego
voy al puesto que está enfrente donde venden verduras. Allí compro un kilo de
cebollas, tres kilos de patatas y un poco de ajo, porque me gusta mucho. Luego
salgo del mercado y voy al supermercado que se encuentra muy cerca. Allí compro
una botella de aceite de oliva y una bolsa de guisantes congelados. Estoy a punto
de salir cuando me acuerdo del vino. Vuelvo a casa con todas mis compras en una
cesta.

Series B

A

1. Se pueden comprar todas las cosas que se pueden imaginar.
2. Es un edificio inmenso de ladrillos y hierro con muchos puestos dentro que
venden alimento.
3. Hay chorizo y morcillas.
4. Se venden huevos.
5. Se venden todo tipo de frutas.
6. Se venden verduras.
7. Los precios son módicos.

B

1. Preparan el almuerzo.
2. Van a pie.
3. Compran arroz y azafrán.
4. Siguen por la calle y luego tuercen a la izquierda.
5. Encuentran una pollería.
6. Compra medio kilo de gambas.
7. Va a la frutería para comprar uvas.
8. Compra las cebollas en la verdulería.
9. Comprueban las compras para asegurarse que lo tienen todo.
10. Vuelven a casa corriendo porque empieza a llover.

C

¿Dónde hay una verdulería?

Muchas gracias.

¿Tiene Vd. espinacas?

Deseo dos kilos.

Nada más gracias. ¿Cuánto es?

Aquí tiene Vd. doscientas pesetas.

Gracias y adiós.

D

1. Cierro la puerta y luego me acuesto.
2. ¿Cuándo vuelves a casa?
3. ¿Quieres pasar por la caja?
4. Suelo preparar la cena.
5. ¿A qué hora te duermes generalmente?
6. Empiezo a comer a las tres.
7. Me divierto el fin de semana.
8. ¿Cuándo puedes hacerlo?

E

1. ¿Conoce Vd. a mi hermana?
2. No sé donde está el mercado.
3. Conocemos bastante bien este barrio.
4. ¿Sabes si viene?
5. Conozco a ese hombre.

F

Para celebrar mi cumpleaños mi esposa decide dar una cena para mí y dos amigos nuestros. Ella sabe que les gustan a los amigos los mariscos y así decide hacer una mariscada. Es sábado por la tarde y salimos juntos al mercado para hacer las compras. Vamos a la pescadería y mi esposa compra unos mariscos muy frescos. Como ya tiene los otros ingredientes en casa no necesitamos hacer más compras y volvemos directamente a casa. Los amigos no van a llegar hasta las diez y por eso tenemos tiempo de descansar antes de empezar a preparar la cena. Como me gusta cocinar le digo a mi esposa que la voy a ayudar. A las ocho lavo los mariscos mi esposa prepara una buena ensalada. Volvemos al salón para esperar a nuestros amigos. Están a punto de llegar cuando me doy cuenta que he olvidado el vino. ¡Todas las tiendas están cerradas! ¡Mi esposa no está contenta!

CHAPTER 6

Series A

A

1. Son bastante conservadores.
2. Se afilian al partido socialista.
3. Llevó a cabo una encuesta.
4. Se denominan 'no creyente'.
5. Es la de estar con los amigos.
6. Sólo una minoría practica algún deporte por el alto coste.
7. Tienen una actitud conservadora hacia el matrimonio.
8. Es una actitud positiva y optimista hacia la vida.

B

1. La discoteca se celebra todos los sábados.
2. Está en el centro de la ciudad.
3. Se encuentran con sus amigos delante de la puerta.
4. Hay un grupo además de los discos.
5. Ana toma una Coca Cola.
6. Cuando se reúnen con sus amigos se ponen a charlar.
7. Después de bailar Ana tiene calor.
8. Hablan del futuro.
9. Es imposible hablar cuando empieza otra vez la música.
10. Van al bar mientras los otros siguen bailando.

C

1. Toma un whisky.
2. Toma un vermut.
3. Estudia arquitectura.
4. Opina que es muy bonita.
5. No, no la conoce.
6. Se llama Isabel.
7. Se llama Carlos.
8. La chica rubia es más guapa.
9. Va a casarse después de ganar las oposiciones.
10. Quiere viajar.

D

1. prefiero 2. se atreve a 3. ayuda a 4. quiere 5. vuelven a 6. siguen 7. solemos 8. consiguen 9. se pone a 10. cesan de

E

1. Voy a ganar las oposiciones.
2. Van a recuperar los exámenes en septiembre.
3. Va a beber una naranjada.
4. ¿Vas a salir esta noche?
5. Vamos a encontrarnos delante del bar. or Nos vamos a encontrar delante del bar.
6. Voy a invitarte a tomar otra. or Te voy a invitar a tomar otra.

F

1. tengo frío 2. tienes sueño 3. tengo que 4. tengo miedo 5. tiene lugar 6. tiene ganas 7. tengo hambre 8. tenemos suerte

G

1. la más guapa 2. más rápida 3. más largas 4. tan difíciles 5. tan bonita 6. más serio

H

1. mayor 2. mejor 3. peor 4. menor 5. peor

I

Es sábado por la noche y Luis y Ana deciden ir a la discoteca que está en el centro de la ciudad. Tiene lugar todos los sábados. Luis tiene una moto y, aunque los padres de Ana están un poco preocupados, van en ella al centro. Cuando llegan se encuentran con sus amigos delante de la discoteca y hablan con ellos un rato. Luego entran en la sala donde los jóvenes están bailando o escuchando los discos. Hay mucho ruido y, por consiguiente, Luis y Ana deciden ir al bar donde pueden tomar algo y hablar. Luis se decide por un cuba libre pero como no le gusta a Ana el alcohol toma una Coca Cola. Cuando el grupo empieza a tocar Luis y Ana vuelven a la sala donde se reúnen con sus amigos. Se sientan todos alrededor de una mesa pequeña. Tratan de charlar pero con la música es casi imposible. Entonces algunos van a bailar mientras Luis y Ana siguen charlando. A las doce la discoteca termina y todos se van para casa.

Series B

A

1. La mayoría de los jóvenes se afilian al partido socialista.
2. Es una revista.
3. Casi cuatro mil jóvenes tomaron parte.
4. La mayoría de los españoles son católicos.
5. Estar con los amigos, ver la televisión, ir al cine, escuchar la música, ir a bailar.
6. No, son muy semejantes a jóvenes de otros países.
7. No, no hay conflictos familiares.
8. El sesenta y uno por ciento creen que el matrimonio no está pasado de moda.

B

lleva, tiene lugar, llegan, se encuentran, deciden, invita, se decide, tocar, bailar, se reúnen

C

Estoy estudiando para licenciarme en arquitectura.
Es muy bonita. ¿La conoces?
No tienes suerte.
Ya tengo una novia y es la más guapa de todas.
Voy a ganar las oposiciones primero.
Muchas gracias.

D

1. tengo ganas de 2. te acuerdas de 3. queréis 4. termina de 5. piensa 6. invito a
7. vamos a 8. prefieren

E

1. Voy a ver la televisión.
2. Va a escuchar la música.
3. Vamos a afiliarnos al partido socialista.

4. ¿Vas a beber tu cuba libre?
5. Van a bailar.

F

1. La arquitectura es más difícil que la medicina.
La arquitectura es tan difícil como la medicina.
La arquitectura es menos difícil que la medicina.
2. Ana es más bonita que su hermana.
Ana es tan bonita como su hermana.
Ana es menos bonita que su hermana.
3. La Coca Cola es más refrescante que el vino.
La Coca Cola es tan refrescante como el vino.
La Coca Cola es menos refrescante que el vino.
4. La moto es más rápida que el coche.
La moto es tan rápida como el coche.
La moto es menos rápida que el coche.

CHAPTER 7

Series A

A

El Verdugo	Luis García Berlanga	La pena de muerte
Cría Cuervos	Carlos Saura	El mundo del niño
Demonios en el Jardín	Gutiérrez Aragón	Una película documental
Viridiana	Luis Buñuel	Critica la iglesia católica
Tristana	Luis Buñuel	Está basada en una novela de Galdós
Los gozos y las sombras		Está basada en una novela de Torrente Ballester
Volver a empezar	José Luis García	Un viejo exiliado que vuelve a España

B

1. una temporada corta de películas de Buñuel. 2. siete, once 3. mucha controversia 4. las películas viejas 5. vale la pena 6. invitar a dos chicas a acompañarles 7. la sesión de noche 8. quiere acostarse tarde

C

1. Es una película vieja.
2. Quiere ir a ver algo más moderno.
3. Opina que es muy buena.
4. Va a invitar a Mari Carmen y a su amiga.
5. Le encanta el pelo largo de Maite.
6. No la dejan salir porque tiene sólo catorce años.
7. Puede salir porque los padres se conocen.
8. Empieza a las once.
9. Quiere ir a la sesión de tarde.
10. Va a las seis.

D

1. doy 2. oyen 3. me pongo 4. son 5. veo 6. digo 7. hago 8. vienen 9. tengo 10. conduzco

E

1. estoy 2. sé 3. van 4. salgo 5. oigo 6. vengo

F

1. su 2. nuestra 3. mi 4. vuestros 5. tu 6. mis 7. su 8. sus

G

Santi llama a Diego por teléfono y le pregunta si quiere ir al cine con él a ver *Viridiana*. Diego le dice que prefiere ver algo más moderno. Santi le contesta que su padre dice que es una película muy buena. Diego no está seguro si le va a gustar. Santi le dice que está pensando invitar a Mari Carmen y a su amiga Maite. Santi piensa que Diego conoce a Maite. Diego le dice que la conoce muy bien y que cree que es guapísima. Piensa que sus padres no la dejan salir pero como los padres de Santi conocen a los padres de Maite no hay problema. Lo malo es que Diego tiene que levantarse temprano al día siguiente. Así es que deciden ir a la sesión de tarde.

Series B

A

1. Trata de la pena de muerte.
2. Analiza el mundo del niño.
3. Ana Belén interpreta el papel de la protagonista.
4. Luis Buñuel es el director más famoso del cine español.
5. Se llama *Viridiana*.
6. Ha experimentado un cambio y ha cooperado con la televisión española.
7. Está basada en una novela de Torrente Ballester.
8. Es un año importante porque *Volver a empezar* ganó un Oscar como la mejor película de habla no inglesa.

B

1. El padre de Santi dice que es una película muy buena. Santi va a invitar a Mari Carmen y a su amiga Maite.
2. Deciden ir a la sesión de tarde.

C

Soy yo, Juan. ¿Quieres salir conmigo esta noche a ver *Volver a empezar*?
Se trata de un viejo exiliado que vuelve a España después de cuarenta años.
Debe ser buena. Ganó un Oscar como la mejor película de habla no inglesa.
Voy a tu casa a las seis. Luego podemos ir a la sesión de tarde.
Adiós. Hasta luego.

D

1. Tengo prisa.
2. Salgo de casa a las siete.
3. Sé que la película es muy interesante.
4. No le oigo muy bien.
5. Doy clases de inglés.
6. Hago las compras los sábados.
7. Te digo que no puedo venir.
8. Le traigo uvas cuando está enfermo.
9. Nunca salgo de noche.
10. Me pongo a trabajar cuando cierran las tiendas.

E

1. No, mis padres van a Francia.
2. No, nuestros colegas están en la calle.
3. No, mi novia quiere quedarse en casa.
4. No, nuestro profesor va a casa.
5. No, mis hermanas pueden ir al cine.

F

El cine español tuvo éxito en los años sesenta a pesar de la censura. Por ejemplo *El Verdugo* por Berlanga fue considerada como una crítica del franquismo.

En los últimos años del régimen de Franco, Carlos Saura fue un director importante y su película más notable se llama *Cría Cuervos*.

Después de la muerte de Franco hubo muchas películas documentales como *Demonios en el Jardín*.

El director más famoso es sin duda Luis Buñuel. Sus películas como *Viridiana* y *Tristana* causaron mucha controversia.

Recientemente el cine español ha cambiado de dirección y ahora coopera con la televisión española para hacer películas para la televisión. En 1983 la película *Volver a empezar* ganó un Oscar como la mejor película de habla no inglesa.

CHAPTER 8

Series A

A

1. más tiempo 2. cada vez más importante 3. atracos y robos 4. no salen tanto como antes 5. tan deportistas como 6. más aficionados que 7. tan buenas como 8. para proteger sus ojos

B

1. Tiene dieciocho años.
2. Se cayó.
3. Le dolía el tobillo izquierdo.
4. Notó que una herida en su rodilla echaba sangre.
5. Pusieron a Pablo en una camilla.
6. Se había torcido el tobillo.
7. Le prestaron dos muletas.
8. Le dio las gracias al médico.

C

1. falso 2. verdadero 3. falso 4. verdadero 5. verdadero 6. falso 7. verdadero 8. falso 9. falso 10. verdadero

D

fueron — ir   pasaron — pasar   se cayó — caerse   pensó — pensar   trató — tratar   se dio cuenta — darse cuenta   volvió — volver   se acercó — acercarse   preguntó — preguntar   aseguró — asegurar   trató — tratar   confesó — confesar   pudo — poder (twice)   fue — ser   notó — notar   llamó — llamar   llegó — llegar   pusieron — poner   subieron — subir   pidió — pedir   consintió — consentir   declaró — declarar   dijo — decir   tuvo — tener   puso — poner   prestó — prestar   dio — dar   salió — salir   subieron — subir   empezaron — empezar   pensó — pensar

E

1. llegaron   2. se cayó   3. trató de   4. volvió   5. preguntó   6. aseguró   7. notó
8. llamó   9. subieron   10. prestó

F

1. dejé   2. compraste   3. tiré   4. regaló   5. os levantasteis   6. volví   7. metiste
8. olvidó

G

1. míos   2. los tuyos   3. el vuestro   4. las tuyas   5. la suya

H

Hacía esquí en el último día de mis vacaciones cuando me caí. Traté de levantarme pero me dolía mucho el tobillo. Maite vio lo que pasaba y se acercó corriendo a ayudarme. Volvimos al hotel y vi que tenía también una herida en la rodilla que echaba sangre. La recepcionista llamó a una ambulancia. Llegó pronto y los conductores me pusieron en una camilla y me subieron a la ambulancia. Maite quiso ir al hospital conmigo y finalmente la consintieron. En el hospital el médico declaró que me había torcido el tobillo. Salí del hospital con la pierna escayolada y me prestaron dos muletas.

Series B

A

1. Necesitan pensar en las diferentes maneras de usar sus horas de ocio.
2. Los españoles no salen tanto como antes.
3. Ha tenido resultados positivos.
4. Es para los aficionados del footing.
5. El fútbol tiene más aficionados que la corrida.
6. Son tan buenas como cualquier otra de Europa.
7. Dura cinco meses.
8. Llevan gafas ahumadas para proteger sus ojos.
9. Se dirigen hacia el telesquí.
10. Les alegra ver al rey y a su familia.

B

Un joven de dieciocho años, Pablo Morales, y su novia, Maite, fueron a pasar una semana en la estación de esquí de Baqueira en los Pirineos. Lo pasaron muy bien hasta el último día. Entonces mientras estaba esquiando Pablo se cayó. Al principio pensó que no se había hecho daño pero cuando trató de levantarse se dio cuenta de que le dolía mucho el tobillo izquierdo y volvió a sentarse en la nieve. Maite, que había visto el incidente, se acercó corriendo y le preguntó qué le pasaba. Pablo la aseguró que no era nada grave, pero cuando trató de levantarse por segunda vez confesó que no podía.

C

¿Dónde están tus calcetines, Pablo?
No, éstos son míos.

Ah, sí, aquí están. Y mis guantes también. ¿Dónde están los tuyos?
Éstos son los nuevos. ¿Dónde están los viejos?
¡Pablo! Mi madre te los regaló para tu cumpleaños.
Seguro. No quiero disgustarla.

D

1. La vi en el cine del barrio.
2. La tocaron en la discoteca.
3. Lo oí en el bar.
4. La probé en el restaurante.
5. Las sacamos en España.
6. Lo vendí en el garaje.
7. Las perdió en la nieve.
8. La prepararon en la cocina.

E

1. Lo pasamos muy bien
2. Me caí en la nieve.
3. Traté de levantarme.
4. Se acercaron corriendo.
5. Notamos una herida.
6. Llamé a una ambulancia.
7. ¿Te rompiste la pierna?
8. Pedí un esparadrapo.
9. La permitimos ir con él.
10. Les di las gracias cuando salí.

F

1. ¿Las nuestras? Están aquí.
2. ¿Los míos? Están aquí.
3. ¿El suyo? Está aquí.
4. ¿Los nuestros? Están aquí.
5. ¿La mía? Está aquí.
6. ¿Los míos? Están aquí.

G

1. La televisión se hace cada vez más popular en España porque los españoles no salen tanto como antes. Se quedan en casa para verla.
2. Algunos se atreven a salir porque los bares están aún llenos.
3. Hay un circuito para los aficionados del 'footing' en la Casa del Campo cerca de Madrid.
4. El fútbol es más popular que la corrida, lo que sorprende a los extranjeros.

H

El esquí es un deporte que es muy popular en España. Hay tres zonas importantes, los Pirineos en el norte, la Sierra de Guadarrama en el centro y la Sierra Nevada en el sur. Entre diciembre y abril se pueden ver a los esquiadores vestidos en sus jerseys vistosos y gorros de lana. También llevan gafas ahumadas para proteger sus ojos contra la luz reflejada de la nieve. El rey y su familia van a esquiar ya que es uno de sus deportes favoritos.

CHAPTER 9

Series A

A

1. Se veía como el soporte de la familia.
2. Se veía como ama de casa.
3. No se metía nunca en cuestiones de cocina.
4. Aceptaba la autoridad de su marido y su papel como esposa y madre.
5. La primera causa es la sociedad de consumo.
6. La segunda causa es el alto coste de vida.
7. Un coche era un lujo antes.
8. Familias de medios módicos tienen un televisor en color y un video.
9. La mayoría de los jóvenes españoles empiezan su matrimonio en un piso de alquiler.
10. No tienen hijos porque la mujer tiene que trabajar.
11. El préstamo sobre la casa dura diez años.
12. Compran una segunda casa para pasar los fines de semana o el veraneo en la montaña o al lado del mar.

B

1. El padre vivía en la provincia de Andalucía.
2. Instalaron electricidad cuando tenía once años.
3. Hacía bastante calor en el verano.
4. Las persianas estaban echadas contra el calor y las moscas.
5. Solían calentar los pies en el brasero.
6. Al ir a otra habitación sentían que entraban en una nevera.
7. La casa estaba muy limpia.
8. Al anochecer subíamos a la azotea.
9. Mientras charlaban tomaban manzanilla.
10. Había agua fresca en el botijo.

C

José, ¿qué tal el día?

Quiero ir al centro de compras.

Sí, desde luego. El domingo es el día del cumpleaños de mi madre y quiero comprarle algo.

No digas tonterías. La uso cuando mis amigas vienen a verme. Voy a comprar un bolso de piel que le gusta.

El domingo. Mi madre me ha telefoneado esta mañana y nos ha invitado a cenar el domingo por la tarde.

D

1. vivía 2. estaba 3. hacía 4. tenían 5. decías 6. pasábamos 7. tomabais 8. se acostaban

E

1. Cuando tenía once años instalaron electricidad.
2. Mientras estábamos en la azotea los vecinos llegaron.
3. Cuando el teléfono sonó estaba todavía en la cama.
4. Las ventanas estaban abiertas cuando empezó a llover.
5. Mis padres descansaban cuando encendí el brasero.

6. Aunque la casa era pobre siempre parecía limpia.
7. Mientras estaba en la tienda le di a mi hijo veinte duros.
8. Elena preparaba la cena cuando José entró.

F

1. Sí, esta manzanilla es muy buena.
2. Sí, este bolso es muy bueno.
3. Sí, estas perlas son muy buenas.
4. Sí, estos chocolates son muy buenos.

G

1. Estos collares son muy caros.
2. Aquellos días eran malos.
3. Aquellas tiendas están lejos.
4. Esos bolsos no son míos.
5. Aquellos coches son cómodos.
6. Esas copas están sucias.

H

El padre de José vivía en un pueblo pequeño de Andalucía durante la guerra. Tenían electricidad pero no tenían calefacción central. Hacía calor en el verano y las persianas estaban echadas. En el invierno hacía frío y se sentaban alrededor de la mesa camilla para calentarse los pies. La casa estaba muy limpia con macetas de flores.

Le gustaba más subir a la azotea por las tardes y tomar manzanilla con los vecinos o agua fresca del botijo si no había dinero. En las tertulias tenían discusiones sobre cualquier cosa. Aunque no tenían coche ni televisión eran felices.

Series B

A

1. Se veía como ama de casa. Era para ella un privilegio tener la responsabilidad de gobernar la casa.
2. Los abuelos vivían con la familia porque era inconcebible mandar a los ancianos a un hospital o a un establecimiento semejante.
3. Antes era un lujo, ahora es una necesidad.
4. Un piso de alquiler cuesta el cincuenta por ciento del sueldo.
5. Compran otra vivienda como un piso o un chalet en la montaña o al lado del mar.
6. Una familia de medios módicos emplea a una criada cuando el marido y la esposa trabajan.

B

1. Vivían en un pueblo pequeño en la provincia de Andalucía.
2. Instalaron electricidad.
3. La calefacción central faltaba en la casa.
4. Las persianas estaban echadas contra el calor y las moscas.
5. Se sentaban a la mesa camilla para calentarse los pies.
6. Sabemos que las baldosas estaban limpias porque la madre las lavaba todos los días.
7. Los vecinos podían sentarse a la sombra porque el abuelo de José había puesto un toldo.
8. Tomaban manzanilla.

9. Las discusiones eran acaloradas.
10. No tenían ni coche ni televisión.

C

¿Adónde quieres ir?
¿Qué necesitas comprar?
¿Es necesario hacerlo mañana?
¿Sabes qué regalo vas a comprar?
Siempre le compras una corbata.
Es verdad. Pero estoy seguro que debe tener docenas de corbatas.

D

1. Estaba limpiando/Limpiaba la casa cuando llegaron los niños.
2. Mientras estaba lavando/lavaba el coche empezó a llover.
3. Había rebajas cuando compré el reloj.
4. Estábamos sentados en la azotea cuando llamaron los vecinos.
5. Estaba descansando/Descansaba cuando sonó el teléfono.

E

1. No quiero este reloj.
2. Voy a comprar esos chocolates.
3. ¿No ves a los niños, al lado de aquellos árboles?
4. Con estos cinco duros puedes comprar un regalo para abuelita.
5. ¿Quiere Vd. probar este vino?
6. No me ha gustado nunca esa cafetera.

F

Elena se preparó para salir mientras José sacaba el coche del garaje. Luego se pusieron en camino para ir al centro. Pronto pasaban por la calle principal con tiendas a ambos lados. Fueron a encontrar un lugar donde aparcar el coche cerca del hipermercado donde iban a hacer las compras. Entraron y fueron a la sección donde vendían bolsos. Mientras los padres los miraban los niños fueron a comprar una caja de chocolates. Por fin Elena decidió que le gustó más el bolso de piel roja. Le dio a la dependienta un billete de cinco mil y ésta le dio la vuelta. Mientras tanto los niños volvieron con los chocolates. Luego fueron al parque de atracciones como José les había prometido y los niños lo pasaron muy bien. Pepe creyó que le gustó más la montaña rusa. Antes de ir a casa José compró helados para los niños.

CHAPTER 10

Series A

A

1. Son La Coruña, Pontevedra, Lugo y Orense.
2. Llueve mucho.
3. Es más densa en los núcleos industriales de la costa.
4. La verdura caracteriza los campos.
5. Ha sufrido una fuerte emigración.
6. Ha introducido una refinería de petróleo y fábricas de conserva.
7. Son las industrias agrícola, ganadera y pesquera.

8. Las mujeres trabajan en las fábricas de conserva.

9. Es una de las más pintorescas de la península.

10. Es importante como un centro religioso.

B

1. Emilio 2. la fábrica de conserva de escabeche 3. bastante prósperos 4. peligrosa
5. calor 6. más remedio que salir 7. las nubes 8. fruncía el ceño 9. palabrotas
10. no hubo tiempo para levantarlas 11. gigantescas montañas 12. les esperaban
ansiosas.

C

¿Tiene Vd. bonito?

Quisiera un kilo por favor.

¿Cuál es el más fresco?

Me quedo con un kilo de ése.

¿Cuánto es?

Tenga. Gracias.

D

1. estuve 2. tuvieron 3. pudimos 4. hizo 5. oyó 6. hubo 7. fue 8. quisieron
9. viniste 10. fui

E

1. aquél 2. ésas 3. éstos 4. esto 5. ésa

F

Me levanté temprano porque tuve que ir al mercado a las siete de la mañana. Había
comprado cincuenta kilos de bonito a un pescador anoche. Cuando llegué ya había
muchos vendedores allí preparando los puestos. Hacía mucho frío y tuve que
ponerme el abrigo. Sin embargo había muchos clientes y al mediodía había vendido
toda la pesca que tenía. Así es que decidí volver al puerto donde encontré a
Gonzalo que acababa de llegar. Compré diez kilos más y, antes de volver a casa,
llamé a la puerta de una vecina porque sabía que ella quería comprar algo. Finalmente fui al mercado otra vez, vendí el resto de la pesca y volví a casa a las siete
de la tarde.

Series B

A

1. Llueve más que en el resto de España.
2. Es más densa en la costa. En el interior las fincas están repartidas en minifundios.
3. Las provincias del interior no disponen de medios suficientes para alimentar a
   la gente.
4. Introduce nuevas industrias.
5. Es el foco de la industria pesquera.
6. Los peregrinos acuden a la catedral para venerar a Santiago el apóstol.

B

1. Tiene una mujer y un hijo.
2. Emilio trabaja con su padre y Rosario trabaja en la fábrica de conserva de
   escabeche.
3. Hacía mucho calor.
4. Presintió una tormenta.
5. La temporada había sido muy mala y no tuvo más remedio.

6. No, había dos otros barcos a un kilómetro.

7. El cielo se encapotó, el viento refrescó y cambió hacia el norte.

8. Perdieron las redes

9. Las mujeres estuvieron aliviadas.

10. No, uno de los barcos había ido a pique.

C

Sí, la primera.

Espero coger un bonito. Son bastante grandes, ¿verdad?

¿Qué pescados hay por aquí?

Prefiero la merluza.

Lo siento pero no sé nada de la pesca.

Muchas gracias. Es Vd. muy amable.

D

1. Los trajimos ayer.

2. Se la di ayer.

3. Os lo dijo ayer.

4. Lo obtuvieron ayer.

5. Las hice ayer.

E

1. No me gusta ésa.

2. Deme éste.

3. ¿Qué sardinas quiere Vd.? ¿Éstas?

4. Prefiero ésos.

5. ¿Qué quiere decir eso?

F

Hacía calor cuando salieron del puerto. Después de una hora el tiempo cambió rápidamente. El viento empezó a soplar y el cielo se encapotó. Finalmente la tormenta se desató con un ruido tremendo. El barco pasó entre olas enormes y parecía que estaba a punto de ir a pique. El capitán tuvo que tomar una decisión. Vio que los pasajeros tenían miedo. Algunos creían que iban a ahogarse. Decidió volver al puerto. Fue una maniobra muy difícil pero por fin consiguió hacerlo. Había truenos y relámpagos por todas partes. Los pasajeros permanecieron en los camarotes llenos de terror. Los niños estaban llorando y las madres ansiosas trataban de apaciguarles. Después de lo que parecía una eternidad vieron la costa y pronto estaban en el puerto sanos y salvos.

CHAPTER 11

Series A

A

1. (b) 2. (c) 3. (a) 4. (c) 5. (a) 6. (c) 7. (b) 8. (c)

B

1. . . . en plan de estudios. 2. . . . para asistir a . . . 3. . . . . sus amigos españoles. 4. . . . . unos días libres. 5. No han visitado nunca Granada. 6. . . . en coche. 7. . . . . los gitanos . . . 8. . . . . lleno. 9. . . . . castañuelas . . . 10. . . . . bailar.

C

Aquí en las paredes hay fotos de los niños. Mira, esta chica está vestida para su
    primera comunión. ¡Qué mona es!
¿Desde hace cuánto tiempo vive Vd. aquí?
Qué interesante. ¿Le gusta?
¿Qué hace Vd. entonces?
¿Cuándo va a empezar la música?

D

1. que 2. que 3. cuya 4. que 5. que (or a quienes) 6. quien 7. que 8. que

E

1. alrededor de las que/de las cuales
2. debajo del que/del cual
3. al lado de la que/de la cual
4. con las que/las cuales
5. dentro de la que/la cual

F

1. Nosotros acabamos de sentarnos.
2. Vd. acababa de enseñarles la cueva.
3. Yo acababa de llegar a Salamanca.
4. Tú acabas de ponerte la chaqueta.
5. Vosotros acababais de visitar la catedral.

G

1. No, vivo aquí desde hace once años.
2. No, mantengo una correspondencia con ellos desde marzo.
3. No, estoy en Salamanca desde hace ocho días.
4. No, somos novios desde hace tres meses.
5. No, los gitanos bailan desde las nueve.

H

José Angel y Pilar, con sus dos amigos ingleses, David y Carol, fueron a ver las
cuevas de Sacromonte cerca de Granada. Había una excursión para turistas en
autocar que salía del centro de la ciudad. Llegaron a la parada y subieron al autocar. Estaba lleno de turistas, la mayoría de ellos extranjeros. Un cuarto de hora
más tarde el autocar se detuvo delante de una de las cuevas y todos bajaron.
Primero entraron en la cueva más grande donde una gitana les mostró las diferentes
habitaciones. Carol y David estuvieron sorprendidos de ver las comodidades que
había. Luego la gitana trató de vender castañuelas y otros recuerdos de Andalucía
a los turistas. Aunque algunos los compraron, no tuvo mucha suerte. Para terminar
la visita los gitanos presentaron un espectáculo en el patio delante de la cueva, en
el cual los niños bailaron mientras los padres tocaban la guitarra. David y Carol
dijeron a sus amigos españoles cuando volvieron a Granada en el autocar que lo
habían pasado muy bien con los gitanos de Sacromonte.

Series B

A

1. Se hizo popular como centro turístico en los años sesenta.
2. Treinta y cinco millones de turistas visitan España cada año.
3. Van al interior.

4. Construyeron murallas para protegerse del enemigo.
5. Hay el anfiteatro de Mérida y el acueducto de Segovia.
6. Vivieron en España casi ocho siglos.
7. Está en Córdoba.
8. Tuvo que abandonar la Alhambra de Granada.
9. Se encuentra al lado de la catedral.
10. Buscan las buenas playas, el sol y el vino barato.

B

1. Los ingleses están en España en plan de estudios.
2. Carol y David conocieron a Pilar y José cuando hicieron un intercambio.
3. Vuelven a España para ir a la universidad de Salamanca.
4. Han mantenido una correspondencia durante los últimos cinco años.
5. Van a Granada por unos días.
6. Los gitanos se encuentran en Sacromonte.
7. Muchos de los turistas en el autobús son extranjeros.
8. En las cuevas tienen todas las comodidades aparte del agua corriente.
9. Son los niños que bailan.
10. García Lorca era de Granada.

C

¿Puede decirme por dónde se va a la Alhambra?
A ver. Subo por aquí. Tuerzo a la izquierda, sigo todo recto y la Alhambra está a
    mano derecha.
¿Sabe Vd. si está abierta los domingos?
¿Se puede aparcar aquí?
Muchas gracias.

D

1. ¿Dónde están las castañuelas que acabas de comprar?
2. Aquí está el guardia que me ha indicado el camino.
3. ¿Cuántos años tiene la niña con quien hablabas?
4. Me gustan las fotos que están en la pared.
5. Prefiero el Generalife cuyos jardines son preciosos.

E

1. El autobús del que/del cual bajan los extranjeros va a Sacromonte.
2. El lápiz con el que/el cual Carol está escribiendo es verde.
3. Los jardines cerca de los que/los cuales vivo son preciosos.
4. El castillo enfrente del que/del cual me quedo es muy antiguo.
5. Las montañas al pie de las que/las cuales está situada Granada se llaman la
    Sierra Nevada.

F

1. ¿Desde hace cuánto tiempo vive Vd. aquí?
2. Vivo aquí desde hace diez años.
3. Acabo de comprar un recuerdo de España.
4. El autobús acababa de llegar cuando los jóvenes vinieron.
5. Los españoles mantienen una correspondencia continua con sus amigos ingleses
    desde hace cinco años.

G

El turismo es la segunda industria más grande, después de la agricultura. Treinta y
cinco millones de turistas visitan España cada año. En el interior del país hay

muchos sitios para los que están interesados en la cultura o la historia. Se pueden ver ciudades medievales como Ávila con sus murallas. También hay restos romanos como el acueducto de Segovia o el anfiteatro de Mérida. En el sur los vestigios de la civilización musulmana existen todavía, los más importantantes siendo la mezquita de Córdoba y la Alhambra de Granada. La Alhambra fue el último castillo de los moros en España y es uno de los mejores ejemplos de su arquitectura. El turista no debe dejar de visitar Sevilla donde encontrará una magnífica catedral gótica y, al lado, la famosa Giralda construida también por los moros.

CHAPTER 12

Series A

A

1. Ha experimentado un renacimiento.
2. García Lorca se destacó más.
3. Escribió una trilogía de tragedias.
4. Murió en 1936.
5. La joven huye con su amante en el día de su boda.
6. Se matan el uno al otro.
7. La novia se siente triste porque está sola.
8. Trata de la maternidad frustrada.
9. Piensa que su madre ha matado a su amante.
10. Nació cerca de Granada.
11. Revelan el amor de García Lorca por la música.
12. Trabajó con Falla escribiendo romances.
13. Fue a las aldeas pequeñas.
14. Tenía treinta y ocho años.

B

1. . . . celebrar el aniversario de la muerte de García Lorca.
2. . . . llevar a su familia al teatro.
3. . . . averiguar si su esposa había conseguido las entradas.
4. . . . hacer sus compras.
5. . . . sabía que era mejor comprar las entradas con anticipación.
6. . . . cenar después de la obra.
7. . . . al otro lado del pueblo.
8. . . . siete menos cuarto.
9. . . . y gesticulando airadamente.
10. . . . levantarse el telón.
11. . . . estirar las piernas.
12. . . . a comprar helados en el quiosco al lado de la taquilla.
13. . . . tenía hambre.
14. . . . esperaba con ganas su cena.

C

1. Le ha impresionado más la sala del teatro.
2. Le ha impresionado más la obra.
3. Iban al teatro antes de casarse.
4. Le ha impresionado más el actor que hacía el papel de Leonardo.
5. No tenía bastante dinero.

6. Quiere ver algo más divertido.
7. Va al teatro para pedir un programa de las obras que van a poner.
8. Tiene una edición de las obras completas de García Lorca.

D

1. Hemos presenciado una comedia.
2. Han ido al teatro.
3. Nos ha gustado la obra.
4. ¿Habéis visto a ese actor?
5. ¿Por qué te has puesto el abrigo?
6. Lo he hecho esta mañana.
7. Los niños han vuelto temprano.
8. He escrito la carta a mi amigo.

E

1. había dicho   2. habían terminado   3. había decidido   4. había vendido   5. nos habíamos divertido   6. se había ido

F

Mi madre, Paco y yo esperábamos a papá en casa. Cuando llegó estaba muy contento porque sabía que mamá había sacado ya las entradas mientras hacía las compras. Como íbamos a la función de tarde decidimos cenar después de la obra. Fuimos en el coche de papá al teatro que estaba al otro lado del pueblo. Había mucha gente delante de la taquilla pero como nosotros teníamos ya las entradas pudimos entrar directamente en la sala del teatro. Unos minutos después se levantó el telón y empezó la obra. Fue una tragedia de García Lorca que se llamaba *Bodas de Sangre*. Me gustó mucho aunque no comprendí muy bien por qué la novia huyó con Leonardo que estaba casado ya. Papá me lo explicó después de cenar.

Series B

A

1. Un dramaturgo es un hombre que escribe obras de teatro.
2. Tiene lugar en el campo.
3. Una novia huye con su amante en el día de su boda y el amante y el novio se matan.
4. El tema de *Yerma* es la maternidad frustrada y el tema de *La Casa de Bernarda Alba* es la sexualidad frustrada.
5. No, escribió comedias también.
6. Su amistad con el compositor, Falla, revela su amor por la música.
7. Era un grupo de actores que viajaron por España en camión para representar obras de teatro al aire libre.
8. La guerra mató a un genio del teatro que habría escrito mucho más.

B

1. Lleva cinco años viviendo en el pueblo.
2. No ha ido al teatro del pueblo nunca antes.
3. Quería saber si Ana había ido a la taquilla del teatro.
4. Había conseguido las entradas.
5. Es mejor sacar las entradas con anticipación.
6. El teatro se encontraba al otro lado del pueblo.
7. No quedaban entradas para esa noche.

8. Significaba que habían hecho bien en reservar sus asientos antes.
9. El telón se levantó.
10. El descanso le dio a Francisco la oportunidad de estirar las piernas.
11. El público recibió la obra con grandes aplausos.
12. Iba a cenar.

C

Fue una obra maravillosa/estupenda.
No, no la había visto nunca antes.
Me impresionó más la actriz que hacía el papel de Adela.
Era muy bonita.
Era buena pero no tan buena como Adela.
Lo he pasado muy bien, gracias.
Voy la semana que viene. Ponen una comedia de Lorca que quiero ver.

D

1. ¿Qué has hecho? No he hecho nada.
2. ¿A quién han visto? No han visto a nadie.
3. ¿Cómo lo has roto? Debo de haberlo roto cuando lo cogí.
4. ¿Quién ha escrito esto? Yo lo escribí cuando estaba haciendo mis deberes.
5. ¿Cuándo llegó? No ha llegado todavía. Ése fue su hermano.
6. ¿Cuántos peces ha cogido Vd.? No cogí nada anoche.

E

1. Fuimos a la comisaría porque habíamos encontrado el monedero.
2. Regresó a casa andando porque había perdido el autobús.
3. Salieron del teatro porque no habían conseguido las entradas.
4. Subí otra vez al piso porque había olvidado las llaves.
5. Fui en coche porque había empezado a llover.

F

Federico García Lorca nació cerca de Granada en 1898 y sus obras reflejan su espíritu granadino. Escribió romances con su gran amigo, el compositor Manuel de Falla. Aunque escribió algunas comedias, sus obras más famosas son la trilogía de tragedias rurales que escribió en los tres últimos años de su vida. En *Bodas de Sangre* la novia abandona a su novio en el día de su boda y huye con su amante, Leonardo. En *Yerma* y *La Casa de Bernarda Alba* García Lorca trata respectivamente de los temas de la maternidad y la sexualidad frustrada. Desgraciadamente a los pocos meses de empezar la guerra civil española en 1936 García Lorca fue asesinado. Su muerte fue una tragedia para el teatro español porque habría escrito mucho más.

CHAPTER 13

Series A

A

1. Ha cambiado recientemente.
2. Una censura muy estricta existió.
3. Cerró varias publicaciones que criticaban al estado.
4. El terrorismo no debía mencionarse.

5. Ocurrió el fenómeno del 'destape'.
6. Es una revista.
7. Son *ABC* y *Ya*.
8. Se llama *El País*.
9. Es *La Vanguardia*.
10. Tiene una tirada de más de 280 000 ejemplares.

B

1. Es redactor en el periódico *El País*.
2. Llegó tarde porque habían cerrado la calle.
3. Su secretaria le dio la correspondencia.
4. La leyó.
5. Habló con una señorita que solicitaba un puesto.
6. Se reunió con dos de sus colegas.
7. Sale a comer a la una.
8. Era sobre su visita a Bilbao.
9. Es a las ocho.
10. Salió temprano para evitar los atascos.
11. Tardó una hora y media.
12. Josefina había preparado su cena favorita.

C

Todavía no. Lo siento. Es que las lluvias no habían sido previstas.
Sí. Me dicen que van a dar el pésame a las familias de los muertos. ¿Cuántas
 víctimas hay?
¿A qué parte van los reyes?
Llamaré al corresponsal que trabaja allí para averiguar lo que pasa.
No se preocupe. Iré por la carretera principal y estaré allí antes del anochecer.

D

1. No se sirve pulpo aquí.
2. No se sirve manzanilla aquí.
3. No se puede pasar por la carretera principal.
4. No se permite fumar en el cine.
5. No se venden periódicos ingleses aquí.
6. No se venden sellos aquí.

E

1. El gobierno censuró la película.
2. El médico recomendó las pastillas.
3. El perro encontró las gafas.
4. El granjero vendió las herramientas.
5. La enfermera vendó la herida.

F

1. Llevaré a los niños al parque.
2. Saldremos de la oficina a las cinco.
3. Los reyes verán las zonas peor afectadas.
4. ¿Lo harás pronto?
5. Tendréis frío.
6. Terminaré el artículo primero.

G

Pedro le pregunta a Pili si ha terminado ya el artículo sobre las inundaciones en Levante. Ella confiesa que no lo ha terminado todavía. Pedro sabe que los reyes van a ver las peores zonas pero Pili no sabe exactamente a qué parte van. Pedro le dice que tiene que averiguarlo. Pili va a llamar al corresponsal que trabaja allí antes de salir. No se puede pasar por algunas de las carreteras pero Pili dice a Pedro que no debe preocuparse porque irá por la carretera principal. Quiere saber si Pedro estará en la oficina a las cinco porque quiere telefonearle. Le dice que estará allí hasta las seis. Finalmente Pedro le dice a Pili que debe hablar con un oficial del Ayuntamiento de Valencia.

Series B

A

1. Fue brusco.
2. El resultado fue la suspensión de cualquier periódico o revista que presentara una imagen negativa del estado.
3. Ciertos temas como el terrorismo no debían mencionarse.
4. Muchas revistas sensacionales aparecieron en los quioscos.
5. Tiene una mezcla de artículos investigadores y fotos de mujeres desnudas.
6. Trata de artículos de actualidad interesantes y serios.
7. Está preparado a criticar al gobierno cuando reivindica una causa justa.
8. La iglesia católica y la monarquía reciben el apoyo de *ABC* y *Ya*.
9. Tiene un prestigio muy alto.
10. Tienen una importancia y una influencia muy grande.

B

Llegué tarde a la oficina porque habían cerrado la calle y tuve que tomar un desvío.
Mi secretaria me dio la correspondencia.
La leí en seguida.
Llamé a la secretaria.
Le dicté unas cartas.
Hablé con una señorita que solicitaba un puesto como periodista.
Tuve una reunión con dos colegas.
Salí a un restaurante a comer.
Por la tarde preparé un informe sobre mi visita a Bilbao.
Lo terminé a las cuatro y media.
Llamé por teléfono a dos colegas para arreglar una reunión.
Salí de la oficina a las seis y cuarto, esperando evitar los atascos.
Estuve una hora y media en camino.
Entré en casa de mal humor.
Mi mal humor desapareció cuando vi que Josefina había preparado mi cena favorita.

C

Tengo cita con el Sr. Duarte a las nueve y media.
Por parte de la señorita Álvarez. María Ángeles Álvarez.
Buenos días. Soy la señorita Álvarez. Vengo por el puesto de secretaria.
Vivo con mis padres y mis dos hermanos. Son menores que yo.
Todavía no. No tengo novio formal.
Si hace buen tiempo voy andando. Son unos veinte minutos. Si hace mal tiempo puedo coger el autobús.
Está bien. Estoy lista.

D

1. Aquí se habla inglés.
2. Se venden sellos en el estanco.
3. Todo se cambió cuando Franco murió.
4. Me dicen que no se puede pasar.
5. Se hace esquí en los Pirineos.
6. No debían mencionarse temas como el terrorismo.

E

1. ¿Cuándo irás a Valencia?
2. ¿Cómo viajarás?
3. ¿Cuánto dinero necesitarás?
4. ¿Sabrás dónde hospedarte?
5. ¿Harás el artículo en seguida?
6. ¿Dónde verás al rey?
7. ¿Cuándo volverás?

F

1. No, lo terminaré mañana.
2. No, lo escribiré mañana.
3. No, lo hará mañana.
4. No, se los pondrán mañana.
5. No, se lo daré mañana.
6. No, se las diremos mañana.

CHAPTER 14

Series A

A

1. (c) 2. (b) 3. (c) 4. (c) 5. (a) 6. (c) 7. (a) 8. (c) 9. (c) 10. (a) 11. (a) 12. (c)

B

1. La leyenda de El Rocío es del siglo quince.
2. Las marismas eran silenciosas.
3. Un día al amanecer los pájaros se callaron.
4. El aire olía a azucenas y romero.
5. Cuando el pastor se despertó la imagen había desaparecido.
6. Volvió al olivo corriendo.
7. Los aldeanos encontraron la imagen en el olivo.
8. Llevaron la imagen a la iglesia del pueblo.

C

1. Jorge es el marido de María.
2. No, no está listo.
3. Piensa que saldrán a las diez.
4. Hacía muchísimo calor.
5. Su traje viejo estaba muy sucio con todo el polvo.
6. Sí, le gusta mucho.
7. Le iría bien una rosa en el pelo.
8. Preferiría un clavel color rosa.
9. Puede limpiar el interior del carro.
10. Van a hospedarse en un cortijo.

11. Unas cien personas van a El Rocío.
12. Iba a pintar las ruedas.

D

1. Dijo que haría mucho calor.
2. Dijo que pintaría el carro.
3. Dijo que se quedarían en el cortijo.
4. Dijo que no podría descansar en el suelo.
5. Dijo que no estaría nunca satisfecho.
6. Dijo que le gustaría la nueva pintura.
7. Dijo que los claveles le irían bien.

E

1. Los carros irán detrás de ellos.
2. La imagen está sentada en él.
3. Se despidieron de ellas.
4. Voy a hospedarme con ellos.
5. El obispo está de pie delante de ella.
6. Pienso que voy a El Rocío con él.

F

Los aldeanos preparaban los carros pero los preparativos no iban muy bien. Jorge había dicho que saldrían a las ocho de la mañana siguiente pero su esposa María estaba segura de que no saldrían antes de la diez porque Jorge pensaba pintar las ruedas del carro otra vez. Las mujeres llevaban su traje tradicional y Marta le preguntó a María si su traje era nuevo. Contestó que Jorge tuvo que comprarle otro porque el año pasado, con el calor que hacía, su traje viejo se ensució con todo el polvo. Marta pensaba que el traje nuevo era precioso. Como Marta y Joaquín estaban muy ocupados preparando su carro, María se ofreció a ayudarles. Joaquín le dijo que podía limpiar el interior ya que estaba bastante sucio.

Series B

A

1. Opinan que está pasado de moda.
2. Manifiestan fervor.
3. La fiesta religiosa más conocida es la Semana Santa de Sevilla.
4. Hay mucha gente en El Rocío durante la romería.
5. Es una peregrinación a un lugar santo.
6. Son pintados y luego cubiertos de tela.
7. Se ven más los claveles.
8. La banda les despierta.
9. No, no tiene nada que ver con el flamenco.
10. Están en camino tres días.
11. Las mujeres y los niños duermen en los carros, los hombres duermen en el suelo.
12. Llegan después de un viaje de tres días.
13. Las diferentes cofradías tratan de acercarse a tocar la imagen de la virgen.
14. Se encienden miles de velas.
15. Envió la imagen a El Rocío para renovar la fe de los andaluces.
16. Da los sacramentos a los fieles.
17. Las ofrecen a la Virgen María.
18. Expresan una fe espontánea y sincera.

B

1. Tuvo lugar en el siglo quince.
2. La vio en un olivo añoso.
3. Los pájaros, los grillos y las ranas se callaron.
4. El aire olía a azucenas y romero.
5. Estaba vestida de pastora.
6. Se deriva del rocío que estaba en las mejillas de la imagen.
7. Se puso en camino para volver a su pueblo.
8. Se durmió.
9. La imagen desapareció.
10. Encontró la imagen de la virgen.
11. Fueron a buscar la imagen en el olivo.
12. Hay una ermita.

C

No está mal. Acabo de terminar de pintar el carro pero los claveles no han llegado todavía.
¿De veras? ¿Te quedan algunos de los rojos?
Unos cien.
Me gustaría una cerveza. Tengo mucha sed.
Alfonso dijo que saldría a las nueve. Pienso que estaremos listos.
Vale. Estoy de acuerdo si puedes arreglarlo con él.
¡Y los claveles!

D

1. ¿Qué te gustaría hacer?
2. Dijo que llevaría su traje nuevo.
3. Podríamos buscarlo mañana.
4. Debería reparar la rueda antes de salir.
5. Pensé que le habrías conocido.
6. Podría verle en la procesión.
7. Nos habrían esperado.
8. Dijeron que vendrían a vernos antes de la romería.

E

1. Voy a llevarlo conmigo.
2. Los carros fueron delante de ellos.
3. Se despidieron de mí.
4. Voy a empezar sin ti.
5. Estos claveles son para Vds.
6. Dijo que no querría ir delante de nosotros.

F

La leyenda remonta hasta el siglo quince. Una mañana en las Marismas un cazador vio una imagen sentada en un olivo. De repente los pájaros dejaron de cantar. El cazador asustado se acercó y vio que era la Virgen María vestida de pastora. Cogió la imagen y volvió al pueblo. En camino tuvo sueño y se durmió. Cuando se despertó la imagen ya no estaba allí. Volvió al olivo y la encontró otra vez. Regresó al pueblo para contarlo todo a los aldeanos. Fueron al olivo, encontraron la imagen y volvieron con ella al pueblo. Hoy en día hay una ermita donde estaba el olivo.

CHAPTER 15

Series A

A

1. Ha sido turbulenta y a veces trágica pero siempre interesante.
2. Son estrechas y tortuosas.
3. Es El Greco.
4. Fue destruido durante la Guerra Civil.
5. Está en la iglesia de Santo Tomé.
6. Felipe II hizo construir El Escorial.
7. Carlos II murió en 1700.
8. Los Borbones siguieron a los Hapsburgos.
9. Franco hizo construir *El Valle de los Caídos*.
10. El Palacio Real y el Museo del Prado se encuentran en Madrid.

B

1. Es un chico inglés y el correspondiente de Juan.
2. Está en España para mejorar sus conocimientos del español.
3. Se encuentran muy cerca el uno del otro.
4. Preparó una merienda.
5. Las carreteras están muy concurridas.
6. Estuvieron en camino menos de una hora.
7. Primero visitaron el panteón.
8. Contienen los restos de todos los reyes de España.
9. Son lujosos.
10. Son austeros.
11. La biblioteca es la obra maestra del palacio.
12. Está a unos ocho kilómetros.
13. Vieron la enorme cruz de piedra.
14. Tapices estaban sobre las paredes de la basílica.
15. Había una bóveda que era un mosáico de millones de cristales.
16. Tuvo que cerrar los ojos porque el sol le deslumbró.
17. Subieron en el funicular para ver de más cerca las estatuas al pie de la cruz.
18. Lo había pasado muy bien.

C

Siéntate aquí. ¡Qué tonto eres! ¡Llevas un jersey! ¡Quítatelo!
Juan, hazme un favor. Vete a comprar unos helados.
¡No las toques!
Toma este billete y cómpranos unos helados.
¡Vete! ¡Date prisa!

D

1. Siéntate aquí.
2. No toquen los tapices.
3. Vete en seguida.
4. Daos prisa.
5. No me lo diga.
6. Subid todos.
7. Pon la mesa.
8. Siga todo recto.
9. Entreguen los billetes.
10. Poneos los guantes.
11. No se preocupen.
12. Ven acá.
13. Sé bueno.
14. No tengáis miedo.
15. No dejen de visitarnos.
16. No subáis al coche.
17. Quédate aquí.
18. No se marche sin verle.
19. Hazlo ahora.
20. No te vuelvas.

E

1. Comprémoslos.	4. Sentémonos.
2. No la toquemos.	5. Quedémonos aquí.
3. Sigámoslo.	6. No lo hagamos.

F

1. Vamos a escucharle.	4. Vamos a pedirlo a papá.
2. Vamos a subir por aquí.	5. No vamos a entregarlo.
3. No vamos a olvidarlo.	6. No vamos a seguirle

G

1. acércate, acérquese, acercaos, acérquense
2. vete, váyase, idos, váyanse
3. vístete, vístase, vestíos, vístanse
4. quédate, quédese, quedaos, quédense
5. siéntate, siéntese, sentaos, siéntense

H

1. No te acerques, no se acerque, no os acerquéis, no se acerquen
2. No te vayas, no se vaya, no os vayáis, no se vayan
3. No te vistas, no se vista, no os vistáis, no se vistan
4. No te quedes, no se quede, no os quedéis, no se queden
5. No te sientes, no se siente, no os sentéis, no se sienten

I

El Sr. Sánchez habla con Andrew mientras están regresando a Madrid en coche.

—Dime, Andrew, ¿qué piensas del Valle de los Caídos?

—Pensé que era muy impresionante—dijo Andrew—pero creo que es una mala idea glorificar la guerra.

—Estoy de acuerdo contigo—dijo la Sra. Sánchez.—Sería mejor olvidar tales cosas. El Sr. Sánchez dijo que no con la cabeza.

—Eso no es verdad—dijo.—Deberíamos recordar a los que dieron la vida por nosotros.

—Pero ¿cómo se puede justificar un monumento tan enorme?—preguntó la Sra. Sánchez.

—Muy fácilmente—contestó el Sr. Sánchez.—Como centro turístico es muy importante y gana mucho dinero.

—Tonterías—dijo.—No olvides que los gastos para mantener un monumento tan grande son muy altos. Y me dicen que hay problemas graves de humedad.

El Sr. Sánchez se calló. Sabía que su esposa tenía razón.

Series B

A

1. Toledo es una ciudad histórica. Tiene calles estrechas que suben y bajan la colina en que se encuentra. En la magnífica catedral hay importantes cuadros de El Greco. El Alcázar fue destruido durante la Guerra Civil pero ha sido reconstruido. En la iglesia de Santo Tomé está el cuadro famoso de El Greco, *El Entierro del Conde de Orgaz.*
2. El Escorial es un magnífico palacio y monasterio construido por Felipe II. Es un símbolo del catolicismo de aquella época y refleja el carácter de Felipe que era rey y monje. Su vida era austera como los apartamentos donde vivía. Contrastan con los salones de los Borbones.

3. El Valle de los Caídos es un monumento moderno construido por Franco para recordar a los que murieron en la Guerra Civil. Franco está enterrado allí. El monumento ha causado controversia. Sin embargo refleja el concepto grandioso de los españoles.

B

1. Van a visitar El Escorial y El Valle de los Caídos.
2. Tomaron la autopista, subieron a la Sierra de Guadarrama, dejaron la autopista y tomaron la carretera de El Escorial.
3. En el panteón hay los ataúdes de todos los reyes de España.
   Los salones de los Borbones son muy lujosos.
   Los apartamentos de Felipe II son austeros.
   La biblioteca es la obra maestra de El Escorial y contiene muchos libros valiosos.
4. Vieron los tapices en las paredes y la bóveda de cristal encima del altar.
5. Vieron las estatuas gigantescas alrededor del pie de la cruz.

C

¿Son viejos?
Sí, la arquitectura es muy moderna.
Es preciosa. ¿De qué está hecha?
¿Qué representa?
¿Quién está en el centro?
¡Claro! Es el mosáico más grande que he visto jamás en mi vida.

D

1. Niños, no crucéis la calle todavía.
2. Me quedo con la camisa blanca. Envuélvamela por favor.
3. Señores y señoras, siéntense un momento por favor.
4. Juan, no toques el tapiz. Es muy valioso.
5. María, aquí están tus guantes. Póntelos en seguida.
6. Pase por caja.
7. Vamos a ver lo que pasa.
8. Quedaos aquí.
9. Siga todo recto.
10. No olviden de visitar el museo del Prado.

CHAPTER 16

Series A

A

1. . . . el trabajo. 2. . . . suerte. 3. . . . vivir bien. 4. . . . trabaje. 5. . . . quitan los puestos a los hombres. 6. . . . tengan razón. 7. . . . no ponen interés. 8. . . . ganarse el sueldo. 9. . . . cuatro meses. 10. . . . remediar el paro.

B

1. No, no cree que sea una buena idea.
2. Varios millones de mujeres trabajan en España.
3. Crearía un auténtico problema laboral.
4. Hay que buscar una forma más honrada de trabajar.
5. Se ha empeorado.
6. Se casa sin cabeza.

7. Se casan a los dieciocho años.

8. Muestran egoísmo.

C

1. No creo que haya una nueva libertad en España.

2. La libertad es la misma que hemos tenido siempre.

3. Para los que estamos estudiando o trabajando, y respetando las leyes de este país no hay ni más ni menos libertad.

4. En España en este momento estamos pasando por una crisis debido a la cantidad de personas en la calle que son maleantes, son ladrones.

5. Seguimos teniendo la misma vida que antes.

6. Tenemos que someternos al gobierno como antes.

7. Hay organizaciones terroristas que están haciendo lo que les da la gana.

8. Hay que tomar medidas para que esto no vuelva a ocurrir.

D

¿Cuáles son los problemas de un joven matrimonio hoy en día en España?

¿Es importante que la mujer trabaje?

Hay algunos que dicen que las mujeres que trabajan quitan el trabajo a los hombres.
    ¿Está Vd. de acuerdo?

¿Dónde trabajan las mujeres hoy en día?

¿Ha cambiado la actitud del español hacia el matrimonio?

¿Hay una nueva libertad en España?

¿Qué quiere Vd. decir?

Muchas gracias. Sus opiniones han sido muy interesantes.

E

1. trabaje 2. tengan 3. se pongan 4. vuelva 5. se resuelva 6. haya 7. sea 8. perdamos.

F

1. siendo 2. teniendo 3. trabajando 4. denunciando 5. expresando

G

1. No piensa que sea una buena idea quitar el trabajo a las mujeres.

2. Es muy importante que tengamos trabajo.

3. Una mujer trabaja para que pueda ayudar a mantener a la familia.

4. Es necesario que haya más respeto para la ley.

5. Debe haber la autoridad para que la gente sepa lo que puede hacer.

6. Los maleantes harán lo que les dé la gana.

7. Los terroristas están preparados a matar a quienes se pongan delante.

8. No digo que haya una solución sencilla.

Series B

A

Ceci: Para vivir bien es necesario que la mujer trabaje, aunque hay muchos que dicen que si la mujer trabaja quita el trabajo al hombre. Quizás tengan razón. Si una mujer trabaja, con un marido que gana un buen sueldo, no debería trabajar. Pero estoy segura de que las mujeres no lo consentiríamos.

José: El quitar el trabajo a la mujer no resolvería el problema. En efecto causaría más problemas de los que tenemos ya. Hoy en día la gente se casa sin cabeza, muchas veces a los dieciocho años y con la mujer embarazada. Por eso hay muchos divorcios.

Hay una nueva forma de gobierno en España, pero, para los que respetamos las leyes, no hay una nueva libertad.

Ceci: Lo único que se nota es que tenemos derechos constitucionales que no teníamos antes y podemos votar.

José: Hay más atentados de terroristas que antes y esto es debido a la falta de autoridad.

B

1. Jamón serrano; gazpacho; merluza; pollo asado; guisantes; zanahorias; patatas fritas; uvas; queso; café con leche; una botella de vino blanco
2. (a) yes; (b) no; (c) yes; (d) yes; (e) no; (f) no; (g) no; (h) yes

C

1. You are going to get a lot of money.
2. Demand the money again.
3. You will not be able to deny your lover anything.
4. It may cost you all you earn and more.
5. Listen to everyone but you must decide what you must or must not do.
6. There will be difficulties.
7. He could increase your fortune.
8. A friend seems to be equally interested in him and might steal him from you.
9. The predominating influences will allow you to realise all your desires, no matter how difficult they may be.
10. Helpful.
11. Yes.
12. If you provoke his feelings of jealousy.

D

Isabel, que era una joven de diecisiete años, se levantó temprano para tomar un baño. Se puso la bata, fue al cuarto de baño y abrió el grifo. En ese momento el teléfono sonó y su madre fue a contestar. Era el novio de Isabel y quería hablar con ella. Su madre la llamó que viniera a hablar con él. Isabel bajó corriendo la escalera y cogió el teléfono. No se veían desde hacía unos días porque Diego había estado fuera de casa, asistiendo a un curso. Así es que tuvieron muchas cosas que contarse. Media hora más tarde el padre de Isabel salió del comedor donde tomaba el desayuno porque pensaba que oía gotas de agua que caían del techo. Horrorizado, levantó los ojos y vio una cascada de agua en la escalera. Isabel estaba tan interesada en su conversación con Diego que había olvidado su baño. ¡Había dejado el grifo abierto!

E

1. Me llamo John Smith. Mi nombre es John Smith.
2. Tengo dieciséis años.
3. Vivo en Londres.
4. Es una casa.
5. Es una casa de dos pisos.
6. Hay una sala, un comedor y una cocina.

7. Hay tres dormitorios y un cuarto de baño.
8. Desayuno en la cocina.
9. Descanso en la sala o en mi dormitorio.
10. Ceno en el comedor.
11. Sí, tiene un jardín pequeño.
12. Hay flores, unos árboles frutales y un césped pequeño.
13. Mi padre cuida del jardín.

CHAPTER 17

Series A

A

1. Hubo las primeras elecciones generales en 1977.
2. La UCD ganó más votos.
3. Se llamaba Adolfo Suárez.
4. Se llama Felipe González.
5. Es de Andalucía.
6. Es un grupo terrorista que exige la autonomía vasca.
7. La vuelta de los emigrados empeoría el desempleo.
8. No, fueron ilegales.
9. Las fuerzas del orden no ponen sanciones suficientemente severas.
10. La Constitución de 1978 es la base de la nueva democracia.
11. Los varios golpes han demostrado la fragilidad de la democracia.
12. Son el ingreso en el Mercado Común, una decisón sobre la OTAN y la cuestión de Gibraltar.
13. Los gibraltareños quieren permanecer británicos.
14. El movimiento hacia la autonomía va extendiéndose.

B

1. Está contenta que Andrew venga otra vez a quedarse con ellos.
2. Va a comprar un bonobús.
3. Lo cogen en la Plaza del Perú.
4. La calle que toman se ha cambiado de nombre.
5. Le dice que mire por la ventanilla.
6. Es la oficina de correos.
7. Se llama la Gran Vía.
8. Se llamaba la Avenida del Generalísimo.
9. Fueron pintores famosos.
10. Le pide que haga una lista de los cambios más importantes de los nombres de las calles.

C

¿De veras? Pero hay tantos mecánicos hoy en día.
Estoy seguro que haces bien.
Me alegro que vayas a la universidad.
¿Qué idiomas quieres estudiar?
Me extraña que no quieras estudiar inglés. Es tan importante hoy en día.
Todavía no. ¿Hay un cuadro que recomiendas que yo vea?
Gracias. Visitaré el Prado cuando vaya al centro mañana.

D

1. tengas 2. hables 3. seas 4. visites 5. hagas 6. busques

E

1. Voy a decirle que llame a su madre.
2. Voy a decirle que me envíe una foto.
3. Voy a decirle que me escriba pronto.
4. Voy a decirle que suba a su cuarto.
5. Voy a decirle que vaya al palacio de comunicaciones.
6. Voy a decirle que coja el autobús.

F

1. Iré a la playa cuando haga mucho calor.
2. Nos veremos cuando venga a España.
3. Te escribiré cuando regresen.
4. Te lo diré cuando me dé el dinero.
5. Cenaremos cuando tu padre vuelva a casa.
6. Tendremos una fiesta cuando venga a Inglaterra.

G

1. Me extraña que haya decidido no ir a la universidad.
2. Me extraña que vayas a comprar una moto.
3. Me extraña que hagáis tantos deberes.
4. Me extraña que escojan paella.
5. Me extraña que no me conozcan.

H

1. No llegaré a tiempo a menos que coja el autobús.
2. No les veremos a menos que vengan a visitarnos.
3. Saldremos del restaurante a menos que nos sirvan pronto.
4. Nunca será tuya a menos que la compres a plazos.

I

1. Quiero que lo hagas en seguida.
2. Quiero que vengas a vernos.
3. Quiero que lo pongas en la mesa.
4. Quiero que salgas de aquí.
5. Quiero que te sientes.
6. Quiero que me digas la verdad.

J

1. Prefiero que salga ahora.
2. Me ha pedido que lo haga.
3. Siento que no pueda Vd. venir.
4. ¡Dígale que se marche!
5. Quiere que salga con él.
6. Te recibiremos en el aeropuerto cuando llegues.
7. Me alegro que esté aprendiendo inglés.
8. Es imposible que lo haga ahora.
9. La veré en cuanto suba.
10. Me ha dicho que le escriba.

K

Una tarde de verano en Madrid un grupo de jóvenes se reúne alrededor de una mesa en la terraza de un café. Como hace bastante calor prefieren sentarse al aire libre. Los dos chicos están tomando Coca Cola y las chicas toman una naranjada. Andrew, un joven inglés, está con ellos. Se hospeda con Carlos porque quiere aprender a hablar bien español. Conchita está haciendo planes para ir a la universidad, aunque está un poco preocupada porque hay tantos licenciados sin trabajo. Quieren saber lo que va a hacer Andrew. Les dice que cuando vuelva a Inglaterra al fin de las vacaciones seguirá un curso en un colegio y luego él también irá a la universidad. Quiere ser profesor de idiomas. Estudia francés además del español. Después de terminar sus bebidas los jóvenes se levantan, se despiden y se van para casa.

Series B

A

1. Give way.
2. Beware of the train.
3. No parking.
4. No litter.
5. Big reductions.
6. Closed for holidays.
7. No smoking.
8. Exit.
9. This way to the trains.
10. Left luggage.

B

Hola Ricardo,

Aquí estoy en la playa de Bournemouth con mis amigos. Vamos a pasar diez días. El tiempo no ha sido bueno pero espero que mejore. Ayer fui a dar un paseo en barco y mañana vamos a merendar al campo.

    Saludos,

        Peter

C

1. Worrying.
2. The importation of various food products from several countries of eastern Europe.
3. To avoid the entry into the country of food affected by radioactive contamination.
4. Milk and its derivatives, fresh meat, fresh vegetables and fresh-water fish.
5. They have taken similar measures.
6. The explosion and subsequent leak of radioactivity from the nuclear power station at Chernobyl.

D

1. Somos cinco, mis padres, mis dos hermanas y yo.
2. Mi padre/marido es dentista. Mi madre/esposa es peluquera.
3. Mi hermana/hija mayor es azafata. Mi hermana/hija menor es estudiante.
4. Me despierto a las siete y media.
5. Me levanto a las ocho menos cuarto.
6. No, me visto después de lavarme.
7. Me lavo en el cuarto de baño.
8. Bajo a la cocina para desayunar.
9. Tomo cereales, una tostada con mantequilla y mermelada y una taza de té.
10. Soy estudiante.
11. Trabajo como mecánico en un taller.
12. Estudio en un colegio en el centro de la ciudad.

CHAPTER 18

Series A

A

1. La corrida es la fiesta nacional de España.
2. Asisten más espectadores al fútbol.
3. Empieza en la primavera.
4. Termina a fines del verano.
5. Son jóvenes.
6. Salen vivos.
7. Tienen lugar durante las fiestas.
8. Ganan mucho.
9. Toreó en los años cuarenta.
10. Se llamaba el Cordobés.
11. Empezó en la época romana.
12. Hubo toreros profesionales en el siglo XVIII.
13. El clarín suena.
14. Está acompañado de su cuadrilla.
15. Está vestido de su traje de luces.
16. Agitan las capas para que el toro embista.
17. El caballo es herido.
18. Hostigan al toro para quebrantarle el espíritu.
19. No tienen una capa.
20. Toma la muleta roja.
21. Engaña al toro con pases diversos.
22. Lo toma cuando el toro deja de correr.
23. Tiene que cortar la columna vertebral.
24. Arrastran el cuerpo del toro al patio.
25. Hay seis lidias.

B

1. Le recomienda que vayan en autobús.
2. Lucha para comprar entradas.
3. Ha sacado las entradas con anticipación.
4. Va a un quiosco para comprar unos puros.
5. Está deslumbrado.
6. Ha alquilado almohadillas.
7. Es su primera corrida.
8. Empieza a las cinco.
9. Ha estado encerrado en el toril.
10. Mata al toro con la primera estocada.
11. Aplauden y echan flores al ruedo.
12. Le pide que le deje pasar.
13. Quizás tenga demasiada confianza o no preste suficiente atención.
14. Está herido en el muslo.
15. Recibió dos orejas.
16. Van a tomar una copa.

C

Me gustó pero no me gusta ver la muerte de un animal noble.
Es verdad.
Sí. Soy un miembro de la campaña contra los deportes crueles.
Hasta cierto punto. En una corrida los espectadores van a la Plaza de Toros y

pagan mucho dinero para mirar y aplaudir a un hombre que mata un toro.
Sí, en efecto aprecio la belleza de la corrida, con tal que no se mate al toro.

D

1. Entramos en la Plaza de Toros sin que el taquillero mire nuestras entradas.
2. Espera hasta que el matador mate al toro.
3. Cualesquiera que sean las razones no las acepto.
4. Le ruego que no compre las entradas con anticipación.
5. Me gusta la corrida con tal que el matador mate al toro con habilidad.
6. Dudo que sea posible.
7. Quizás esté equivocado.

E

1. Cuandoquiera que sea.
2. Cualesquiera que sean.
3. Dondequiera que esté.
4. Quienquiera que sea.
5. Comoquiera que sea.

F

Un día el Sr. García decidió llevar a su colega inglés a una corrida. Fueron en autobús porque es muy difícil aparcar el coche. Como habían comprado las entradas con anticipación entraron directamente en la Plaza. Fueron a sentarse en los asientos de sombra que eran los más caros. A las cinco en punto el clarín sonó y la corrida empezó. Después de las procesiones soltaron al primer toro que salió al ruedo. El primer matador lo hizo muy bien porque mató al toro con la primera estocada y le premiaron con dos orejas. El segundo matador no lo hizo tan bien. El toro le embistió y le dio una cornada tremenda en el muslo. Los peones acudieron a ayudar al matador herido que tuvo que salir del ruedo con la pierna derecha echando sangre.

Series B

A

1. Es un grupo de hombres que ayuda al matador.
2. Es uno de la cuadrilla que está en el ruedo para ayudar al matador.
3. Es el hombre a caballo que pica al toro para hostigarle.
4. Es el hombre que tiene que clavar las banderillas en el cuello del toro.
5. Es un paño rojo que usa el matador en la faena final.
6. Es una espada con la que el matador mata al toro.

B

1. Coconut.
2. Its exotic and mild taste.
3. Very cold or with ice.
4. Because of its low alcohol content.
5. Pineapple juice, rum, fruits.

C

1. The modern buildings behind the sandy beach, set on land which is low and flat.
2. The capital of the Emerald Coast.
3. On the seaside walk at the beginning of the new part of the town.
4. Fishing.
5. In 1556 he called there on his way to retirement at Yuste.

D

Escribí una carta a mi amigo español diciéndole que aceptaba la invitación con mucho gusto. No tenía un pasaporte y por eso fui inmediatamente a Correos a obtener uno. También necesitaba una foto. Luego fui a la agencia de viajes para arreglar el vuelo. Al día siguiente fui con mis padres a hacer compras. Compré unas camisetas y un nuevo bañador. Después fui al banco y arreglé los cheques de viaje. Unos días más tarde fui al banco otra vez a recogerlos. La tarde antes de mi partida hice la maleta. Mi padre me llevó al aeropuerto en su coche.

E

1. Salgo de casa a las ocho y media de la mañana.
2. Llego a las nueve y voy a pasar lista. Voy a la primera clase que dura cuarenta minutos. Tengo dos clases más y luego hay recreo que dura un cuarto de hora. Hay dos clases más y a las doce y media voy a comer en la cantina. Hay tres clases por la tarde y vuelvo a casa a las cuatro menos veinte.
3. Voy en coche a la oficina. Normalmente tengo una reunión con mis colegas por la mañana. Escribo cartas, preparo informes. A veces tengo que salir de la oficina para visitar a mis colegas.
4. Almuerzo en la cantina.
5. Vuelvo a casa a las cinco de la tarde.
6. Me gusta salir con amigos. A veces me quedo en casa y veo la televisión.
7. Me acuesto alrededor de las once.
8. Me gusta ir a ver un partido de fútbol o hago las compras.
9. Voy a misa, leo los periódicos, descanso. En verano me gusta trabajar en el jardín.
10. Sí, trabajo en un supermercado los sábados.

CHAPTER 19

Series A

A

1. Los romanos y los griegos codiciaron los minerales.
2. Se saca cobre.
3. Son el carbón y el hierro.
4. El ácido sulfúrico que se extrae es importante en la industria química.
5. Se ha encontrado petróleo en el Mediterráneo cerca de la boca del Ebro.
6. No, no es suficiente.
7. Se purifica el petróleo bruto.
8. Es el punto central de los oleoductos.
9. Sirve para generar energía nuclear.
10. Aprovechan las caídas de las aguas.
11. Se encuentran en los ríos Duero, Tajo y Ebro.
12. La falta de lluvias y los veranos secos causan problemas en las centrales hidro-eléctricas.
13. Tiene una economía que es a la vez agraria e industrial.
14. Son muy costosas.
15. Ha habido grandes inversiones extranjeras.
16. Produce acero y hierro.
17. La fábrica Seat es la más importante.
18. Tres países tienen una industria naviera más grande.

19. El alto coste de materias primas ha causado dificultades.
20. Hay los cueros de Córdoba, los damasquinados de Toledo y la cerámica de Levante y Cataluña.

B

1. No, es norteamericano.
2. Estuvo en España para hacer una investigación sobre la posibilidad de establecer una fábrica de coches.
3. Habría un personal de veinte personas en principio.
4. Trabaja en una agencia inmobilaria.
5. Se encontraba a diez kilómetros de Zaragoza.
6. Era poco acogedor con escombros y zarzas.
7. Le aseguró que era posible establecer una empresa allí.
8. Iba a darle detalles de costes, materiales necesarios, facilidades, etc.
9. Si hubiera sabido como era el solar, se habría quedado en Zaragoza.
10. Insistió que viniera con él a su coche.

C

En principio sólo un despacho para mí y otro más pequeño para la secretaria.
Unos cuarenta metros cuadrados para mí y veinticinco para la secretaria.
No sé exactamente. Digamos siete metros de largo por seis de ancho para mí.
No importa realmente. Comoquiera que sea con tal que tenga veinticinco metros cuadrados.
Sí, es verdad. Necesitaremos más oficinas después de dos o tres meses.

D

1. fuera 2. estuviéramos 3. salieran 4. conociera 5. hubiera sabido 6. tuvieras
7. fueran 8. quisiera 9. montáramos 10. fuera

E

1. Si tuviéramos más dinero compraríamos un nuevo coche.
2. Dondequiera que vayan no estarán contentos.
3. El cobrador me dijo que bajara del autobús.
4. Contestó a las preguntas como si entendiera lo que decían.
5. Dijeron que querían que alguien les ayudara.
6. Llegaron a casa antes de que empezara a llover.
7. Ojalá que hubiera menos desempleo.
8. Por listo que sea no ganará.
9. Dijeron que saldrían cuando llegara mi padre.
10. Quisiera saber cuanto personal fijo habrá.

Series B

A

1. La Moraleja.
2. A communal swimming pool.
3. At the Pozuelo development itself.
4. Torremarfil (bedrooms).
5. Free financing up to twenty years.

B

Muy señor mío,
Pienso visitar Barcelona dentro de dos meses y le escribo para informarme de algunos datos sobre la ciudad. Quisiera saber si tiene una lista de buenos hoteles

que Vd. pudiera recomendarme. ¿Cuáles son los medios de transporte público? ¿Hay monumentos de interés histórico y cultural que valen la pena visitar? También me gustaría saber si hay lugares de interés turístico en los alrededores de Barcelona. ¿Hay actividades para los jóvenes en la ciudad? ¿Hay oportunidades para el tenis y la natación? ¿Qué diversiones hay? Por ejemplo, me gusta ir al teatro, al cine y a conciertos.

¿Cuáles son las comidas típicas de la región? ¿Hay buenos restaurantes donde se pueda saborearlas?

Finalmente, quisiera saber si podría alquilar un coche y las tarifas.

Le saluda atentamente,

C

Muy señor mío,

Escribo para informarle que dejé alguna ropa en una de las lavadoras cuando estaba de vacaciones en su hotel. Estuve allí entre el seis y el veinte de agosto y tengo el gusto de decirle que me divertí mucho en Benidorm. Es una playa que me encanta. Cuando regresé a casa encontré que me faltaban dos toallas verdes, una camisa azul, un pantalón negro y tres pares de calcetines cortos blancos. ¿Puede Vd. averiguar si alguien los ha encontrado? Estoy preparado a pagar el franqueo si Vd. puede mandármelos.

Le saluda atentamente,

D

1. Sí me gustan mucho los deportes.
2. Mi deporte favorito es el tenis.
3. No, no me gusta mucho nadar.
4. A veces voy a la piscina. No me gusta nadar en el mar.
5. Voy a España de vacaciones.
6. El año pasado fui a Torremolinos.
7. Sí, he ido a España varias veces.
8. Me gustan los españoles. Son muy simpáticos. También me gusta el sol — ¡y el vino barato!
9. Mi pasatiempo favorito es la lectura cuando tengo tiempo.
10. Haré mis deberes y veré la televisión.
11. Mañana iré al colegio como siempre.
12. El sábado iré de compras y el domingo saldré con mi familia al campo.

CHAPTER 20

Series A

A

1. Es húmedo con lluvias abundantes.
2. Es continental con veranos calurosos e inviernos fríos.
3. Es templado, con inviernos suaves y veranos cálidos.
4. Así evitan los inviernos fríos de Inglaterra.
5. Está situada a seiscientos metros sobre el nivel del mar.
6. Era una colección de diferentes reinos.
7. Es el flamenco.
8. Es un baile lento y triste.
9. La tenora acompaña la sardana.
10. Se cultivan trigo y girasoles.
11. Los moros construyeron el sistema de riego.

12. Hay problemas de contaminación del aire y atascos durante las horas puntas.
13. Hay llanuras vastas donde no vive nadie.
14. Hay hoteles de cinco estrellas al lado de chabolas humildes.

B

Muy señor mío,

Permítame presentarme. Soy Enrique Jordán y soy el representante de su compañía en Argentina. El director quiere que yo visite las fábricas que tenemos en España. También quisiera discutir con Vds. las posibilidades de encontrar nuevos mercados en los otros países de Latinoamérica.

Nunca he ido a España y espero con ganas mi visita. He visto unas fotos de mujeres españolas vestidas en trajes largos con faldas anchas. Me gustaría saber como es una familia española y, si fuera posible hospedarme con Vd. y su esposa, estaría encantado. También he visto una foto de una catedral con una arquitectura muy extraña. Creo que el arquitecto se llama Gaudí pero no estoy seguro donde está la catedral. ¿Está en Madrid?

Espero viajar a España el veinticinco de este mes que es lunes. ¿Podemos terminar los negocios el jueves? Creo que el director de la compañía va a arreglar el vuelo. ¿Qué haré al llegar a Madrid?

Le saluda atentamente,

Enrique Jordán

C

¿Adónde voy?
Gracias.
He perdido mi maleta.
Es de piel marrón.
Es bastante grande.
Ropa, libros, cosas personales.
Siento la molestia.
Muchas gracias y adiós.

D

1. duermo 2. pide 3. cierran 4. juega 5. me visto 6. te sientes

E

1. vistió 2. siguieron 3. sirvieron 4. se durmió 5. se sintieron 6. se despidieron

F

1. despidiéndose 2. repitiendo 3. durmiendo 4. prefiriendo 5. sintiendo

G

1. para 2. para 3. por 4. para 5. por 6. por 7. para 8. por 9. por 10. por

H

1. siga 2. crucé 3. pague 4. escoja 5. toques 6. empiecen

I

También, geografía, farmacia, muchísimo, azul, franceses, judías, fácil, televisión, leído, agencia, magnífico.

Series B
A

1. Trout.
2. Clean the fish thoroughly.

3. Salt.
4. Oil.
5. A large frying pan.
6. Milk and flour.
7. Overheat the oil.
8. The outside would be burnt.
9. A warm serving dish.
10. Melt it over heat.
11. The juice of a lemon.
12. Chopped parsley.

B

1. She has just suffered a broken love affair.
2. She has a new boy-friend, Carlos, who she feels is right for her. However, she is afraid that she might suffer from the same disappointment as before.
3. Should she confide in her parents?
4. Affairs of the heart are complicated and many feelings become mixed up. Therefore, the only people who know what is really felt are those concerned.
5. As a page of a book which has been finished.
6. The future is like a new page in the book, with the same enthusiasms and hopes but also with a little experience.
7. Her own intuition.
8. If this boy is not the love of her life, there will be another waiting for her.

C

Querido Agustín,

Gracias por tu carta que recibí ayer. Quieres saber algo de las costumbres inglesas y el estilo de vida aquí en Inglaterra. Se dice muchas veces que 'la casa de un inglés es su castillo'. Eso quiere decir que los ingleses no salen tanto como los españoles. Prefieren quedarse en casa mientras que los españoles prefieren salir a encontrarse con amigos y charlar. Quizás sea cuestión del clima. No sé. Los fines de semana se puede ver a muchos hombres limpiando el coche o cortando el césped si hace buen tiemo.

También me haces una pregunta acerca de las escuelas inglesas. Tenemos clases desde las nueve hasta las tres y media o las cuatro. El almuerzo dura sólo una hora y la mayoría de los alumnos se quedan en el colegio para comer. En los centros estatales no hay clases el sábado pero sí hay clases en muchos de los colegios privados.

Nada más por el momento. Te escribiré más después de mis exámenes.

Un fuerte abrazo de

Martin

D

1. Espero ir al extranjero pero no sé si tengo bastante dinero. Me gustaría ir a Suiza.
2. Me quedo en casa con mi familia y los padres de mi esposa vienen a hospedarse con nosotros.
3. Normalmente voy a una fiesta en casa de unos amigos.
4. Quiero ir a la universidad para estudiar idiomas.
5. Hace frío y está lloviendo.
6. Ayer hacía buen tiempo. Hacía sol.
7. Son las nueve y media.
8. Mis horas de trabajo son de nueve a una y de dos a cuatro.
9. Estudio español desde hace tres años.
10. Vivo aquí desde hace cuatro años y medio.

Bibliography

Work Out Spanish assumes that the student already has a basic knowledge of Spanish, and to acquire this knowledge any of the following courses are available:

Mastering Spanish (R. Clarke, Macmillan Education)
Dígame and *Por Aquí* (BBC Publications)
Destination Spain (M. C. Roberts and R. Hunt, Nelson Harrap)
Contact Spanish (W. Halm, C. Ortiz Blasco and J. Jones, Cambridge Educational)
Working with Spanish (J. Kattán-Ibarra and T. Connell, Stanley Thornes)

Other Courses

¡Aprobado! (C. Carthew and D. Webb, Longman)
Ya (adapted by H. Sharples, Oxford University Press)
Eco (J. Kattán-Ibarra, Hulton)
Eso Es (adapted by M. C. M. Roberts and S. Rouve, Longman)
Buenos Días (A. J. Bennett, Hodder and Stoughton)
Present Day Spanish (J. R. Scarr, Arnold Wheaton)
A School Spanish Course (J. Pride, University Tutorial Press)
Vámonos (adapted by H. E. Probin, Nelson Harrap)
A Simple Spanish Grammar (R. J. Taylor and C. E. Alberry, Edward Arnold)

Books for Possible Study after *Work Out Spanish*

Spotlight on Spanish (D. Utley and K. Hall, Heinemann)
Topical Spanish (C. Milne, Longman)
Spain after Franco (J. Kattán-Ibarra and T. Connell, Stanley Thornes)

It is essential that the student should have a good dictionary to help him study *Work Out Spanish*. Those strongly recommended are:

Larousse Spanish–English Dictionary
Cassells Spanish–English Dictionary
Collins Spanish–English Dictionary